Boethius

Trost der Philosophie

Übersetzt von
Ernst Gegenschatz und Olof Gigon
Mit einer Einführung und Erläuterungen
von Olof Gigon

Bibliothek der Antike
Deutscher Taschenbuch Verlag
Artemis Verlag

Vollständige Ausgabe.

Oktober 1991
Deutscher Taschenbuch Verlag GmbH & Co. KG,
München

Umschlaggestaltung: Celestino Piatti
Gesamtherstellung: C. H. Beck'sche Buchdruckerei,
Nördlingen
Printed in Germany · ISBN 3-423-02273-6

EINFÜHRUNG

Nächst den Konfessionen Augustins ist der ‹Trost der Philosophie› des Anicius Manlius Severinus Boethius zweifellos das berühmteste Werk der spätantiken lateinischen Literatur, wie jene bis auf den heutigen Tag als Erbauungsbuch im höchsten Sinne des Wortes immer wieder gelesen.

Die Gründe dafür liegen auf der Hand. Hier wie dort haben wir einen bedeutenden Mann, der auf eine Weise von seinem Leben und Denken, von seinen Taten, Hoffnungen, Illusionen und Fehlern spricht, wie es in der Antike höchst ungewöhnlich ist. Es scheint hier eine Unmittelbarkeit vorzuliegen, die bei einem Cicero nur da und dort und bei einem Seneca nur überaus selten, tief vergraben unter dem Feuerwerk der Pointen, uns begegnet. Es kommt dazu, daß Augustin und Boethius, auch hierin Cicero und Seneca ähnlich, an der geistigen und politischen Bewegung ihrer Zeit kräftig handelnd teilgenommen haben. Augustins Verhältnis zur reinen Politik ist gewiß immer ein prekäres geblieben; aber er war doch in seiner Zeit der anerkannt glänzendste Schriftsteller und das geistige Haupt der lateinischen Kirche. Boethius ist es wiederum zu verdanken (das sei hier gleich betont), daß durch die düsteren Jahrhunderte des Frühmittelalters hindurch die Kenntnis der aristotelischen Logik erhalten blieb, und darüber hinaus war er aktiver Politiker und hat, darin noch einmal Cicero und Seneca vergleichbar, als Politiker seinen Tod gefunden. Sein ‹Trost der Philosophie› ergreift uns gerade darum so stark, weil er tatsächlich von einem zum Tode Verurteilten, seiner Hinrichtung Entgegensehenden verfaßt ist.

Boethius

Über seine Biographie wissen wir nur, was er selbst uns mitteilt und was einige seiner Zeitgenossen in rund einem Dutzend verstreuter Notizen bestätigend und ergänzend beibringen. Das Wichtigste sei hier angeführt.

Er entstammte der Gens Anicia, einer der in seiner Zeit mächtigsten und einflußreichsten senatorischen Familien Roms, dürfte etwa um 480 n. Chr. geboren sein und muß eine umfassende, seines Standes würdige Erziehung und Ausbildung genossen haben; seine Werke lassen erkennen, daß er mit der neuplatonischen Philosophie seiner Zeit auf das gründlichste vertraut war und daß er vermutlich die griechische Sprache genau so souverän beherrschte wie die lateinische. Daß er auch die lateinischen Klassiker, Cicero vor allem, aufs beste kannte, versteht sich von selbst. Daß er von Geburt an Christ war, kann ernstlich nicht bezweifelt werden; doch dürfte es für die geistige Situation jener römischen Gesellschaft, der er entstammte, bezeichnend sein, daß er die christliche und die antik-philosophische Komponente seines Denkens strikte voneinander unterschieden hat. Wir besitzen von ihm fünf theologische Traktate, in denen er sich als Kenner der theologischen Probleme seiner Zeit ausweist; was er bietet, ist die orthodoxe kirchliche Theologie, die natürlich mit der Begriffsapparatur der antiken Philosophie arbeitet, aber doch in ihrer Substanz echte christliche Theologie ist. Daneben hat er eine reiche Fülle philosophischer Schriften verfaßt, bis hin zu unserem ‹Trost der Philosophie›. In diesen Schriften ist das christliche Element vollständig ausgeklammert. Im ‹Trost der Philosophie› steht keine Zeile, die den Verfasser eindeutig als Christen zu erkennen gäbe oder die nicht auch von einem frommen heidnischen Philosophen neuplatonischer Richtung hätte geschrieben sein können. Moderne Leser haben an dieser Tatsache zuweilen Anstoß genommen, mit Unrecht, weil man da nicht genügend beachtet, welch ungeheuer komplexes Phänomen die Konfrontation zwischen dem Christentum und der antiken Kultur gerade dort gewesen ist, wo man sowohl die christliche Lehre wie auch die antike Kultur, der sie sich gegenübergestellt sah, ernst nahm.

Außerordentlich früh ist Boethius in jenen römischen Cursus honorum eingetreten, der allen Veränderungen der Reichsstruktur zum Trotz im Prinzip noch derselbe war wie in den längst vergangenen Jahrhunderten der Republik. Schon einige Jahre vor seiner Geburt hatte der germanische Söldnerführer Odoaker den letzten römischen Kaiser, Romulus, entthront und sich zum König Italiens gemacht. Das weströmische Reich war damit untergegangen, ohne daß dies die Zeitgenossen sonderlich bewegt hätte. Es verblieb ja noch als Träger der imperialen Legitimität der Kaiser des Ostens in Konstantinopel. Odoaker wurde 493 vom Ostgotenkönig Theoderich gestürzt und getötet. Theoderich, ein Mann von geringer persönlicher Bildung, aber ein genialer Politiker, hat von vornherein alles daran gesetzt, eine dauerhafte Versöhnung und Zusammenarbeit zwischen seinen Ostgoten und den Römern, im besonderen also auch zwischen seiner Regierung und dem altehrwürdigen römischen Senat, zustande zu bringen. Das ist ihm in seiner Regierungszeit nahezu gelungen, auch wenn man damit rechnen muß, daß ein latentes Mißtrauen zwischen den Partnern nie überwunden werden konnte. Was die Politik Theoderichs erleichterte, war die Tatsache, daß nach dem Falle des westlichen Kaisertums der Senat der Stadt Rom sich mit Recht als einziger Vertreter der Legitimität im Westen fühlen konnte; wenn er den Ostgoten gegenüber jene Distanz wahrte, die ihm seine Dignität gebot, so war die Distanz auf Jahre hinaus noch viel größer gegenüber dem Kaiser des Ostens. Alte Spannungen zwischen West und Ost, die sich zweifellos schon bei der Gründung Konstantinopels angekündigt hatten, wurden lebendig, und in jedem Falle war der Senat der Stadt Rom nicht gesonnen, sich vom Osten als Werkzeug im Kampf gegen die Goten manipulieren zu lassen. Theoderich kam dies im höchsten Maße zustatten, und er versäumte nicht, seinerseits dem Senat und den senatorischen Familien Roms alle nur mögliche Ehre anzutun. So wurde Boethius schon im Jahre 510, also mit rund dreißig Jahren, Konsul, und zwölf Jahre später, 522, wurden seine beiden Söhne, obwohl noch minderjährig, zum Konsulate befördert. Er selbst hielt bei deren Amtsantritt als glücklicher Vater eine Lobrede auf König Theoderich, der die Beförderung zwar nicht vorgenommen, aber sicherlich veranlaßt hatte. Boethius hat selbst diese Szene im Rückblick als den Höhepunkt seines Lebens empfunden (vgl. Trost der Philosophie II, pr. 3).

Wenige Monate später muß es indessen zu einer Katastrophe gekommen sein, einer Katastrophe, deren äußeren Ablauf wir einigermaßen kennen, deren eigentliche Ursachen wir aber nicht mehr festzustellen vermögen. So verschieden die Persönlichkeiten auch sind, so könnte man sich doch von ferne an das Schicksal Ovids erinnert fühlen. In beiden Fällen hat unerwartet und mit äußerster Härte ein Herrscher zugeschlagen, dessen Politik bis dahin durch Jahrzehnte hindurch auf Großzügigkeit, Milde und Nachsicht gerichtet gewesen war. In beiden Fällen fehlen uns die Stimmen und Dokumente der Anklage, während der Angeklagte, dort Ovid, hier Boethius, es aus begreiflichen Gründen bei unbestimmten Andeutungen bewenden läßt. Daß Boethius offen mit Konstantinopel gegen den König konspiriert hätte, ist, recht bedacht, ebenso unwahrscheinlich wie daß Theoderich sich einfach durch einen plötzlichen Ausbruch sinnlosen Zornes hätte überwältigen lassen. Wir werden unten, zum Trost der Philosophie I, pr. 4, noch einmal auf diesen Punkt zurückkommen.

Boethius wurde 524 zum Tode verurteilt, freilich nicht sofort hingerichtet. Er wurde angesichts seines Standes auch nicht wie ein gewöhnlicher Übeltäter ins Gefängnis geworfen, sondern aus der Szenerie der ‹Tröstung› ergibt sich deutlich, daß ihm zunächst ein Zwangsaufenthalt zugewiesen wurde, der zwar nicht bequem, aber doch erträglich war. Hier hat er nicht nur monatelang an seiner ‹Tröstung› gearbeitet, sondern auch augenscheinlich die Wiederaufnahme des Gerichtsverfahrens betrieben; einzelne Andeutungen verraten, daß er lange darauf hoffte, es werde durch die bessere Einsicht oder einen Gnadenakt des Königs sich schließlich alles doch noch zum Guten wenden. Ja man tut ihm wohl nicht unrecht, wenn man annimmt, daß in seinem Buche die Philosophie nicht nur ihn in seinem tiefen Sturze trösten, sondern auch bei den Lesern für ihn Fürsprache einlegen soll.

Diese Hoffnung hat sich nicht erfüllt. Wir wissen nicht, was den König veranlaßte, noch nach Monaten bei seinem Urteilsspruch zu beharren und die Exekution anzuordnen. Wir wissen auch nichts über die näheren Umstände des Todes des Boethius. Fest steht nur, daß dies Ereignis den Boethius in den Rang eines spätantiken Sokrates erhoben und die Beziehungen zwischen Römern und Ostgoten auf das schwerste belastet hat. Den Untergang des Ostgotenreiches hat es zwar nicht verursacht, aber doch aus der Ferne vorbereiten helfen.

Das literarische Werk

Zunächst kommt es darauf an, die geistigen und literarischen Voraussetzungen des Werkes richtig zu sehen. Wer etwa nur das erste Buch des ‹Trostes der Philosophie› liest, wird, wie der Leser von Augustins Konfessionen, vielleicht etwas zu leicht geneigt sein zu vergessen, daß es sich nicht um das spontane, aus dem Innersten hervorbrechende Bekenntnis einer bedrängten Seele handelt, sondern um ein voraussetzungsreiches und sorgfältig aufgebautes Werk. Dies zeigt sich schon an der äußeren Form. Durch alle fünf Bücher hindurch läßt Boethius Dialogstücke in Prosa abwechseln mit Gedichten (‹Carmina›), die bald der eine, bald der andere Gesprächspartner vorträgt und in denen kunstvoll vor allem horazische Metren so verwendet sind, wie sie etwa Seneca in den Chorliedern seiner Tragödien verwendet hat. Soweit wir die erhaltene lateinische Dichtung übersehen, ist Seneca unzweifelhaft das nächste Vorbild des Boethius gewesen. Freilich vermag uns Seneca nicht zu erklären, wie Boethius überhaupt auf den seltsamen Gedanken kam, seinen philosophischen Dialog mit solchen Gedichten auszustatten. Dramatisch haben sie gewiß als Ruhepunkte in der Darlegung ihren guten Sinn, aber dies reicht doch eigentlich kaum aus, ihre Anwesenheit zu motivieren. Im Prinzip fehlt es allerdings in der älteren lateinischen (und griechischen) Literatur nicht ganz an Beispielen solcher Kombination von Prosa und Poesie. Doch da haben wir es regelmäßig mit skurriler Artistik hellenistischen Geschmackes zu tun. Zwischen Varros Saturae Menippeae, ihren Vorbildern und Nachahmungen einerseits und dem Werke des Boethius andererseits ist keinerlei direkte Beziehung wahrnehmbar; es fehlt uns hier ein entscheidendes Element, sei es ein adäquates Vorbild, sei es eine bestimmte literarische Theorie, die allein uns wirklich verständlich machen könnten, warum Boethius diese singuläre Form der Darbietung gewählt hat. Eine anspruchsvolle Form und eine erstaunliche schriftstellerische Leistung ist es in jedem Falle.

Wir werden weiterhin auch bedenken, wie kunstvoll der Verfasser den philosophischen Dialog selbst angelegt hat. Es sind drei Hauptmotive, auf denen das Ganze ruht. Die Szenerie im engsten Sinne verknüpft zwei Dinge. Wir haben zunächst das uralte, vermutlich schon aus der frühen Sokratik stammende Bild, daß der ins Gefängnis geworfene, von Folterung und Tod bedrohte Gerechte von allen seinen Freunden, von all den äußeren Gütern des Lebens verlassen wird. Niemand begleitet ihn über die Schwelle des Kerkers – außer seiner eigenen Tugend und außer der Philosophie: so finden wir es bei Cicero, ‹Tusculanen› 5,13 und 5,80, und daß dies Bild auch schon in seinem ‹Hortensius› ausgemalt war, läßt Frg. 64 M. ahnen. Damit verbindet sich nun zweitens der ebenfalls sehr alte Gedanke, daß die Philosophie als ein Arzt der kranken Seele gegenüberstehe; er findet sich schon bei Platon und Aristoteles, dann breit ausgebaut in der Stoa, wofür wiederum Cicero, diesmal im dritten und vierten Buche der ‹Tusculanen›, einer unserer Hauptzeugen ist. Bei Boethius überrascht vor allem der Aufwand an medizinischen Einzelheiten, mit dem er die Szenerie anschaulich macht. Der Verfasser liegt schwerkrank zu Bette, und die falschen Ärzte umstehen ihn. Da erscheint die Philosophie als der wahre Arzt, verjagt die anderen, läßt den Kranken seinen Zustand beschreiben, stellt ihre Diagnose und geht dann zur Behandlung über, wobei sie, wie jeder erfahrene Therapeut, zunächst leichte Mittel anwendet, die bloß schmerzlindernd wirken, dann zu kräftigeren und den eigentlich heilenden Mitteln übergeht. Sorgfältige Interpretation hat neuerdings zeigen können, daß Boethius ganz bestimmte Krankheitsbilder im Sinne hat. Es ließe sich in diesem Zusammenhang noch ein Motiv nennen, das er auch heranzieht, freilich nur für den Anfang. Wie die Philosophie beim Kranken eintritt, findet sie ihn nicht allein. Die Musen sind schon da und versuchen auf ihre Weise mit Gesang den Unglücklichen aufzurichten. Sie werden von der Philosophie als falsche Trösterinnen grob angefahren und weggeschickt, und es ist deutlich, daß in der Gegenüberstellung von leichtfertiger Musenkunst und ernster Philosophie Boethius beeinflußt ist von einer Tradition, die bis auf die berühmte Erzählung Xenophons (und des Prodikos) von Herakles am Scheideweg zurückgeht. Wie Xenophon dort die Lust und die Tugend beschreibt als zwei Frauen mit Einzelzügen, die allesamt symbolische Bedeutung haben, und wie hundert Jahre später der Stoiker Kleanthes (bei Cicero, De finibus 2,69) diese Beschreibung aufgenommen und abgewandelt hat, so stellt hier Boethius die Musen der Philosophie gegenüber. Nur ist das Gastspiel der Musen ein kurzes, und nachdem sie das Zimmer verlassen haben, ist von ihnen nicht mehr die Rede.

Sehr viel wichtiger ist, daß diese Szenerie ergänzt wird durch einen Fortschritt der Gedanken, der so planmäßig verläuft, daß man in ihm geradezu eine pädagogische Absicht erkennen muß. Nachdem einmal die innere und äußere Verfassung des Autors diagnostiziert worden ist, wird zunächst mit den einfachsten Merksätzen banaler Lebensweisheit begonnen. Von ihnen geht es weiter zu anspruchsvolleren ethischen Beweisgängen, dann zu den schwierigen Grundfragen der Ethik und endlich zu den kompliziertesten Theoremen der philosophischen Theologie. Das zweite Buch bringt Betrachtungen, die in der älteren griechischen und lateinischen Literatur in der einen oder anderen Form schon Dutzende von Malen vorgetragen worden waren – das fünfte Buch dagegen ist so schwierig, daß es schon in der Zeit des Boethius selbst nicht viele Leser gegeben haben kann, die derart abstrakten Argumentationen zu folgen fähig waren.

Ein solcher Aufbau ist natürlich keine Improvisation, sondern das Resultat sorgfältiger Vorbereitung und langjähriger Schulung.

Darum ist es auch hier am Platze, noch einmal nachdrücklich darauf hinzuweisen, daß der ‹Trost der Philosophie› nur einen Bruchteil des uns bekannten und erhaltenen philosophischen Œuvre des Boethius darstellt. Dem modernen Leser kommt dies kaum zu Bewußtsein, weil außer einer Handvoll Spezialisten kein Mensch mehr die sonstigen Werke des Boethius kennt oder gar liest. Im Mittelalter war dies anders. Wie ich schon andeutete, waren diese Werke jedenfalls bis ins 12. Jahrhundert (also bis zur Zeit der systematischen Übersetzung der Werke des Aristoteles) die Hauptquelle für die spätantike, peripatetisch-neuplatonische Logik – und für manches andere.

In seiner Jugend hat Boethius, wie wir wissen, den kühnen Plan gefaßt, sämtliche Schriften des Platon und des Aristoteles ins Lateinische zu übersetzen und zu kommentieren. Man mag sich fragen, wie weit es ihm mit einem derartigen Plane jemals ernst gewesen sein kann. Grundsätzlich allerdings lag eine Übersetzertätigkeit dieser Art ganz auf der Linie Ciceros, und daß Boethius wie jener damit auch ein kulturpolitisches Programm verwirklichen wollte, darf man annehmen. Wenn er sich auf Platon und Aristoteles konzentrierte, so entsprach dies einfach der philosophischen Situation seiner Zeit.

Was wir noch besitzen und als ausgeführt bezeugt kennen,

gehorcht nur teilweise jenem Programm. Wohl als Gesamteinleitung vor allem in das Œuvre Platons war eine Darstellung der vier mathematischen Disziplinen gedacht, die schon für Platon selbst eine grundlegende Wichtigkeit besessen hatten: Arithmetik, Geometrie, Musiktheorie und Astronomie. Erhalten sind davon ganz die Bücher über Musiktheorie und Geometrie, im Auszug die Arithmetik; verloren ist die Astronomie.

Ebenfalls im Sinne einer Gesamteinleitung in die Philosophie hat er sodann die berühmte Einführung des Neuplatonikers Porphyrios in die logischen Grundbegriffe des Aristoteles übersetzt. Er hat sie auch kommentiert, und zwar bemerkenswerterweise in zwei Fassungen, einer für Anfänger bestimmten in zwei Büchern und in Dialogform und einer für Fortgeschrittene in fünf Büchern.

Übersetzt und kommentiert hat er weiterhin jene Schrift des Aristoteles, die man eine philosophische Sprachtheorie nennen kann: ‹Peri Hermeneias›, ‹De interpretatione›. Wieder hat er den Kommentar in zwei Fassungen herausgegeben, für Anfänger in zwei Büchern, für Fortgeschrittene in sechs Büchern.

Dem schlossen sich an Übersetzungen der beiden aristotelischen Analytiken, der ‹Topik› und der sogenannten ‹Sophistischen Widerlegungen›. Er hat also außer der Kategorienschrift (bei der wir von einer Übersetzung mindestens nichts mehr wissen) das ganze Organon des Aristoteles ins Lateinische übersetzt, an und für sich schon eine erstaunliche Leistung.

Ein Interesse besonderer Art beansprucht sodann sein Kommentar zu den ‹Topica› Ciceros. Daß diese Schrift Ciceros im ganzen gesehen heute noch ein Rätsel ist, weil sie beansprucht, eine Bearbeitung einer entsprechenden Schrift des Aristoteles zu sein, mit der erhaltenen «Topik» aber so gut wie nichts gemein hat, braucht uns hier nicht zu kümmern. Wichtiger ist, daß der Kommentar des Boethius der einzige in größerem Umfang erhaltene Kommentar zu einem Werke Ciceros ist, das, wenn nicht ganz, so doch teilweise den philosophischen Opera Ciceros zugezählt werden kann. Daß die Spätantike zu den meisten philosophischen Schriften Ciceros Kommentare besessen hat, ist zu vermuten. Überliefert ist nichts außer diesem Texte des Boethius; von seinen ursprünglich sieben Büchern sind immerhin über fünf erhalten.

Den Beschluß dieser Liste haben die eigenen logischen Schriften des Boethius zu machen. Was wir besitzen, sind ihrer vier, verhältnismäßig geringen Umfanges (De syllogismis categoricis, De syllogismo hypothetico, De divisione, De differentiis topicis). Originale Leistungen im strengen Sinne stellen sie gewiß nicht dar; doch in geschickter Weise versuchen sie, einzelne logische Problemgruppen in der peripatetischen (nicht nur aristotelischen, sondern auch theophrastischen) sowie stoisch-neuplatonischen Tradition weiterzuentwickeln.

Wir haben alle diese Titel nicht nur darum aufgezählt, weil sie zur Biographie des Boethius gehören. Wir müssen sie auch im Auge behalten, wenn wir die leidige Philologenfrage stellen, welches die Quellenautoren sind, von denen der ‹Trost der Philosophie› sich hat anregen lassen.

Eines wird man von vornherein voraussetzen müssen. Was dieses in der ersten Hälfte des 6. Jahrhunderts geschriebene Werk bietet, ist nur zu einem geringen Teil die eigene schöpferische Leistung seines Verfassers. Die entscheidenden Gedanken dürfte er alle der Tradition entnommen haben. Aber welcher Tradition? Da er Philosophie in lateinischer Sprache vorträgt, wird man zuerst an Cicero und Seneca denken wollen. Wie schon erwähnt, hat er sicherlich die

Werke dieser beiden gut gekannt. Doch die neuere Forschung hat bisher nur sehr wenige Fälle nachweisen können, in denen er sie tatsächlich benutzt. Sorgfältige Interpretation wird die Zahl der Fälle zu vermehren in der Lage sein; größere Textabschnitte, in denen sich Boethius unmittelbar an Cicero oder Seneca anlehnte, gibt es jedoch augenscheinlich nicht. Kommen spätere Lateiner in Frage, etwa jener Marius Victorinus, der Neuplatoniker, dem Augustin in seinen jungen Jahren begegnet war? Auszuschließen ist dies nicht, beweisbar aber auch nicht. Ganz allgemein besteht der Eindruck, daß Boethius sich weit weniger an die lateinische als vielmehr an die griechische Tradition gehalten hat. Damit sind wir freilich nicht viel klüger als zuvor. Denn die Reihe der griechischen Neuplantoniker, die in Frage kommen, angefangen von Porphyrios (etwa 234–305), von dem Boethius ein Werk übersetzt hat, wie wir sahen, bis ungefähr zu Proklos (etwa 411–485) und dessen Schülern, ist sehr umfangreich und weist viele Philosophen auf, die äußerst produktiv waren, von deren Werken wir aber nur noch einen Bruchteil besitzen. So müssen wir auch dies in der Schwebe lassen.

Es ist vielleicht indessen überhaupt nicht zu erwarten, daß Boethius genau irgendeinem einzelnen Vorbild folgt. Er ist ja kein Neuling in der Philosophie, als er seine ‹Tröstung› schreibt. In der neuplatonischen Logik kennt er sich längst aufs gründlichste aus, und daß er auch in ihrer Theologie zu Hause ist, darf man annehmen. Wie weit die mathematischen und logischen Schriften des Boethius auf sein letztes Werk Einfluß genommen haben, ist, soweit ich sehe, noch kaum untersucht. Aber daß er von seinen früheren Schriften her über einen großen Teil der philosophischen Tradition, die er in der ‹Tröstung› darbietet, frei zu verfügen vermochte, scheint mir sicher. Er war nicht darauf angewiesen, nach Quellentexten zu arbeiten.

Tradition bleibt trotzdem so gut wie alles, was er bietet. Aber es ist eine Tradition, die durch einen Mann von sicherem Geschmack, reicher Bildung und klarem Blick für das Wesentliche neu geformt worden ist. Und damit hat das Werk auch den Ruhm verdient, der es durch die Jahrhunderte begleitet hat.

Der ‹Trost der Philosophie›

Das erste Buch

Das erste Buch hebt an mit einem Klagelied des Verfassers, einer echten «Elegie», die ihm die Musen eingeben. Denn nur sie haben ihn bis an diesen Ort begleitet. Vor der Zeit ist er gealtert, und in einem Paradoxon stellt er fest, daß der Glückliche oft unversehens vom Tode überfallen werde (Zeilen 17/18 spielen auf einen Unfall an, der ihn in vergangener Zeit beinahe das Leben gekostet hätte), während der Unglückliche vergebens auf den Tod wartet, der nicht kommen will. Vorausdeutend auf Späteres schließen die letzten Zeilen den Gedanken an, daß nur der zu stürzen vermag, der sein Glück nicht auf sicherem Grunde aufgebaut hat. Nicht unverschuldet ist er also in sein Unglück geraten; es wird sich zeigen, worin seine Schuld bestand. Dramatisch geschickt vollzieht sich dann der Übergang. Während er sein Gedicht noch aufschreibt, wird es ihm, als sei an das Kopfende seines Lagers eine würdige Frau hingetreten. Es ist die Philosophie, deren Erscheinung nun in einer Allegorese beschrieben wird, wie sie vor allem die römische Klassik geliebt hat; man mag an Horazens Schilderung der Necessitas (Carmina I, 35) denken. Jede Einzelheit ist bedeutungsvoll. Sie ist alt und jung zugleich, von Statur bald wie einer von uns Menschen, bald göttlich riesengroß den Kosmos erfüllend. Ihr Gewand symbolisiert die philosophische Wissenschaft selbst; eingewebte Buchstaben bezeichnen deren zwei Teile Theoria und Praxis. Freilich ist das Gewand zerfetzt, da die Philosophie unter Räuber geraten ist, deren jeder ein Stückchen an sich gerissen hat. Die Erklärung folgt im dritten Kapitel (pr. 23ff.). Es sind die falschen Philosophen, die Epikureer und Stoiker, die sich mit geraubten Fetzen der wahren Philosophie schmücken; eine seltsame Polemik, die nicht nur an dieser Stelle überrascht, sondern auch im weiteren Verlauf der philosophischen Diskussion keinerlei Rolle mehr spielt. Man darf vermuten, daß Boethius sie aus einem älteren Texte übernommen hat.

In harten Worten weist nun die Philosophie die Musen weg vom Lager des Kranken. Denn sie vermögen nur seine Erregung zu steigern und machen ihn nur noch kränker. Nicht bloß der xenophontische Gegensatz zwischen Tugend und Lust, von dem wir früher sprachen, ist hier aufgenommen, sondern auch der platonische zwischen philosophischer Belehrung und dichterischer Verführung. Ausdrücklich erklärt die Philosophie, die sich nun ans Fußende des Bettes setzt, diesen Kranken zu pflegen sei ihre Sache. Dabei ist uns (mit Absicht) noch gar nicht gesagt, was es bedeuten soll, daß der Verfasser in der Elegie sich selbst als einen vom Unglück Geschlagenen dargestellt hatte, von der Philosophie aber als ein Kranker bezeichnet wird, dem nur ein rechter Arzt helfen kann.

Doch ehe sie zu helfen sich anschickt, bricht sie in ein Klagelied aus, das gewissermaßen ein Gegenstück zum ersten Gedicht bildet. Nicht Mitleid mit seinem Unglück ist der Inhalt, sondern Anklagen, weil seine Seele ihre Bestimmung vergessen hat und aus ihrer himmlischen Heimat zur dumpfen Erde hinabgesunken ist. In glanzvollen Wendungen wird geschildert, wie sie früher ganz dem Schauspiel der Gestirne und ihrer Mathematik hingegeben gewesen war, aber auch (V. 13–23), wie sie unermüdlich nach den Ursachen aller Naturerscheinungen gefragt habe. Der Philosoph, der gewesen zu sein Boethius vergessen zu haben scheint, ist Astronom im Geiste Platons und aristotelischer Naturforscher.

Doch dann ruft sich die Philosophie selbst zur Ordnung und redet den Kranken direkt an, aber auch um ihm vorzuwerfen, daß er so tief hat sinken können. Er ist indessen unfähig zu antworten und auch nur zu erkennen, wer mit ihm spricht. Wie ein Arzt legt sie ihm nun die Hand auf die Brust, um seinen Zustand näher zu prüfen. Sie diagnostiziert diesen Zustand als Lethargie, womit in der medizinischen Terminologie der Antike eine Art von pathologischer Schlafsucht und Abgestumpftheit gemeint ist. Bedeutungsreich bezeichnet sie als auffallendstes Merkmal dieser Krankheit, daß der Kranke nicht mehr recht weiß, wer er selbst ist. Gar zu schlimm steht es jedoch nicht um ihn. In dem Augenblick, in dem sie mit ihrem Gewand seine Tränen trocknet, erkennt er, wer vor ihm steht. Sinnvoll geht an dieser Stelle Boethius wieder zu Versen über und vergleicht die Epiphanie (so dürfen wir wohl sagen) der Philosophie mit dem plötzlichen Durchbruch der Sonne durch die Wolken.

Sogleich wundert er sich auch, sie hier zu sehen, und fragt sie, ob auch sie gleich ihm angeklagt und behelligt werde. Sie erwidert, es sei ihre Pflicht, bei ihm zu sein und sein Leiden zu teilen. Mit Nachdruck weist sie darauf hin, daß die Philosophie schon immer verfolgt worden sei. Sein Fall ist nicht der erste und der einzige. Sechs Beispiele verfolgter Philosophen werden genannt, unter den drei Griechen natürlich Sokrates, dann (auch vielfach erwähnt) die Vorsokratiker

Anaxagoras und Zenon von Elea. Drei Römer kommen dazu: Seneca, dann Canius, von dem nachher (pr. 4, 105 ff.) noch einmal die Rede sein wird, vermutlich aus einer uns verlorenen Schrift Senecas (vgl. Seneca, De tranquillitate animi 14,4–9), endlich Soranus, von dessen Ende unter Nero uns Tacitus (Annalen 16, 21.23 und 33) berichtet. Durch den Mund der Philosophie selbst läßt sich also Boethius dieser ehrwürdigen Gruppe anreihen.

Ihre Gegner ernstlich zu fürchten braucht die Philosophie freilich nicht. Von Z. 44 an schließt das Kapitel mit einem hochgemuten Gleichnis, wie wir es bei Seneca lesen könnten. Die Philosophie und die Philosophen sind wie eine wohlgeordnete Truppe in einer festen Burg, die voller Verachtung auf den wilden Ansturm der feindlichen Horden hinabsieht.

Nahe bei Seneca, also stoischen Charakters, ist auch das nachfolgende Gedicht. Wer Fatum und Fortuna besiegt und sich von aller Leidenschaft des Hoffens und Fürchtens freigemacht hat, der ist unbesiegbar: weder das Toben der Natur noch das Wüten des Tyrannen können ihm etwas antun. Dem Bilde des platonischen und aristotelischen Philosophen, der vor allem Betrachter des Ewigen und Erforscher der Welt ist, tritt hier der stoische Philosoph zur Seite, dessen Wesen vor allem in der souveränen Freiheit und Herrschaft über alles Niedrige und Äußere besteht.

Dann aber wendet sich die Philosophie energisch zum Kranken und fordert ihn auf, selbst über seinen Zustand Auskunft zu geben. Das damit beginnende Kapitel, eines der umfangreichsten des ganzen Werkes, schildert nun den Ablauf der geschichtlichen Ereignisse, wie ihn der Verfasser sieht und verstanden wissen will.

Fürs erste wird gleich hingewiesen auf den Gegensatz zwischen der mit Büchern reich und luxuriös ausgestatteten Bibliothek im Hause des Boethius und dem trübseligen Ort, an dem er sich jetzt befindet. Wir erfahren aber über den Ort selbst nichts Näheres, außer daß er sich fünfhundert Meilen weit weg von Ravenna befindet (Z. 146 ff.). Wir haben keinen Anlaß, anzunehmen, daß es sich etwa um eine Gefängniszelle handelt. Weder von Wachmannschaften noch von Folterknechten, weder von Mitgefangenen noch von irgendwelchen physischen Entbehrungen ist jemals die Rede. Offensichtlich befindet sich Boethius nur eben, wie schon früher bemerkt, in einem Zwangsaufenthalt. Der Hinweis auf die eigene Bibliothek dient aber nicht nur dazu, den Kontrast zu seinem jetzigen Leben an fremdem Orte herauszuarbeiten. Es soll auch darauf aufmerksam gemacht werden, daß Boethius eigentlich entschlossen gewesen war, sich ganz der philosophischen Forschung zu widmen. Von Astronomie und Naturforschung, aber auch von philosophischer Ethik platonischer Art ist auch hier die Rede. Wenn er sich der Politik zuwendete (und damit ins Verderben geriet), so tat er dies, wie er Z. 19 ff. mit allem Nachdruck betont, nach Platons eigener Vorschrift. Zitiert werden zwei Stellen Platons, die es dem Philosophen zur Pflicht machen, sich um den Staat zu kümmern (Staat 473 CD und 347 BC). Dies sei, behauptet er, der einzige Grund gewesen, weshalb er sich überhaupt mit solchen Geschäften befaßt und damit den Haß mächtiger Bösewichter erregt habe. Wir werden diese Erklärung kaum ganz wörtlich auffassen dürfen; denn schließlich stammte Boethius aus einer Gesellschaft und Familie, die es immer noch als ihre oberste Pflicht ansah, dem Staat durch Bekleidung von Ämtern zu dienen. Wir werden aber auch verstehen und respektieren, daß er in der Lage des Jahres 524 die Dinge so nuanciert, wie er es hier tut. Beispiele seiner politischen Aktivität werden genannt. Dabei ist bemerkenswert, wie er zunächst seine Einsatzbereitschaft gegen die Übergriffe der gotischen Beamten hervorhebt. Zwei Goten, denen er entgegentrat, werden mit Namen genannt; dann erwähnt er seine Fürsorge für die Provinzialen im allgemeinen und in einem besonderen Falle für die Provinz Campania. Schützend hat er sich auch vor angesehene Römer gestellt, vor Paulinus, der 498 Konsul gewesen war, vor Albinus, Konsul des Jahres 493. Um so ärger ist es, daß sein Sturz nun nicht etwa durch die Goten, sondern durch römische Gegner veranlaßt worden ist. Seine Ankläger, die von Z. 62 an genannt werden, haben alle griechische beziehungsweise römische Namen. Basilius war Konsul 508, Opilio ist es im Unglücksjahr 524. Ja es ist noch schlimmer. Z. 123ff. gibt zu verstehen, daß sogar der römische Senat, für den er sich doch eingesetzt hat und mit dem er von Haus aus aufs engste verbunden ist, ihn fallengelassen hat.

Natürlich kann man sich fragen, ob etwa taktische Überlegungen Boethius veranlaßt haben, die Schuld der eigenen Landsleute derart in den Vordergrund zu stellen und die mögliche Mitverantwortung der gotischen Beamten nur anzudeuten, diejenige des Königs selbst mit völligem Schweigen zu übergehen. Doch undenkbar ist es nicht, daß persönliche und politische Spannungen im Senat und unter den senatorischen Familien Roms zur Katastrophe des Boethius mindestens den entscheidenden Anstoß geliefert haben. Sicherheit werden wir da nie erlangen.

Auch das, was uns Boethius über den Inhalt der Anklage gegen ihn mitteilt, führt nicht sehr weit. Drei Punkte treten hervor. Erstens soll er sich schützend vor den Senat gestellt und mindestens eine Zeitlang die Auslieferung kompromittierender Dokumente verhindert haben (Z. 80ff.). Einzelheiten erfahren wir nicht, doch fällt dabei eine Bemerkung (Z. 96ff.), aus der wir schließen müssen, daß der gegenwärtige Bericht nur ein Auszug aus einer umfangreicheren Denkschrift ist, in der er seinen Standpunkt in aller Ausführlichkeit dargelegt hat – letzten Endes unzweifelhaft in der Hoffnung, das Schicksal damit noch in letzter Stunde wenden zu können. Zweitens sind ihm Briefe vorgehalten worden, in denen er «die Freiheit Roms erhofft habe» (Z. 100ff.). In der historischen Situation könnte es sich nur um hochverräterische Korrespondenzen mit Konstantinopel handeln, in denen die Beseitigung der Gotenherrschaft angestrebt worden wäre. Wir haben keinen ausreichenden Grund, der Behauptung des Boethius zu mißtrauen, daß es sich dabei um Fälschungen handelte.

Über den dritten Punkt ergeht sich Boethius (Z. 151ff.) in eigentümlichen Andeutungen. Ein Sakrileg wird ihm vorgeworfen, augenscheinlich in dem Sinne, daß er, um seine politischen Ziele zu erreichen, die Hilfe böser Geister in Anspruch genommen habe. Der Vorwurf wird ausdrücklich mit seinen philosophischen Interessen in Beziehung gesetzt (Z. 166ff.) – im Grunde nicht so sehr verwunderlich, wenn man bedenkt, welche Rolle der Umgang mit Daimones und Zauberpraktiken verschiedener Art in den Schriften vieler Neuplatoniker von Porphyrios an gespielt haben. Daß der Vorwurf weiterging und in Wahrheit auf heimliche Sympathien zur alten heidnischen Religion im ganzen zielte, wird man in dieser Zeit wohl kaum mehr annehmen dürfen; Reste des Heidentums gab es im 6. Jahrhundert gewiß nur noch in abgelegenen Landschaften und Dörfern. Aber etwas auffallend bleibt es trotzdem, daß sich Boethius demgegenüber nicht auf sein Christentum, sondern auf die pythagoreische und platonische Mahnung beruft, Gott nachzufolgen und Gott ähnlich zu werden. Als Widerlegung scheint ihm dies zu genügen. Der Schluß der Rede von Z. 173 an ist schon ganz auf die bevorstehende Antwort der Philosophie abgestimmt. Als Gipfel seines Unglücks gilt es ihm, daß er nun von allen seinen Freunden verlassen und von seinen Feinden beschimpft und verlacht wird. Sein unphilosophisch hemmungsloses Jammern offenbart das Ausmaß seiner Krankheit und die Notwendigkeit des ärztlichen Eingreifens der Philosophie.

Passend schließt sich ein Klagelied an, in welchem die ewige Ordnung der Natur dem menschlichen Bereich gegenübergestellt wird, der dem willkürlichen Spiel des Zufalls preisgegeben ist. Beinahe fühlt man sich an ältere Polemiken gegen Aristoteles erinnert, dem Stoiker und Platoniker nicht selten vorhielten, er beschränke das Walten der Vorsehung auf die Gestirnwelt und überlasse die irdische Welt dem Zufall und der Unordnung.

Doch nun setzt mit der fünften Prosa die Gegenrede der Philosophie ein. Sie besteht zunächst in heftiger Zurechtweisung. Nicht nur physisch ist Boethius in der Verbannung; schlimmer ist, daß er auch seine geistige Heimat verloren zu haben scheint. Und daran ist er selber schuld. Denn aus jener Heimat wird niemand ausgestoßen; wohl aber kommt es vor, daß man ihr freiwillig den Rücken kehrt. Schneidend erklärt die Philosophie, daß ihr an den Bibliotheksräumen des Boethius nichts liege; nur auf die Haltung des Boethius selbst komme es an.

Von Z. 27 an geht sie indessen (etwas abrupt) zu einem milderen Tone über und faßt nun den Inhalt seiner Klagerede zusammen. Sie bestätigt ihm gerne, daß er nur das Beste gewollt und sich immer an die Wahrheit gehalten habe. Deutlich wird, daß Boethius durchaus nicht bereit ist, auf seine Ehre als Staatsmann leichthin und kampflos zu verzichten. Doch in allzu heftige Leidenschaft hat er sich hineingesteigert. Sie gilt es zu zügeln. Nach alter, mindestens schon stoischer Tradition wird diese Leidenschaft medizinisch mit einem Tumor verglichen. Er ist zu behandeln, und als erstes appliziert die Philosophie als Arzt warme Umschläge, die die Spannung lösen.

Die Funktion des nachfolgenden Gedichtes ist nicht ganz leicht zu erkennen. Gepriesen wird noch einmal die unverbrüchliche kosmische Ordnung. Ihr muß man gehorchen, wenn das Tun gelingen soll. Soll das Gedicht einfach das vorangehende korrigieren: auch die Menschenwelt ist nicht der Unordnung preisgegeben, sondern steht unter einem Gesetz, dem sie zu folgen hat? Oder will die Philosophie darauf aufmerksam machen, daß auch die Heilung der kranken Seele in streng gegliederten Etappen erfolgen muß, wenn sie zum Ziele führen soll? Der Text läßt die eine wie die andere Deutung zu.

Um so klarer und energischer schreitet nun der Dialog voran. Die Philosophie geht zur entscheidenden gründlichen Diagnose über und stellt an den Kranken fünf präzise Fragen. Diese Fagen werden das Rückgrat der nachfolgenden philosophischen Erörterung bilden.

Die erste: Wird das Weltganze durch den Zufall oder durch die Vernunft beherrscht? Dies ist eine klassische Alternative, die seit den Zeiten des Hellenismus die Epikureer auf der einen, die Stoiker und Platoniker auf der anderen Seite findet. Boethius erwidert ohne Zögern, daß er den Zufall ablehne und davon überzeugt sei, daß ein Gott die Welt regiere. Dieser Punkt bedarf demnach keiner Diskussion mehr.

Die zweite: Auf welche Weise wird das Weltganze regiert? Boethius erklärt, nicht antworten zu können und kaum den Sinn der Frage zu begreifen. Da liegt also schon ein Symptom seiner Krankheit vor. Die Frage wird nachher aufgenommen werden und wird im 3. Buch, pr. 12 ihre Erledigung finden.

Die dritte: Welches ist das Ziel, nach dem die ganze Natur

strebt? Boethius hat dies gewußt, aber vergessen. Die Antwort wird im 3. Buch, pr. 11 gegeben.

Die vierte: Welches ist der Ursprung aller Dinge? Da erwidert Boethius wiederum ohne Zögern, daß es Gott sei. Auch darüber also braucht nicht mehr gesprochen zu werden.

Die fünfte: Was ist der Mensch? Boethius antwortet mit der seit Platon und Aristoteles unendlich oft wiederholten Definition, der Mensch sei «ein vernunftbegabtes und sterbliches Lebewesen». Die Philosophie fragt weiter, ob dem nichts beizufügen sei, was der Gefragte verneint. Doch jene Schuldefinition reicht nicht aus. Die Philosophie konstatiert sogar mit aller Schärfe, daß dies die eigentliche Ursache seiner Krankheit sei: er habe vergessen, wer er selbst sei (vgl. schon I, pr. 2, 13 ff.). Die Antwort darauf ergibt sich, so wird man sagen müssen, aus der Gesamtheit der späteren Erörterung.

Nur kurz sei darauf hingewiesen, daß offensichtlich Frage eins und zwei ebenso zusammengehören wie drei und vier, während die letzte Frage für sich steht; ihre Beziehung auf das alte Gebot von Delphi «Erkenne dich selbst», mit dem sich auch Platon und Aristoteles (um von anderen abzusehen) auseinandersetzen, ist evident. Realistisch nuanciert sind die Antworten. In zwei Fällen weiß der Gefragte sofort die richtige und ausreichende Antwort; die Philosophie hebt denn auch hervor, daß sich daran noch ein Rest an Gesundheit zeige, mit dem die Therapie rechnen dürfe. Eine der Fragen versteht Boethius überhaupt nicht, die Antwort auf eine weitere hat er gewußt, aber vergessen, und die letzte Frage vermag er nur teilweise zu beantworten. Damit ist die Befragung des Kranken abgeschlossen, und die Philosophie wiederholt ihre frühere Feststellung, daß es zu einer energischen Behandlung noch zu früh sei. Vorerst müssen schonende Mittel eingesetzt werden. Zu erwarten ist also, daß sich das Gespräch noch eine gute Weile im Bereich einfacher und naheliegender Gedankengänge bewegen wird.

Das Buch schließt mit einem Gedicht, in welchem der Zustand der von der Leidenschaft verwirrten Seele verglichen wird mit dem Sturm in der Natur, der die Sonne verdunkelt und die Gewässer verschmutzt. Der Schluß biegt ein in die Mahnung, alle Leidenschaften fahrenzulassen, wobei nicht ohne leise Pedanterie die vier klassischen, etwa aus Ciceros ‹Tusculanen› wohlbekannten Affekte der Reihe nach aufgezählt werden.

Das zweite Buch

Das zweite Buch beginnt mit einer Trostrede. Begriff und Gestalt der Fortuna-Tyche stehen im Mittelpunkt. Was Boethius beklagt, ist der Verlust seines früheren Glückes, also aller jener Güter, die eben Fortuna zu geben und zu nehmen pflegt. Das wahre Wesen der Fortuna und ihrer Geschenke gilt es zu durchschauen. Boethius selbst hat einstmals sehr wohl darüber Bescheid gewußt, doch gibt ihm die Philosophie zu, daß seine Erregung angesichts des gegenwärtigen Zusammenbruchs begreiflich sei. Abermals erklärt sie, sie wolle ihm vorerst nur einige leichte Arzneien einflößen. Die Überredungskunst der Rhetorik soll aufgeboten werden, eine Kunst, die dann zu billigen ist, wenn sie sich der Philosophie unterordnet.

Das Nachfolgende von Z. 27 an gibt sich also als Rhetorik. Wir sollten uns wohl fragen, was Boethius eigentlich darunter versteht. Will er ankündigen, daß nun noch keine systematisch strenge Philosophie vorgetragen werde, sondern nur eine locker gefügte Reihe von Betrachtungen? Oder denkt er vorzugsweise an die äußere Form, die sich in lebhaften Fragen, Vorwürfen und Mahnungen und in reichlicher Verwendung von Bildern ergeht? Beides wird gemeint sein. Das Entscheidende ist, daß noch nichts bewiesen, sondern fürs erste nur jene Stimmung erzeugt wird, die den Angeredeten willig und bereit macht. Die Bildhaftigkeit ist das für uns zunächst auffallendste Moment. Fortuna wird als eine Person beschrieben, die mit ihrer Gunst kommt und geht, wie es ihr Spaß macht; eben dies ist ihr Charakter, der sich niemals ändern wird. Der Hauptteil des ersten Kapitels ist ein Appell an den Menschen, sich über dieses Wesen der Fortuna klar zu werden.

Man wird sich fragen, wie alt gerade diese Personifikation ist. Dem klassischen Griechentum ist sie eigentlich noch fremd, wenn man von einzelnen Stellen, vor allem naturgemäß in der Tragödie, absieht. Im Hellenismus dringt sie vor. Tyche wird genau so wie Physis-Natura zu einem bequemen Sammelbegriff, zu einer quasigöttlichen Macht, auf die sich mühelos alle unbequemen Phänomene abschieben ließen. Wer heiklen theologischen Erörterungen über die im Kosmos wirkenden Kräfte aus dem Wege gehen wollte, ließ eben Gott aus dem Spiele und machte die Natur für alles verantwortlich, was es da gab. Und derjenige, der mit dem Problem des Übels, des Unglücks und des Bösen in der Welt nicht fertig wurde, war gerne bereit, alle Unbegreiflichkeiten auf Tyche-Fortuna überzuwälzen. Der Ausweg war billig, aber viel begangen, und was Boethius uns vorträgt, ist nur ein Glied in einer Tradition, die schon in der Generation der Schüler des Aristoteles begonnen hatte.

Bemerkenswert ist allerdings als Einzelheit, daß die letzten Zeilen des Kapitels einen der ältesten Belege für das Bild vom Rade der Fortuna darstellen.

Das anschließende Gedicht vervollständigt das Porträt Fortunas. Sie ist nicht nur wandelbar, sondern auch unerbittlich und grausam: gerne bringt sie Glück und Unglück in der gleichen Stunde.

Alten Vorbildern folgt Boethius auch im zweiten Kapitel, wenn er nun Fortuna persönlich auftreten und ihre Sache führen läßt.

Fortuna erinnert den Menschen an alle Wohltaten, die sie ihm von Geburt an erweist, und betont zugleich (nicht anders als es eine personifizierte Natura tun würde), daß alles, was der Mensch besitzt, ihm nur zeitweilig geliehen ist. Er hat keinerlei Recht zur Klage, wenn es ihm wieder genommen wird. Der stete Wechsel in Natur und Menschengeschichte kommt zur Sprache, und wieder taucht das Bild vom unaufhörlich sich drehenden Rade auf. Naheliegend und doch bemerkenswert (schwerlich ein persönlicher Einfall des Boethius) ist es, wie der jähe Sturz des Königs Perseus von Makedonien mit dem Fall des alten Kroisos verglichen wird. An die Tragödie wird erinnert, und Boethius versäumt nicht anzudeuten, daß er in seiner Jugend Homer auswendig gelernt habe.

Das nächste kurze Gedicht fügt einen neuen Gedanken hinzu. Selbst wenn Fortuna die Menschen dauernd begünstigte, würden sie in ihrer unersättlichen Gier nach Reichtum und Ehre nie genug haben. Von der grenzenlosen Begehrlichkeit des Menschen hatte schon Solon in berühmten Versen geredet, dann etwa Aristoteles, dann Epikur und andere.

Im dritten Prosakapitel fordert die Philosophie Boethius zu einer Stellungnahme auf. Dieser lehnt, in kurzen, an ciceronische Wendungen anklingenden Worten, die Rede der Fortuna ab. Mit solcher Rhetorik ist ihm nicht geholfen. Die Philosophie beeilt sich, ihm zu versichern, daß das Vorgetragene auch gar nicht als wirkliche Arznei wirken solle, sondern nur als eine erste Linderung der Schmerzen.

Dann aber weist sie ihn einigermaßen überraschend darauf hin, daß er noch keineswegs so unglücklich sei, wie er glaube. Manches Glück ist ihm geblieben, an anderes ziemt es ihm, sich in Dankbarkeit zu erinnern. Wir hören nun, in Ergänzung zu den Mitteilungen des 1. Buches, pr. 4, daß er einen hochangesehenen Schwiegervater, eine tugendhafte Gattin und zwei über alle Erwartungen hinaus erfolgreiche Söhne besitzt. Der Schluß (von Z. 38 an) kehrt zu allgemeineren Betrachtungen zurück. Boethius ist schließlich alt genug, um zu wissen, was es mit Fortuna auf sich hat. Er war glücklich, jetzt ist er unglücklich, aber daß das Glück noch einmal wiederkehrt, ist nicht ausgeschlossen.

In einer Reihe von Bildern zeigt das nachfolgende Gedicht die Wandelbarkeit alles Gewordenen, doch das vierte Prosakapitel insistiert noch einmal darauf, wie bitter die Erinnerung an vergangenes Glück sei. Und noch einmal weist die Philosophie auf Schwiegervater, Gattin und Söhne hin, die zwar über sein Unglück Kummer empfinden, aber selbst weder Mangel noch Ungemach zu leiden haben. Es ergibt sich also, daß das Verfahren gegen Boethius für seine Angehörigen keinerlei Folgen gehabt hat; sie sind unbehelligt geblieben. Z. 34 ff. gibt deutlich zu verstehen, daß noch nicht alle Hoffnung für die Zukunft aufgegeben werden darf. Boethius ist jedoch hartnäckig; so leicht läßt er sich nicht trösten und kommt in Z. 41/42 wieder auf den Zusammenbruch seines Glückes zurück.

Dies veranlaßt die Philosophie wiederum zu weiteren allgemeinen Betrachtungen. Kein Mensch ist ganz glücklich, und gerade die Glücklichsten werden leicht allzu anspruchsvoll. Endlich liegt das wahre Glück überhaupt nicht in den äußeren Gütern, sondern im Menschen selbst. Und bedeutungsvoll erinnert der Schluß (von Z. 104 an) daran, daß Boethius doch von der Unsterblichkeit der Seele überzeugt sei; daher weiß er auch, wo er die Glückseligkeit suchen muß.

Das anschließende Gedicht nimmt den aus Horaz und vor allem aus manchen Chorliedern Senecas wohlbekannten Gedanken auf, daß der Mensch am besten tue, zurückgezogen und unauffällig für sich zu leben; wer das tut, wird alle Stürme überdauern. Wozu dies Gedicht gerade an dieser Stelle des Dialoges steht, ist nicht ganz klar, doch lassen wir dies auf sich beruhen.

Eine erste Etappe der Therapie ist nun erledigt. In der nachfolgenden fünften Prosa stellt die Philosophie fest, daß sich der Zustand des Kranken schon gebessert habe, so daß man zu kräftigeren Heilmitteln übergehen könne. So hebt eine Diskussion über den Wert der äußeren Güter, vor allem von Reichtum, Ehre, Macht und Ruhm an; sie ist deutlich aus verschiedenartigen Materialien zusammengearbeitet (der Einfluß Ciceros macht sich hier stärker als irgendwo sonst in dem Werke geltend), liefert noch keine stringenten philosophischen Beweise, erhebt aber doch entschieden höhere Ansprüche, als was wir bisher vernahmen.

Zunächst wird mit einer ganzen Reihe von Argumenten gezeigt, welch problematischer Wert der Reichtum sei. Es verlohnt sich, die Argumente in einem knappen Schema zusammenzufassen. Erstens: der Reichtum nützt nur, wenn er verbraucht wird, also durch seinen eigenen Untergang. Zweitens: am Reichtum können nicht beliebig viele teilhaben, sondern wer ihn besitzt, der schließt damit gleichzeitig alle anderen aus. Drittens: der Glanz kostbarer Gegenstände steht immer tief unter dem Werte des lebendigen Menschen selbst. Viertens: die Schönheit der Natur ruht in sich selbst und kann nicht vom Menschen beansprucht werden, als ob sie ihm gehöre. Hier ist ein wohl durch Seneca vermittelter epikureischer Gedanke eingelegt (Z. 48–55): gewiß dienen die Früchte der Erde der Ernährung des Menschen; aber seine Natur ist mit wenigen zufrieden und bedarf nicht des Überflusses. Dann fünftens: die Schönheit der Kunstprodukte ist entweder das Verdienst der Natur oder dasjenige des Handwerkers, sicher aber nicht dasjenige des Besitzers. Sechstens: wenn die Masse der Dienerschaft schlecht ist, dann ist sie ihrem Herrn bloß eine Last; wenn sie tüchtig ist, dann ist es ihr Verdienst und nicht das des Herrn. Z. 73–80 nimmt abermals epikureische Gedanken auf: Wahrhaft arm ist der, der viel braucht – aber wer sich an die Bedürfnisse der Natur hält, braucht nicht viel. Siebentens: es ist absurd, die inneren und eigenen Güter zu vernachlässigen und sich statt dessen mit äußeren und fremden Dingen zu schmükken; und wenn definitionsgemäß das Gut, wonach einer strebt, immer ranghöher steht als der Strebende selbst, so ergibt sich, daß der Mensch seinen eigenen Rang unter dem der äußeren Dinge sucht. Dies führt (Z. 95–100) zu einer Digression über das «Erkenne dich selbst». Der Mensch ist von Natur dazu bestimmt, sich selbst zu erkennen, das Tier nicht, und wenn der Mensch dies versäumt, dann fällt er noch unter das Tier zurück. Achtens: platonisch und stoisch wird festgestellt, daß es kein Gut gibt, das dem, der es besitzt, schaden könnte. Doch daß der Reichtum vielfach schadet, ist evident.

Das nachfolgende Gedicht setzt die Gedanken des vierten Gedichtes, an dieser Stelle passend, fort: Lob des Goldenen Zeitalters, in welchem ein einfaches, friedliches Leben herrschte.

Die sechste Prosa argumentiert parallel zur fünften gegen Ehre und Macht. Erstens: es kann fürchterliche Folgen haben, wenn die Macht schlechten Menschen in die Hand gegeben wird. Zweitens: angesichts der Nichtigkeit des Menschen im Weltganzen und seiner Gebrechlichkeit sind seine

Machtansprüche lächerlich. Drittens: Macht kann nur über den Körper und die äußeren Dinge ausgeübt werden, niemals aber über den Geist, was mit einer Anspielung auf den schon im 1. Buch, pr. 3,34 genannten Zenon von Elea belegt wird. Viertens: die Macht ist wandelbar. An Busiris und Regulus (wiederum eine seltsame Zusammenstellung wie im 2. Buch, Pr. 2,40–46) zeigt sich, wie rasch der Mächtige in die Gewalt eines noch Mächtigeren gelangen kann. Der nächste Punkt ist nur eine theoretische Fassung dessen, was der erste konkret ausgemalt hatte (Z. 41–50). Sechstens: nach platonisch-aristotelischer Lehre bewirkt jeder Habitus das ihm Gemäße; der Besitz der Tapferkeit macht tapfer, derjenige der Musik macht zum Musiker. Doch bei Reichtum, Macht und Ehre stimmt dies nicht. Der Reichtum hebt nicht die Geldgier auf, die Macht schafft nicht Selbstbeherrschung, und der Besitz äußerer Würden macht keineswegs immer ehrwürdig. Also sind es nicht echte Güter.

Daß die Macht zuweilen gerade den Unwürdigsten zufällt, zeigt das nachfolgende Gedicht, das in drastischen Zügen die Ruchlosigkeit des Kaisers Nero schildert.

Während die Kapitel fünf und sechs deutlich zusammengehören und gleichartig angelegt sind, ist das siebente Kapitel anders. Es spricht vom Ruhme und weist nach, wie nichtig aller menschliche Nachruhm ist angesichts der zeit-räumlichen Dimensionen des Weltganzen. Ausdrücklich zitiert werden zuerst der berühmte Geograph Ptolemaios (2. Jahrhundert n. Chr.), dann Cicero, und zwar allem Anschein nach vor allem das ‹Somnium Scipionis›; daß sich Boethius daneben auch an die Darlegungen des Dialoges ‹Hortensius› erinnert, ist wahrscheinlich, auch wenn sich dies nicht sicher beweisen läßt, da dieser Dialog bis auf eine nicht allzu große Anzahl von Fragmenten verloren ist. Z. 69 ff. biegt freilich ab, zunächst in einen Spott über falsche Eitelkeit und schließlich in die Alternative: entweder ist mit dem Tode des Körpers alles zu Ende, dann ist auch ein Ruhm, der diesen Tod überlebt, völlig gleichgültig; oder die Seele ist unsterblich, dann ist der irdische Ruhm erst recht gleichgültig für jene Seele, die aus dem Gefängnis des Leibes in ihre himmlische Heimat zurückgekehrt ist. Daß hier noch einmal ciceronische Wendungen benutzt sind, ließe sich an einem Vergleich mit mehreren Stellen des ersten Buches der ‹Tusculanen› zeigen.

Das nächste Gedicht paraphrasiert in Versen die Gedanken des Prosakapitels. Die Nichtigkeit des Ruhmes ist auch sein Gegenstand.

Überraschend kehrt die achte Prosa zur Gestalt der Fortuna zurück, von der in den vorangehenden drei Kapiteln nicht mehr die Rede gewesen war. Boethius will das Buch mit einer Paradoxie schließen, die er sich bis zu dieser Stelle aufgespart hat. Fortuna hat, bei Lichte betrachtet, auch ihre Vorzüge, und zwar gerade dann, wenn sie dem Menschen Unglück bringt. Denn das Unglück belehrt und erzieht, und vor allem werden erst im Unglück die wahren Freunde sichtbar. Mit Nachdruck wird dies in den letzten Worten gesagt. Der Leser erwartet allerdings, daß nun auch tatsächlich solche wahren Freunde genannt werden, Freunde, auf deren Fürsprache beim König er ebenso rechnen kann wie auf deren Verständnis für die kummervolle Lage seiner Angehörigen. Doch davon hören wir nichts, seltsam genug.

Dagegen nimmt das letzte Gedicht das Stichwort «Freunde» auf und preist in pathetischen, an den alten Empedokles erinnernden Wendungen die Freundschaft und Liebe, die den Kosmos durchwaltet und von der man nur hoffen darf, daß sie auch in den Seelen der Menschen zur Herrschaft gelange.

Das dritte Buch

Zu Beginn des dritten Buches erklärt der Kranke, er fühle sich schon jetzt wieder so gekräftigt, daß er selbst nach der schärferen Medizin verlange, um vollends zu genesen. Die Philosophie erfüllt ihm seinen Wunsch um so lieber, als nun der Weg zur Schau der wahren Glückseligkeit angetreten werden kann. Doch nach einer Methode, die gelegentlich schon von Aristoteles empfohlen wird, will sie ihm zuerst die falsche Glückseligkeit zeigen. Sie ist ihm vertrauter, aber wenn er sie durchschaut hat, dann wird es ihm leichter fallen, den Blick in die entgegengesetzte Richtung zu wenden und die Gestalt der wahren Glückseligkeit zu erfassen. Das erste Gedicht illustriert eben dieses methodische Prinzip mit Bildern: das Gute wird um so erfreulicher sein, wenn man zuvor das Schlimme erfahren und kennengelernt hat.

Vom nächsten Kapitel an wird nun fürs erste das Bild der falschen Glückseligkeit in einem straff systematischen Aufbau bis zum Ende des achten Kapitels entwickelt. Zur Diskussion stehen zur Hauptsache dieselben falschen Güter, von denen schon soeben in II, 5–7 die Rede gewesen war: Reichtum, Macht, Ehre usw. Aber wenn dort die verschiedensten Argumente locker aufgereiht waren, so haben wir es hier mit einem geschlossenen Ganzen zu tun. So nahe die beiden Abschnitte einander sachlich stehen, so groß ist der Unterschied in der Darbietung. Er ist so groß, daß man ihn wohl nicht nur vom pädagogischen und therapeutischen Gesichtspunkt her erklären kann, also etwa so, daß Boethius dieselbe Sache zuerst in einer einfacheren, dann in einer anspruchsvolleren Form hätte vortragen wollen. Dieses Moment ist sicher wichtig, aber kaum ausreichend. Boethius hat hier nach zwei verschiedenen Vorlagen gearbeitet. Etwas überspitzt gesagt, gehört die erste Vorlage in die Nähe hellenistischer, jedenfalls vorneuplatonischer Protreptik, die zweite in die Welt neuplatonischer Systematik; natürlich haben wir damit die Höhen neuplatonischer Ontologie und Theologie noch nicht erreicht, aber wir nähern uns ihnen. Daß Boethius von nun an einem neuplatonischen Traktat ‹Peri Eudaimonias› folgt, scheint mir jedenfalls die im ganzen wahrscheinlichste Annahme. Natürlich stützt sich dieser Traktat seinerseits auf ältere platonische und aristotelische Gedankengänge. Gleich die zweite Prosa geht Schritt für Schritt vor.

Das Ziel aller Menschen ist eines: die Glückseligkeit als die Summe aller Güter, über die hinaus es kein Gut mehr gibt. Die Menschen erstreben nun dieses eine Ziel auf verschiedenen und abirrenden Wegen. Sie meinen das Richtige und suchen es am falschen Orte. Z. 16–29 nennt zunächst die fünf Irrwege. Erstens: mit Recht meint man die Selbstgenügsamkeit, aber sucht sie fälschlich im Reichtum. Zweitens: man meint die Ehrwürdigkeit und verlangt nach äußeren Ehrenbezeugungen. Drittens: man meint Macht und wünscht sich, Fürst zu sein oder doch mit Fürsten Umgang zu haben. Viertens: man meint den Glanz der Glückseligkeit und sucht ihn in kriegerischem oder friedlichem Ruhme. Fünftens: man meint die Freude und sucht die äußere Lust. Diese Liste der wahren und scheinbaren Güter ist völlig fest und liegt den ganzen nachfolgenden Darlegungen zugrunde.

Doxographischer Schematik entspricht es, daß anschließend (Z. 29–32) angedeutet wird, daß diese fünf Güter auch miteinander kombiniert und einander subordiniert werden können (die nächste Parallele dazu bietet Aristoteles, Eudemische Ethik 1214 a 30–b 5).

In Z. 33–48 werden die fünf Güter weiter konkretisiert; was immer der Mensch begehrt, läßt sich auf sie reduzieren und über sie hinweg auf die Glückseligkeit. Nach kurzem Seitenblick auf Epikur wird sodann in Z. 54–83 ausführlich begründet, daß das, was die Menschen meinen, echte Werte sind; ihr Ziel ist, wie sich jetzt schon erkennen läßt, immer und unter allen Umständen das Gute (bekannte Äußerungen Platons etwa im ‹Gorgias›, des Aristoteles in der ‹Nikomachischen Ethik› kommen nahe), nur suchen sie es, wo es nicht zu finden ist. Das zweite Gedicht preist in sinnvoller Erweiterung des Gedankens die Ordnung der Natur, die auf die Dauer durch keine Gewalt und keine künstlichen Maßnahmen durchbrochen werden kann: so werden sich weder der afrikanische Löwe noch der kleine Singvogel jemals an ihren Käfig gewöhnen können, der gekrümmte Baum wird sich immer wieder aufzurichten suchen, und gar der Kreislauf der Gestirne ist durch nichts zu stören.

Von der dritten Prosa an wird in einer vor allem am Anfang recht lebendigen Dialogführung nachgewiesen, daß die Güter, denen die Menschen nachjagen, gar nicht das leisten, was man von ihnen erhofft. Gleich der Reichtum, von dem man nie genug haben kann und der immer gefährdet ist, ist in keiner Weise in der Lage, jene Selbstgenügsamkeit wirklich zu verschaffen, die man von ihm erwartet. Seltsam ist, wie Boethius hier wieder wie schon früher gelegentlich das Raisonnement durch eine eingelegte epikureische Sentenz unterbricht (Z. 66f.). Das kurze Gedicht variiert nur das soeben Gesagte, und mit der vierten Prosa gelangen wir zu den Ehrenämtern. Nicht jeder Magistrat ist ehrwürdig, wie mit einer hübschen Anspielung auf Catulls 52. Gedicht illustriert wird, und ein zeitgenössisches Beispiel schließt sich an. Wären ferner Ehrenämter von Natur aus ehrwürdig, so würden sie auf der ganzen Erde gleichmäßig anerkannt, so wie auf der ganzen Erde das Feuer erhitzt (Aristoteles, Nikomachische Ethik 1134 b 24–27, und Politik 1255 a 32–36).

Auch in der Zeit ist solchen Ämtern keine Dauer beschieden; illustriert wird dies mit der für den Historiker interessanten Feststellung, daß römische Magistraturen, die früher hochangesehen waren, wie das Amt des Praetors und des Praefectus annonae, heute überhaupt nichts mehr bedeuten.

Das vierte Gedicht kommt noch einmal auf Nero zurück, von dem schon im 2. Buch carm. 6 gesprochen hatte, hier als Beispiel eines Menschen, der die höchste Ehrenstellung bekleidete und dennoch ehrlos ist.

Die fünfte Prosa behandelt die Macht, und zwar in ihren zwei verschiedenen Formen: den fürstlichen Besitz der Macht und die (weit häufigere) Teilhabe an der Macht in der Nähe des Fürsten. Wie oben wird nun auch hier hervorgehoben, daß die Fürstenmacht weder dauerhaft in der Zeit noch universal im Raume zu sein vermag. Wie prekär sie ist, wird an der aus Ciceros ‹Tusculanen› 5,62 stammenden Geschichte vom Damoklesschwert gezeigt. Noch gefährdeter sind die Teilhaber an der Macht, wie die Schicksale Senecas oder des berühmten, von Caracalla hingerichteten Juristen und Prätorianerpräfekten Papinianus lehren. Umgekehrt sind auch für den Fürsten selbst solche Teilhaber an seiner Macht keineswegs zuverlässig, da sie ihm nicht aus Freundschaft, sondern nur aus persönlichem Interesse dienen.

Das fünfte Gedicht stellt die wahre und die falsche Macht einander gegenüber. Mächtig ist, wie in einer uralten Tradition der Lebensweisheit gesagt wird, nicht der, der über den Erdkreis herrscht, sondern nur der, der seine eigenen Leidenschaften zu bändigen vermag.

Das Kapitel über den Ruhm beginnt mit einem Zitat aus der ‹Andromache› des Euripides (V. 319f.), weist in Z. 14 ausdrücklich auf das 2. Buch, pr. 7 zurück, bringt aber auch einige neue Elemente. Daß der wahre Ruhm im Bewußtsein der eigenen Tüchtigkeit und nicht im Gerede der Leute beruht, ist schon bei Aristoteles, Nikomachische Ethik 1095 b 23–30 impliziert, und wenn die Adligkeit auf die Verdienste der Vorfahren zurückgeführt wird, so ist eben dies eine These, die nach Ausweis der Fragmente im aristotelischen Dialog über die Adligkeit verhandelt worden war.

Das sechste Gedicht trägt die Überzeugung vor, daß von Geburt her alle Menschen gleich seien, so wie Gott sie geschaffen hat.

Erstaunlich knapp wird schließlich in der siebenten Prosa die Lust erledigt. Die Erwartung der Lust ist voll Unruhe, und auf die Erfüllung folgt die Niedergeschlagenheit (epikureisch?). Daß sodann Boethius den alten Gemeinplatz, das Streben nach Lust stelle den Menschen dem Tiere gleich, nur mit einem kurzen Satz berührt, wird man verstehen. Auffallend dagegen ist, daß unter die Lust (wie schon im 3. Buch, pr. 2, Z. 35 f.) auch die Freude an Gattin und Kindern subsumiert wird. Von wem der Ausspruch stammt, daß Söhne sich als Henker erweisen könnten, wissen wir nicht. Das Euripideszitat stammt aus derselben Tragödie ‹Andromache› (V. 418–420), aus der schon das vorausgehende Kapitel zwei Verse gebracht hatte. Besonders deutlich ist in diesem kurzen Abschnitt, daß Boethius sich an eine Vorlage gebunden fühlt. Sachlich bestand kaum ein zwingender Grund, unter dem Stichwort «falsche Lust» nun gerade über Gattin und Kinder zu sprechen, und was das Persönliche angeht, so kann in Z. 15–17 die Philosophie nicht umhin, zuzugestehen, daß Boethius selbst, wie wir aus dem 2. Buch, pr. 3 und 4 wissen, nicht den geringsten Grund hat, sich über seine Gattin und seine Kinder zu beklagen oder sie als unbequeme Last zu bezeichnen. Er muß eben entsprechende Äußerungen (zu denen sich schon bei dem alten Demokrit Parallelen finden, Vorsokratiker 68 B 275 f.) in einer Vorlage gefunden haben. War es wieder Seneca und bei diesem ein durch Epikur angeregter Abschnitt? Das siebente Gedicht vergleicht die Lust mit dem Treiben der Bienen, die erst Honig geben, dann aber stechen. Auch dieser Vergleich mag alt sein.

Die achte Prosa faßt zusammen. Die falschen Güter leisten nicht, was man von ihnen erwartet, und führen statt zur Glückseligkeit nur ins Unglück. Als Einlage aus anderem Zusammenhang ist Z. 17–36 deutlich zu erkennen. Die Schwäche des physischen Menschen hier den Tieren, dort den Himmelskörpern gegenüber wird hervorgehoben, dazu tritt ein erlesenes Aristoteleszitat aus einem verlorenen Dialoge, am ehesten wohl dem ‹Eudemos›.

Die ersten acht Verse des nachfolgenden Gedichtes beklagen die Verwirrung des Menschen, und von V. 9 an wird schärfer formuliert: wo die irdischen Schätze zu finden sind, das weiß man wohl, wo aber das wahre Gute verborgen ist, das merkt man erst, nachdem man sich von den falschen Gütern hat verführen und täuschen lassen.

Die neunte Prosa kündigt an, daß es jetzt an der Zeit sei, den Blick zur wahren Glückseligkeit hinzuwenden. Der Weg dazu führt aber zunächst über die Frage, welches die Ursache ist, aus der sich die fünffache Verwechslung des wahren mit dem falschen Gute erklärt.

Die Ursache ist die, daß man nicht erkennt, daß die fünf Güter der Selbstgenügsamkeit, der Macht, des Glanzes, der Ehrwürdigkeit und der Freude in Wirklichkeit nur fünf Namen einer und derselben unteilbaren Sache darstellen. Falsch ist es, wenn die Menschen sie aufspalten und isolieren und meinen, sie könnten eines dieser Güter erlangen und die übrigen vier beiseite lassen, falsch ist es aber auch, wenn man sie in ihrer Gesamtheit dort sucht, wo sie sich nicht befinden. Zwei Fehler werden hier also begangen: die Güter zu isolieren und sie mit untauglichen Mitteln zu erreichen zu suchen.

So kann denn nun endlich von Z. 88 an auf das wahre Gut und die wahre Glückseligkeit geblickt werden. Sie ist es, die alle fünf Güter verleiht, derart, daß, wer eines besitzt, sie alle besitzt. Außerdem muß man den richtigen Weg kennen, und dies bedeutet: die wahre Glückseligkeit ist nicht im sterblichen Bereiche zu Hause, sondern anderswo.

Damit stehen wir (Z. 115) an der Schwelle der nächsten Stufe der philosophischen Erkenntnis, und mit dem Hinweis auf eine berühmte Stelle des platonischen ‹Timaios› (27 C ff.) erklärt die Philosophie, es zieme sich nun, Gott anzurufen, damit er der Untersuchung einen guten Fortgang verleihe.

Dies geschieht in einem Gedicht, dem philosophisch anspruchsvollsten der ganzen Reihe. In enger Anlehnung an Platons ‹Timaios› und dessen neuplatonische Exegese (die Boethius gründlich gekannt haben muß) wird das demiurgische Walten Gottes und die von ihm geschaffene kosmische Ordnung beschrieben und gepriesen. Das Gedicht stellt sich in die Reihe der philosophischen Hymnen, die für uns mit dem Zeushymnus des Stoikers Kleanthes beginnt. Nicht nur scheinen durch die lateinischen Hexameter die einzelnen Platonstellen hindurch, es hat sich auch zeigen lassen, daß Boethius der Exegese eines bestimmten Neuplatonikers, des Ammonios, des Schülers des großen Proklos, folgt.

Wir befinden uns auch genau in der Mitte des ganzen Werkes. Von Kapitel 10 an beginnt der systematische Aufbau der wahren Glückseligkeit.

Fürs erste wird nachgewiesen, daß das vollkommen Gute nicht bloß ein Begriff ist, sondern auch in der Wirklichkeit existiert. Ein Doppelbeweis wird skizziert: alles Unvollkommene setzt notwendigerweise sowohl ontologisch wie auch im zeitlichen Zusammenhang ein Vollkommenes voraus. Gibt es jenes, so muß es auch dieses geben. Zweitens ergibt sich, daß der Ort des vollkommenen Guten Gott ist.

Denn Gott ist gut, da sowohl ontologisch wie auch zeitlich nichts Besseres als Gott gedacht werden kann und auch ein Regreß zu immer Besserem ins Endlose unvollziehbar ist.

Da aber das vollkommene Gute zugleich die wahre Glückseligkeit ist, so folgt, daß eben diese wahre Glückseligkeit bei Gott ist.

Dazu wird von Z. 49 an präzisiert, daß eine vollständige Identität zwischen Gott und dem Guten besteht. Weder ist das Gutsein Gott von außen her verliehen worden, noch sind Gott und Gutsein zwei Wesenheiten, die zwar faktisch, aber nicht begrifflich eine Einheit bilden. Denn dies würde bedeuten, daß erstens eine dritte Wesenheit angesetzt werden müßte, die jene beiden vereinigte, und daß zweitens Gott seinem eigenen Wesen nach nicht gut wäre, was unmöglich ist. Weiterhin kommt dazu (Z. 79 ff.), daß nicht zwei vollkommene Wesenheiten nebeneinander zu bestehen vermögen; dann ist nämlich weder die eine noch die andere vollkommen.

Überdies erklärt (Z. 94 ff.) die Philosophie noch, nach der Weise der Geometer eine Zugabe beisteuern zu wollen. Es ist eine Folgerung aus dem soeben Bewiesenen. Wenn Gott und die Glückseligkeit miteinander identisch sind, so werden die Menschen durch die Teilhabe an der Glückseligkeit zugleich Teilhaber an der Gottheit.

So kommt es zu dem erstaunlichen, aber durchaus konsequenten Satze, daß es von Natur nur einen Gott gebe, durch Teilnahme jedoch unbegrenzt viele Götter geben könne (Z. 105–107).

Der Schluß des Kapitels von Z. 110 an biegt wieder zurück zu den früheren Darlegungen über die Glückseligkeit. Die fünf wahren Güter, von denen schon so oft die Rede war, sind nicht Teile der Glückseligkeit, sondern allesamt eines, und zwar dadurch, daß sie auf eines, das Gute, bezogen sind.

So zeigt sich, daß letzten Endes immer nur das Gute erstrebt wird, womit sich die frühere evidente Feststellung verbindet, daß alles die Glückseligkeit erstrebt; die Glückseligkeit und das Gute sind demnach dasselbe. Und beide sind endlich nichts anderes als Gott.

Damit ist ein gewisser Abschluß erreicht, und das nachfolgende Gedicht lädt den Leser ein, diese Lehre anzunehmen, in der allein er Ruhe und Trost finden wird; ihr Glanz überstrahlt alle irdische Kostbarkeit.

Zu Beginn des elften Kapitels erfahren wir allerdings, daß die Frage nach dem Wesen des Guten noch keineswegs beantwortet ist. Es fehlt ein entscheidendes Moment. Doch ergibt es sich aus dem schon Gesagten. Wenn die fünf Güter nicht voneinander verschieden sind und nicht voneinander abgetrennt werden können, so heißt dies, daß das Gute eines ist. Zu den bisherigen Bestimmungen des Guten als Glückseligkeit und Gott tritt diejenige als Einheit.

Was dies Eins-Sein in Wahrheit bedeutet, wird von Z. 35 an in einer höchst bemerkenswerten Untersuchung entwikkelt.

Voran steht der Satz, daß alles sich nur so lange erhält, als es eines ist; Untergang bedeutet Zerfall in vieles.

Dies wird zunächst an Tier und Mensch gezeigt (Z. 39–50). Diese Lebewesen sind eine Einheit aus Körper und Seele, und der Körper selbst ist nur lebendig, solange er eine Einheit bildet.

Da weiterhin alle Lebewesen sich selbst zu erhalten trachten, so bedeutet ihr Streben nach Selbsterhaltung zugleich ein Streben nach Einheit. Vom Selbsterhaltungstrieb der Tiere braucht nicht weiter gesprochen werden; daß auch die Pflanzen einen solchen besitzen, wird ausdrücklich begründet: sie suchen sowohl ihr eigenes Dasein zu schützen wie auch sich fortzupflanzen und damit über das Individuum hinaus die ganze Gattung zu erhalten. Sogar an den unbelebten Elementen – die klassischen vier Elemente werden genannt – ist dieses Streben nach Selbsterhaltung zu beobachten (Z. 86–97). Dabei liegt es auf der Hand, daß dieses Streben in der belebten wie in der unbelebten Natur nicht etwa einem freien Willensentschluß entspringt, sondern der reinen Naturanlage. Recht bemerkenswert wird dies negativ damit illustriert, daß der freie Wille des Menschen sich zuweilen gegen das eigene Leben und gegen die Fortpflanzung richten kann, also gegen die Naturanlage Widerstand leistet (Z. 104–108).

Nachdem auf diese Weise der allgemeine Selbsterhaltungstrieb festgestellt ist, wird nun (Z. 119ff.) zu der These zurückgegangen, daß aller Selbsterhaltungstrieb im Grunde Wille zur Einheit sei. Und da schließlich die Einheit und das Gute miteinander identisch sind, so gelangen wir zu der Folgerung, daß alle Wesen nach dem Guten streben.

Damit ist aber auch eine der Fragen erledigt, die die Philosophie dem Boethius im 1. Buch, pr. 6 gestellt hatte. Dort hatte sie ihn gefragt, welches das letzte Ziel aller Dinge sei, und er hatte erwidert, er habe dies gewußt, aber vergessen. Nun liegt die Antwort vor. Letztes Ziel aller Dinge ist das Gute.

Dies ist ein Satz, der platonisch und aristotelisch zugleich ist. Man mag sich fragen, woher der Beweisgang unseres Kapitels stammt. Er erinnert unzweifelhaft an ciceronische Texte, vor allem im fünften Buche von ‹De finibus›, das einen Abriß der altperipatetischen Ethik enthält. Cicero ist nicht die Quelle des Boethius, wohl aber aller Wahrscheinlichkeit nach ein der Vorlage Ciceros nahestehender altperipatetischer, neuplatonisch überarbeiteter Text.

Das nachfolgende Gedicht lehrt, man müsse die Wahrheit nicht in der äußeren Welt, sondern in sich selbst suchen.

Nur in seinem Inneren findet sie der Mensch, und zwar auf dem Wege der Wiedererinnerung, wie dies Platon verkündet hatte. Die letzten Verse sind ein ausdrücklicher Hinweis auf seine Theorie der Anamnesis.

An sie knüpft denn auch das nächste Kapitel an. Eine zweite der Fragen, die im 1. Buch, pr. 6 erhoben worden waren, vermag nun ihre Beantwortung zu finden. Es war dort die zweite Frage: auf welche Weise wird das Weltganze regiert?

Die Antwort ist freilich nicht so einfach wie im vorausgehenden Falle. Sie setzt sich aus drei Teilen zusammen. Erstens: es ist der eine Gott, der die Welt aus Gegensätzen zusammenfügt, der die Gegensätze zusammenhält und der dafür sorgt, daß die Bewegung des Ganzen in geordneten Bahnen abläuft. Zweitens: aus der Selbstgenügsamkeit Gottes ergibt sich, daß er die Welt regiert, ohne äußerer Hilfe zu bedürfen, und ebenso steht fest, daß er gut ist. Drittens: da er gut ist, wird ihm auch alles aus freiem Willen gehorsam sein, und selbst wenn ein Wesen gegen ihn aufbegehren wollte, könnte es dies nicht, da nichts gegen Gottes Selbstgenügsamkeit und Allmacht aufzukommen vermag.

Mit Z. 85 ff. tritt ein neuer Gesichtspunkt herzu. Es ist die Frage nach dem Schlechten, wobei in allgemein antiker Weise sowohl das objektiv Schädliche und Zerstörerische wie auch das subjektiv Böse in einem Begriff zusammengefaßt sind. In knappster, beinahe an ein Wortspiel grenzender Logik erklärt die Philosophie, da Gott allmächtig sei, gebe es nichts, was er nicht hervorzubringen vermöchte; da er aber gut ist, kann er nichts Schlechtes hervorbringen, woraus sich ergibt, daß das Schlechte eben «nichts» ist.

Boethius gibt seiner Verwirrung und noch mehr seinem Staunen nicht nur über diesen Satz, sondern über die ganze Beweisführung von Kapitel zehn an Ausdruck (Z. 102ff.).

Der Gesamtbeweis, so konstatiert er, kann gleichmäßig in der einen wie in der entgegengesetzten Richtung geführt werden. Man kann vom Begriff der Glückseligkeit ausgehen, zu demjenigen des Guten und dann zu demjenigen Gottes weiterschreiten. Man kann aber auch mit dem Guten beginnen und mit der Glückseligkeit und Gott und Gottes Weltregiment schließen. Der eine wie der andere Beweis ist lükkenlos in sich geschlossen.

Die Philosophie bestätigt: Wie das Wesen Gottes in sich geschlossen ist, so wird auch das Denken über dieses Wesen geschlossen sein müssen. Denn Denken und Gegenstand des Denkens müssen einander entsprechen, wie mit Anspielung auf Platons ‹Timaios› (29 B) gesagt wird. Voraus geht ein erlesenes Zitat aus dem alten Eleaten Parmenides (Vorsokratiker 28 B 8, 43; vgl. I, pr. 1, Z. 39), das Boethius allerdings schwerlich aus dem Originaltext des Parmenides mehr kennt, sondern aus Platons ‹Sophistes› (244 E) übernimmt.

Charakteristisch neuplatonisch wird man es nennen, wie hier die strikte Logizität des philosophischen Denkens gepriesen wird. In dieser Form geht dies weder auf Platon zurück (trotz seiner Dihäretik) noch auf Aristoteles (trotz dem Organon); angebahnt hat die Logisierung der philosophischen Substanz zuerst die Stoa Chrysipps, und vollendet hat sie Porphyrios, dessen größte geschichtliche Leistung eben die Synthese der platonischen Tradition mit der nun nicht stoischen, sondern aristotelischen Logik gewesen ist.

Den Schluß des ganzen Buches bildet ein längeres Gedicht, in welchem die Erzählung von Orpheus und Eurydike auf eine eigentümliche Weise allegorisiert wird. Wie Orpheus seine Gattin verlor, weil er den Blick nach rückwärts in die Unterwelt hinab wandte, so wird der Geist die Wahrheit verlieren, wenn er sich dem Irdischen zuwendet. Man möchte sich fragen, ob diese Ausdeutung von Boethius selbst stammt oder (was wahrscheinlicher sein dürfte) schon von früheren Platonikern in der Anlehnung an Platons Höhlengleichnis entwickelt worden ist.

Das vierte Buch

Das vierte Buch beginnt damit, daß Boethius der Philosophie ins Wort fällt. Mögen die von ihr vorgetragenen Beweisgänge noch so zwingend sein, so kann er sich mit ihnen doch noch nicht zufriedengeben; wie denn die ‹Tröstung› nicht zuletzt gerade darum so bewundernswert ist, weil Boethius sich keineswegs als einen gelehrigen, leicht zu besänftigenden Schüler darstellt, sondern als einen tief beunruhigten und verwundeten Menschen; man fühlt sich an die Äußerung des Aristoteles über den Glückseligen erinnert, der zwar nicht leicht ins Wanken gebracht werden kann, doch, wenn ihn schwere Schläge treffen, nur mit Mühe und langsam sich wieder aufzurichten vermag (Nikomachische Ethik 1101 a 8–13).

Boethius kehrt zurück zu dem Rätsel, von dem er schon im 1. Buch, pr. 4, Z. 113 ff. gesprochen hatte und das soeben (III, pr. 12, Z. 92–101) wieder berührt worden war: wie kann es das Schlechte geben, und noch mehr: wie ist es möglich, daß in einer von Gott gelenkten Welt das Schlechte triumphiert, wie wenn es das Gute wäre, und das Gute verfolgt wird, als ob es das Schlechte wäre? Nicht nur an sein eigenes Schicksal denkt Boethius, sondern auch an das alte Bild des gefolterten Gerechten, das Platon in seinem ‹Staat› (361 A-362 C) gezeichnet und Cicero in seinem Dialog ‹De republica› (Laktanz, Divinae institutiones 5,12,5–6) übernommen hatte.

Die Philosophie antwortet sogleich sehr energisch. Ausgehend von einem Bilde, das an Cicero, ‹De natura deorum›

2,15 f., anklingt, stellt sie fest, daß die bisherigen Ergebnisse der Diskussion keine andere Folgerung gestatten, als daß (erstens) die Guten immer die Stärkeren, die Schlechten immer die Schwächeren sind, daß (zweitens) das Gute immer seinen Lohn und das Schlechte immer seine Strafe findet und daß (drittens) den Guten alles zum Glück, den Schlechten alles zum Unglück ausschlägt.

Etwas unerwartet schließt sie mit der Ankündigung, sie werde ihm den Weg «in die Heimat» (vgl. I, pr. 5, Z. 15–18) weisen und seinem Geiste jene Flügel verleihen, von denen Platon an berühmter Stelle (Phaidros 246 B ff.) gesprochen hat.

Von eben diesen Flügeln spricht auch das nachfolgende Gedicht. Mit ihnen vermag der Geist alle Räume des Kosmos bis zu den äußersten Grenzen zu durchmessen und dort seine Heimat zu erkennen, hoch über der düsteren Erde. So schwingt sich auch in Platons ‹Theaitetos› (173 E) der menschliche Geist frei über die Erde und durch die Gestirnwelt dahin. Eigentümlich bleibt allerdings, daß die Einsicht in die göttliche Gerechtigkeit in eins gesetzt wird mit der gottähnlichen Überschau über das Leben des Kosmos.

Daß die nachfolgenden zwei Kapitel von einem berühmten Abschnitt in Platons an Paradoxien reichen Dialog ‹Gorgias› (466 B–468 E und noch späteres bis 480 B) stark angeregt sind, ist offensichtlich. Freilich handelt es sich nicht um ein bloßes Übersetzen oder auch nur Paraphrasieren des platonischen Textes, sondern um ein Weiterspinnen und Ergänzen der Gedanken Platons. Festgestellt wird zunächst im Sinne von III,12, daß alle Wesen nicht nur nach dem Sein und der Glückseligkeit, sondern auch nach dem Guten streben; insbesondere zielt der eigentliche Wille jedes Menschen auf das Gute. Wo aber das Gute verfehlt wird, da ist der Mensch augenscheinlich nicht fähig, zu erlangen, was er doch in Wahrheit will; also ist Schlechtigkeit nichts anderes als Schwäche. Zum zweiten wird (aristotelisierend) das gute Handeln mit der naturgemäßen Bewegung des Körpers, das schlechte mit der naturwidrigen (etwa dem Gehen auf den Händen statt auf den Füßen) verglichen; naturwidrig wird sich aber nur bewegen, wer zum naturgemäßen Gebrauch der Glieder unfähig ist – und wiederum erweist sich die Schlechtigkeit als Unfähigkeit. Zum dritten werden drei Motive des schlechten Handelns zur Wahl gestellt. Wer schlecht handelt, tut es entweder aus Unwissenheit oder weil er sich wider besseres Wissen von der Leidenschaft hat überwältigen lassen oder gar weil er wissentlich das Schlechte dem Guten vorzieht (es sind die drei von Aristoteles im siebenten Buch der ‹Nikomachischen Ethik› ventilierten Fälle). In den beiden ersten Fällen ist der Mensch entweder töricht oder schwach, im dritten Falle ist er als Mensch nichtseiend. Denn wer das Ziel, auf das alle Wesen gerichtet sind, preisgibt, gibt sich selbst preis. Alles zu vermögen ist dasselbe wie das Gute zu vermögen; beides ist in vollem Umfange nur bei Gott. Der Mensch hat die Fähigkeit, einiges Gute zu verrichten. Wer aber diese Fähigkeit aufgegeben hat, vermag überhaupt nichts, mag er auch noch so sehr unternehmen, was ihm gefällt (Platon, Gorgias 466 D E).

Das kurze zweite Gedicht hebt den Kontrast hervor, der zwischen dem äußeren, scheinhaften Glanz des Tyrannen und seiner inneren Ohnmacht, seinem Ausgeliefertsein an die Leidenschaften (deren klassische Vierzahl in leichter Abwandlung auftritt) besteht.

Das dritte Prosakapitel erweitert die Gedanken des zweiten. Die Tugend als Glückseligkeit und Gottähnlichkeit ist sich selbst Lohn, die Schlechtigkeit ist sich selbst Strafe als Unseligkeit und als Verlust des Menschseins. Uralt volkstümliche, schon von Platon im ‹Phaidon› (81 E ff.) benutzte

Gedanken werden aufgegriffen, wenn nun dargelegt wird, wie die verschiedenen Arten der Schlechtigkeit den Menschen in verschiedene Tiere verwandeln: der Geldgierige wird dem Wolfe gleich, der Zänkische dem Hunde usw. Der Grundgedanke ist im ganzen gesehen wieder aristotelisierend: der Mensch hat die Möglichkeit, zur Gottähnlichkeit emporzusteigen oder zur Tierähnlichkeit abzusinken (Nikomachische Ethik 1145 a 18–33).

Sinnvoll zieht das dritte Gedicht die homerische Erzählung von Odysseus und der Zauberin Kirke heran. Kirke hat ja die Menschen tatsächlich in Tiere verwandelt. Doch ist es, wie die Schlußverse sententiös erklären, weniger schrecklich, wenn die menschliche Seele erhalten bleibt und nur der Leib Tiergestalt animmt, als wenn umgekehrt der Mensch körperlich zwar der gleiche bleibt, seine Seele aber tierisch wird. Diese philosophische Ausdeutung der Kirkeerzählung ist sicherlich bedeutend älter als Boethius; vielleicht wird sie schon von Cicero in einem bei Laktanz erhaltenen Zitat aus ‹De republica› IV,1 vorausgesetzt.

Das vierte Prosakapitel argumentiert in der von Platons ‹Gorgias› gewiesenen Richtung weiter. Wenn Schlechtigkeit ist, was sie ist, dann ist es ein Unglück, Schlechtes zu wollen, noch unseliger, Schlechtes tun zu können, und am unseligsten, Schlechtes zur Vollendung zu bringen. Dann ist aber auch die Straflosigkeit unseliger als das Bestehen der Strafe, und es ist nur die Unwissenheit des Menschen, die dies nicht begreift; Anklänge sowohl an Platons Höhlengleichnis als auch an das aristotelische Gleichnis der Nachteulen stellen sich ein.

Besser ist es, Unrecht zu leiden als Unrecht zu tun, und wer als Anwalt das wahrhaft Richtige zu tun wüßte, der würde den Verbrecher gar nicht entschuldigen wollen, sondern ihn gerade umgekehrt der Strafe empfehlen, da die

Strafe für einen solchen ja nur Heilung und Rettung seines Menschseins bedeuten wird.

Diese Paradoxien sind zu allen Zeiten als seltsam, beunruhigend und nicht leicht widerlegbar empfunden worden. Sie sind wohl auch nicht immer reine Theorie geblieben. Die Härte des spätantiken und dann vor allem mittelalterlichen Strafrechtes ist nicht nur ein Stück barbarische Grausamkeit. Sie beruht zum Teil jedenfalls auch auf den Thesen, die Boethius hier vorträgt. Die Strafe eröffnet dem Verbrecher die Aussicht, an seiner unsterblichen Seele wieder gesund zu werden.

Was in diesem Gedankenzusammenhang das kurze vierte Gedicht zu leisten hat, wird nicht recht klar. Es ermahnt die Menschen, sich des gegenseitigen Mordens zu enthalten, den Guten zu lieben und sich des Schlechten zu erbarmen. Die Beziehung zu den umgebenden Prosatexten bleibt locker.

Die fünfte Prosa ist ein Übergangskapitel. So einleuchtend das Dargelegte auch klang, Boethius gibt sich noch nicht zufrieden. Die Distanz der Theorie von der Wirklichkeit, die man täglich erlebt, ist zu groß. Die äußeren Güter von Ehre, Ansehen und Macht lassen sich nicht einfach wegdisputieren. Daß sie so ungerecht verteilt sind, wäre begreiflich, wenn alles dem Zufall anheimgegeben wäre. Aber nun gibt es eine lenkende Gottheit, und da muß alles, was geschieht, seinen guten Grund haben. Ihn gilt es einzusehen.

Das nachfolgende Gedicht skizziert einen charakteristisch antiken Gedanken. Phänomene, deren Ursachen man nicht kennt, erwecken Staunen und Verwirrung, vor allem, wenn sie selten auftreten; doch niemand wundert sich über das, was man immer wieder beobachten kann und wo der Konnex von Ursache und Wirkung klar zutage liegt. Da wird also in aristotelischer Tradition das Wissen als Einsicht in die Ursachen bestimmt; und wenn das Gedicht erklärt, daß uns das Seltene befremdet, das Alltägliche uns aber selbstverständlich vorkommt, so haben wir hier einen jener Gesichtspunkte, die es verhindert haben, daß sich in der Antike eine Naturwissenschaft modernen Stiles entwickelt hat. Daß es sich lohnen könnte, auch gerade die alltäglichsten Erscheinungen wie das Fallen des Steines oder das Kochen des Wassers näher zu untersuchen, auf diesen Gedanken ist erst unser 16. und 17. Jahrhundert allmählich gekommen.

Boethius verlangt also nach weiterer Belehrung über die Ursachen des scheinbaren Unglücks der Guten.

Damit gelangen wir gewissermaßen auf die höchste Stufe der philosophischen Diskussion dieses Buches. Denn die Philosophie eröffnet dem Fragenden, daß das gestellte Problem eine ganze Reihe der schwierigsten Dinge in sich schließe. Fünf Punkte werden ausdrücklich aufgeführt: erstens die Vorsehung, zweitens die Verkettung des Schicksals, drittens der Zufall, viertens das Vorauswissen Gottes und fünftens die Freiheit der menschlichen Entscheidung. Von diesen Punkten wird nun bis zum Schluß des ganzen Gesprächs die Rede sein.

Sofort werden Boethius und der Leser darauf aufmerksam gemacht, daß nun ein längeres Stück philosophischer Theorie folgen wird. In der Tat ist diese sechste Prosa eines der längsten Kapitel des Werkes.

Es zerfällt deutlich in zwei Hälften. Die erste Hälfte bis Z. 116 ist in sich geschlossene Abhandlung über das gegenseitige Verhältnis von Vorsehung und Schicksal. Beide Begriffe sind alt, haben aber erst in der Stoa ihre philosophische Relevanz erhalten, und was wir hier haben, mag man eine neuplatonische Systematisierung stoischer Elemente nennen. Vorsehung und Schicksal, so hören wir, sind nur zwei Seiten einer und derselben Sache. Was von Gott her Vorsehung heißt und an der Einfachheit und Unbewegtheit des göttlichen Seins teilnimmt, das heißt von der Welt her gesehen Schicksal und bedeutet die allseitige Verflechtung der werdenden und bewegten Dinge. So existiert das Kunstwerk sowohl als ein Ganzes und Ruhendes im Geist des Künstlers wie auch als das Produkt einer Reihe von Arbeitsgängen, die notwendig aufeinander folgen, in der Realität.

Daß Boethius eine viel ausführlichere Darlegung zusammengefaßt hat, lehrt eine höchst eigentümliche Stelle (Z. 57ff.). Gefragt wird, wodurch das Schicksal in Gang gebracht wird. Sechs verschiedene Möglichkeiten werden aufgezählt, und zwar nach einem strengen Schema, ohne daß doch nähere Erläuterungen gegeben würden. Als Lenker des Schicksals kommen in Frage (1) göttliche Geister, die der Vorsehung dienen, oder (2) eine Weltseele, oder (3) die Allnatur, oder (4) die Gestirnbewegungen, oder (5) die Macht von Engeln, oder (6) die Geschäftigkeit von Dämonen; dabei kann erst noch entweder nur mit einer dieser Möglichkeiten gerechnet werden oder mit mehreren zusammen oder gar mit allen zusammen. Nach der Herkunft dieses Schemas haben wir hier nicht zu fragen. Daß es in spätneuplatonischer Weise ganz verschiedene Traditionen zusammenrafft, ist nicht zu verkennen.

Beachtlich ist auch, wie gleich danach die Relation von Vorsehung und Schicksal ganz kosmologisch veranschaulicht wird. Die Vorsehung gleicht dem ruhenden Mittelpunkt einer Kugel, das Schicksal den in größerem oder geringerem Abstand um den Mittelpunkt sich drehenden Kreisen.

Geschildert wird sodann die Herrschaft des Schicksals über die Gestirne und Elemente, über alle Lebewesen und das Dasein des Menschen. Es liegt allein am Menschen, wenn er diese Schicksalsordnung nicht wahrzunehmen vermag.

Doch an dieser Stelle hakt Boethius ein weiteres Mal ein. Es ist und bleibt eine Ungerechtigkeit, daß die Guten wie die Schlechten wahllos von Glück und Unglück getroffen werden.

Es ist die Philosophie, die diesen Einwand im Namen des Boethius vorträgt. Sie liefert auch die Widerlegung, die nun aber zu unserer Überraschung die bisherige Gedankenlinie nicht weiterzieht, sondern es bei Erwägungen bewenden läßt, die wir kasuistisch nennen möchten. Erstens sind wir, wie sie sagt, keineswegs in der Lage, mit Sicherheit zu unterscheiden, wer nun gut und wer schlecht ist. Und selbst wenn wir es könnten, sind wir zweitens nicht befähigt zu beurteilen, wie die seelische Gesamtverfassung eines Menschen wirklich ist; jemand kann gut sein, aber der inneren Festigkeit ermangeln, so daß ihn die Vorsehung nur darum von Unglücksschlägen fernhält, weil er ihnen nicht gewachsen wäre; ein anderer ist wirklich vollkommen und erhält darum wohlverdientes Glück; wieder ein anderer bedarf des Unglücks, um nicht übermütig zu werden, ein anderer, damit er sich in der Tugend erproben kann. So gibt es sehr zahlreiche Möglichkeiten der Erklärung von Glück und Unglück. Die Ordnung von Vorsehung und Schicksal bleibt unverbrüchlich bestehen; nur wir sind es, die diese Möglichkeiten nicht zu überschauen vermögen. Wären wir fähig, alles mit den Augen der waltenden Vorsehung zu sehen, so würden wir überhaupt nirgendwo Unordnung oder Schlechtigkeit entdecken.

Hübsch wird am Ende des langen Kapitels bemerkt, der Hörer sei sicher schon müde geworden und habe ein Anrecht auf Erholung in der Form eines stärkenden Gedichtes. Es folgt denn auch ein recht langes Gedicht, das die Weltordnung, den Regenten aller Dinge und die (im Sinne des Empedokles) alles zusammenhaltende Liebe preist.

Ebenso angemessen ist es, daß Boethius nach dem langen und komplizierten Lehrvortrag nun ein Kapitel folgen läßt, das zu einem lebendigen Wechselgespräch aufgelockert ist. Boethius fragt ein letztes Mal, wie es mit dem Wert des äußeren Glückes stehe, und die Philosophie weist ihm noch einmal nach, daß dem Schlechten alles zum Unheil ausschlägt, für die Guten jedoch alles gut ist, da auch das scheinbar widerwärtige Geschick entweder ihrer Vervollkommnung oder ihrer Erprobung dient. Tugend ist daran zu erkennen, daß sie wie ein erfahrener Krieger ihre Kräfte richtig einsetzt und weder durch den Erfolg leichtsinnig noch durch den Rückschlag entmutigt wird. In den letzten Zeilen des Kapitels ist freilich der Gedanke bis zur Unverständlichkeit verkürzt.

Passend erinnert das Gedicht, mit dem das Buch schließt, daran, daß der Mensch den höchsten Lohn nur durch mühsame Arbeit sich erwirbt. Drei mythische Beispiele lehren es: Agamemnon, Odysseus und vor allem Herakles, der schon dem frühen Griechentum als das Urbild eines Menschen galt, der sich durch leidvolle Kämpfe zum Besten der Menschheit die Unsterblichkeit verdient habe.

Das fünfte Buch

In IV,6 waren die fünf Probleme genannt worden, die sich aus der Frage nach den Ursachen des Glücks der Ungerechten und des Unglücks der Gerechten ergaben. Die zwei ersten dieser Probleme, Vorsehung und Schicksal, sind schon erledigt. So beginnt denn das fünfte Buch mit dem dritten Problem, demjenigen des Zufalls. Die Philosophie hält dieses Problem im gegebenen Zusammenhang nicht für dringend und fürchtet auch, daß seine Behandlung den Hörer ermüden und die endliche Rückkehr in die geistige Heimat verzögern könnte. Doch Boethius beruhigt sie. Immerhin wird nun äußerst summarisch vorgegangen. Zufall im Sinne der vollkommenen Ursachlosigkeit gibt es überhaupt nicht. Die Philosophie zögert nicht, sich auf die Autorität der alten Vorsokratiker zu berufen, die bereits erkannt hätten, daß nichts aus nichts werden könne, also alles auf einen bestimmten Ursprung und eine Ursache zurückgehen müsse. Dennoch scheint es den Zufall im täglichen Leben in der Form des unerwarteten und unvorhergesehenen Ereignisses tatsächlich zu geben. Dazu wird die aristotelische Untersuchung über den Zufall in der «Physik» (II 4–6; vgl. aber auch Nikomachische Ethik 1112a27) ausdrücklich zu Hilfe gerufen. Es können zwei verschiedene Reihen von Ursachen und Wirkungen auf eine Weise zusammentreffen, die der Mensch nicht vorausgesehen hat: so kann der Bauer seinen Acker umgraben und findet dabei einen Schatz, den ein anderer aus der Furcht vor Beraubung dort vergraben hatte. Dies nennt man dann Zufall, obwohl das Umgraben des Ackers wie auch das Verstecken des Schatzes je für sich aus zureichenden und einsehbaren Ursachen erfolgt. Der Zufall ist also nicht mehr als eine Lücke im Vorauswissen des Menschen.

Recht originell wird im ersten Gedicht das Zusammentreten verschiedener, aber aus dem einen Ursprung des menschlichen Planes entstehender Ursachenreihen verglichen mit dem Laufe von Euphrat und Tigris, die am selben Orte entspringen, dann auseinandertreten und sich schließlich wieder vereinigen, das eine wie das andere aus einsehbaren Ursachen.

Mit der nächsten Prosa gelangen wir zu dem ungleich schwierigeren Problem der Freiheit der menschlichen Entscheidung und damit zugleich zur Frage nach dem göttlichen Vorauswissen aller künftigen Dinge. Die beiden letzten Punkte des Programms werden also zusammengenommen und beherrschen die Diskussion bis zum Ende des Werkes.

Die Philosophie stellt zunächst prinzipiell fest, daß jedes Wesen, das Vernunft besitzt, damit auch die Freiheit des Wählens und Meidens besitzt. Allerdings kann diese Freiheit mehr oder weniger begrenzt sein. Die göttlichen Wesen verfügen über eine vollkommene Freiheit, die Freiheit des Menschen dagegen ist dort am größten, wo er sich ganz der Betrachtung des Göttlichen widmet, und verliert sich mehr und mehr, je mehr er sich an das Körperliche, das Irdische und an die Leidenschaften bindet. Daß der Mensch zum Sklaven der Leidenschaften werden kann, ist an sich ein sehr alter Gedanke griechischer Lebensweisheit. Der Schluß des Kapitels betont etwas überraschend, daß die Vorsehung auch solchen Verlust der Freiheit vorausgesehen und demgemäß alles angeordnet hat.

Das folgende, mit einem Homerzitat (vgl. Odyssee 12, 323) beginnende Gedicht entwickelt den naheliegenden und zweifellos schon sehr alten Vergleich zwischen der alles schauenden Sonne und dem durch alle Tiefen dringenden vorsehenden Blick des Weltregenten.

Doch gerade damit wird die Schwierigkeit akut. In der nächsten Prosa ist es Boethius, der die Führung des Gesprächs an sich nimmt und nun breit das entscheidende Problem exponiert. Wenn Gott untrüglich alles vorausweiß und nicht bloß das Handeln, sondern auch das Planen des Menschen vorauskennt, dann gibt es keine Freiheit der Entscheidung. Ausdrücklich wird eine verfehlte Lösung des Problems abgelehnt, die versucht, nicht das Handeln an das Vorauswissen, sondern umgekehrt das Vorauswissen an das Handeln zu binden; das ist absurd. Mit Notwendigkeit steht das göttliche Vorauswissen am Anfang, und mit derselben Notwendigkeit folgt das menschliche Handeln eben diesem Vorauswissen, das ja in sich selbst kein bloßes Meinen oder

Vermuten, sondern ein untrügliches Wissen ist, wie es der Gottheit zukommt.

Gilt aber dies, dann gibt es keine Freiheit; Gut und Böse, Lohn und Strafe verlieren ihren Sinn, und schließlich entschwindet auch jede Hoffnung, Gott durch Gebet gnädig stimmen zu können.

Das nachfolgende, besonders schön und lebhaft gestaltete Gedicht beschreibt die Verwirrung und den Zwiespalt, in dem sich das Denken befindet. Ist der Widerspruch nur ein scheinbarer, weil der Mensch die Wahrheit nicht zu erkennen, nicht gleichzeitig auf das Ganze und auf das Einzelne zu blicken vermag? Er ahnt das Richtige und kann es doch nicht fassen.

In der vierten Prosa ergreift die Philosophie das Wort und stellt sofort ohne Umschweife fest, daß schon Cicero und Boethius selbst sich mit diesem Problem abgemüht hätten, ohne bisher eine befriedigende Lösung gefunden zu haben. Diese soll jetzt gegeben werden. Es ist eine bemerkenswerte Erklärung; denn nehmen wir sie beim Worte, so besagt sie nicht mehr und nicht weniger, als daß nun eine neue, den Philosophen bisher noch unbekannte Theorie vorgetragen werden soll.

Festgestellt wird fürs erste, daß ein Vorauswissen als solches keineswegs impliziert, daß die Geschehnisse als solche sich mit innerer Notwendigkeit abspielen. Die notwendige Verklammerung von Ursachen und Wirkungen ist eines, das Wissen ist ein anderes. Eine schlechthin zwingende Verbindung zwischen beiden existiert nicht. Welcher Art die Beziehung zwischen dem Wissen und dem Geschehen ist, dies hängt davon ab, wie man den Begriff des Wissens interpretiert. Die Art des Wissens und Erkennens wird nun bestimmt durch die besondere Natur des Erkennenden: zu einem gegebenen Gegenstande verhalten sich die Sinnesorgane anders als die Vorstellungskraft, wieder anders die diskursive Vernunft, wieder anders die intuitive Einsicht (Z. 91 ff.). Dabei umgreift der höhere Erkenntnistypus die jeweils untergeordneten Typen, während diese sich nicht über ihre besondere Erkenntnisweise hinaus zu erheben vermögen. Die Folgerung liegt auf der Hand: noch jenseits der höchsten menschlichen Erkenntnisweise verfügt Gott über ein wiederum andersartiges, nur ihm eigenes Wesen.

Doch ehe zu dieser Folgerung geschritten wird, legt die Philosophie ein Gedicht ein, in welchem gegen die stoische These, nach der der menschliche Geist zunächst nichts ist als eine *Tabula rasa,* der allmählich von außen die Eindrücke aufgeprägt werden, die These Platons verfochten wird, wonach der Mensch ein ursprüngliches Wissen besitzt, das durch die Sinneseindrücke nur aktiviert, nicht aber konstituiert wird.

Die nachfolgende fünfte Prosa skizziert noch einmal die Hierarchie der Erkenntnisweisen und betont überdies, daß die unteren Erkenntnisweisen nicht befähigt und befugt sind, über die oberen Erkenntnisweisen und deren Einsichten zu urteilen. Darum ist auch, und dies ist nun entscheidend (Z. 46 ff.), selbst die höchste menschliche Erkenntnisweise nicht in der Lage, die höchste göttliche Erkenntnisweise adäquat zu begreifen und zu beurteilen.

An diesem Punkte wird abermals der Lehrvortrag durch ein Gedicht unterbrochen, das mit leichter Hand den Gegensatz zwischen den der Erde zugeneigten Tieren und dem zum Blick nach oben bestimmten Menschen schildert.

Die nächste Prosa führt einen neuen überaus wichtigen Begriff ein. Es ist der Begriff der Ewigkeit, die der Gottheit ebenso eigentümlich ist wie dem Menschen die Zeitlichkeit.

Die Zeitlichkeit ist gegliedert in Vergangenheit, Gegenwart und Zukunft. Was vergangen ist, ist nicht mehr, und was künftig ist, ist noch nicht. Die Ewigkeit jedoch ist reine Gegenwärtigkeit – nicht etwa unbegrenzte Dauer in der Zeit, wie sie Platon (gemäß der in der platonischen Schule üblichen Exegese des Timaios) für seinen Kosmos angenommen hat. Es wäre demnach auch unsinnig, zu behaupten, Gott habe schon «vor» der Erschaffung des Kosmos existiert, da die Begriffe «vorher» und «nachher» sowohl der Seins- wie auch der Erkenntnisweise Gottes grundsätzlich unangemessen sind. Wir freilich sind und erkennen in Vergangenheit, Gegenwart und Zukunft. Für Gott indessen geschieht alles jetzt in ewiger Gegenwart.

Dann aber wird die Determination des Zukünftigen durch ein göttliches Vorauswissen gegenstandslos. Denn vor Gott spielt sich in gleicher Gegenwärtigkeit sowohl das, was mit eigener Notwendigkeit geschieht, ab wie auch das, was in freier Entscheidung gewählt wird. Er sieht gleichermaßen das Notwendige und das Nichtnotwendige (Z. 93 ff.).

Zweifellos geschieht das, von dem Gott weiß, daß es geschieht. Aber es ist ein Wissen der Gleichzeitigkeit und nicht ein Vorauswissen von Künftigem; darum weiß auch Gott von all den Möglichkeiten, die der zum Handeln bereite Mensch bei sich erwägt, sowohl von denen, für die er sich entscheidet, wie auch von denen, für die er sich nicht entscheidet. Hier tritt, ohne daß es Boethius ausdrücklich vermerkt, der Begriff des göttlichen Allwissens herzu (Z. 171 ff.). Gott sieht gegenwärtig das Geplante wie das Vollbrachte.

Damit ist die Freiheit der Entscheidung bewahrt, und erstaunlich rasch eilt nun der Vortrag seinem Ende entgegen. Bleibt die Freiheit bestehen, dann behalten auch Lohn und Strafe ihren Sinn, und dann darf auch der Gerechte seine Gebete an Gott richten und auf Erhörung hoffen. Mit der Mahnung an die Menschen, demgemäß zu handeln, nicht sich hinter der Notwendigkeit einer Vorbestimmung zu verbergen, sondern die Pflicht zum guten Handeln zu erkennen (Z. 197f. Gedankenspiel mit dem Begriff *Notwendigkeit*), schließt das ganze Werk.

Dieser Abschluß stellt ein doppeltes Problem.

Zunächst befremdet es unzweifelhaft, daß von der Lage des Boethius im allgemeinen und von der besonderen Situation des Gesprächs mit keinem Worte mehr die Rede ist. Gewiß wird man nicht erwarten, daß nun die Philosophie den Autor entließe mit der Versicherung, es werde sich schon alles zum Guten wenden, wenn er nur recht auf die göttliche Vorsehung vertraue. Aber merkwürdig ist es doch, daß auch das Grundmotiv, das von den ersten Seiten des Werkes an bis in den Beginn des fünften Buches immer wieder angetönt wurde, nicht mehr zur Sprache kommt. Wenn schon nicht mehr an die gefahrvolle äußere Situation des Boethius erinnert werden soll, so wäre doch zu erwarten gewesen, daß der Leser erführe, ob es der Philosophie nun gelungen sei, durch ihre planvolle Therapie der kranken Seele des Boethius die Gesundheit zurückzugeben. War dies der Fall, so wäre Boethius, wie wir meinen möchten, seiner Heilerin und Trösterin wohl einige Worte des Dankes schuldig gewesen. Nichts von alledem; die letzten Zeilen machen den Eindruck, als sei es dem Verfasser bloß daran gelegen gewesen, mit Hilfe eines Appells an den Leser so schnell als irgend möglich zum Schluß zu gelangen.

Hat Boethius dies tatsächlich so gewollt? Oder sollte ihn ein unerwartetes Ereignis gezwungen haben, auf diese Weise abzubrechen? Oder mußte er gar das Werk unvollendet liegen lassen, und stammt der Schluß gar nicht von ihm selbst, sondern von einem anderen? Wir wissen es nicht und werden es nie erfahren.

Zum zweiten wäre allerdings auch die Frage aufzuwerfen,

ob nicht der ganze letzte Abschnitt von IV,6 an ursprünglich von Boethius als selbständige Abhandlung entworfen worden ist. Der Ton ist im ganzen spürbar lehrhafter als in den früheren Teilen des Werkes, und in der Sache besteht keine direkte und sichtbare Beziehung zu den fünf Problemen, an denen in I,6 die Philosophie den Geisteszustand des Boethius diagnostiziert hatte.

In welcher Tradition steht diese Abhandlung? Manche Einzelheiten scheinen auf christlichen Einfluß, vor allem denjenigen Augustins hinzudeuten. Doch wenn es diesen Einfluß gab, so hat Boethius es bis zum Schlusse vermieden, ihn ausdrücklich kenntlich zu machen. Es läßt sich auch umgekehrt argumentieren, daß es in diesem Text kaum eine Äußerung gibt, die strikte nur unter christlichen und nicht auch unter spätneuplatonischen Voraussetzungen möglich wäre – ohne daß wir die Quellen im einzelnen nachzuweisen vermöchten.

Die ‹Consolatio Philosophiae› bleibt eben doch, wie ihr Titel anzeigt, vom Anfang bis zum Ende in der antiken philosophischen Tradition. Die Anregungen dazu sind dem Verfasser in einem gewissen Umfang von Lateinern, also Cicero und Seneca, zugekommen, zum größeren Teil aber von griechischen Neuplatonikern des 5. Jahrhunderts n. Chr. Zu diesen wird sich Boethius nicht anders verhalten haben als 550 Jahre zuvor Cicero zu seinen griechischen Quellen. Was die Griechen schulmäßig exakt, auf logische Stringenz bedacht und nicht ohne Pedanterie vortragen, erhält bei den Römern eine urbane großzügige Gestaltung. An Feinheiten des Gedankens ist bei einem Cicero wie bei einem Boethius sicherlich viel verlorengegangen. Doch dies wird wettgemacht durch eine geschichtliche Ausstrahlungskraft, die gerade bei diesen römischen Schülern weit größer ist als bei ihren griechischen Lehrmeistern.

Einem Boethius ist es gelungen, aus der antiken Philosophie all das an heilender und beruhigender Stärkung zu schöpfen, was sie überhaupt ihrer Natur nach zu spenden fähig war. Eine letzte Sicherheit zu erschaffen, war nicht ihre Sache. Das war der Bereich einer anderen Wissenschaft, derjenigen, von der in diesem Werke mit voller Absicht nirgends die Rede ist. Doch soweit die Philosophie den Menschen zu führen vermag, soweit hat sie diesen letzten Philosophen lateinischer Sprache geführt.

Die Text-Verweise in der Einführung und in den Erläuterungen beziehen sich teils auf die Gedichte (‹Carmina›, abgekürzt: c.), teils auf die Prosakapitel (abgekürzt pr.) des ‹Trostes der Philosophie›. Für die Übersetzung sind die beiden Herausgeber gemeinsam verantwortlich, für die Einleitung der Unterzeichnende allein.

Olof Gigon

TROST DER PHILOSOPHIE

ERSTES BUCH

I.C. Der ich Gesänge vordem in blühendem Eifer vollendet,
Wehe, wie drängt das Geschick traurige Weisen mir auf.
Also schreiben mir vor voll Schmerz die verwundeten Musen,
Tränen von echtestem Leid haben ihr Antlitz genetzt.
Konnte doch sie allein der Schrecken nimmer besiegen,
Als Gefährten nur sie folgten allein meinem Pfad.
Was die Zierde einst war glückselig blühender Jugend,
Ist dem trauernden Greis Trost jetzt in schlimmem Geschick.
Unvermutet erschien vom Leide beschleunigt das Alter,
Und es verkündigt' der Schmerz, daß seine Zeit nun genaht.
Von dem Scheitel zu früh ergrauend wallen die Locken,
Schlaff erzittert und welk mir am Leibe die Haut.
Seliger Tod, der sich nicht drängt in die Freuden der Jugend,
Der dem Trauernden nur, häufig gerufen, erscheint.
Ach er wendet sein Ohr verschlossen dem Flehen der Armen,
Grausam weigert er stets Ruhe dem weinenden Aug'.
Als noch das treulose Glück mir flüchtige Güter gespendet,
Hätt' eine traurige Stunde fast in den Tod mich versenkt.
Jetzt da es wolkenverhüllt das trügende Antlitz gewendet,
Da mir das Leben verhaßt, schleppt sich unselig die Zeit.
Warum prieset ihr einst mich oft so glücklich, o Freunde?
Wer so stürzte, der stand niemals auf sicherem Fuß.

I.P. Während ich solches schweigend bei mir selbst erwog und meine tränenvolle Klage mit Hilfe des Griffels aufzeichnete, schien es mir, als ob zu meinen Häupten ein Weib hinträte von höchst ehrwürdigem Antlitz, mit funkelnden und über das gewöhnliche Vermögen der Menschen durchdringenden Augen, von frischer Farbe und unerschöpfter Jugendkraft, obwohl sie so bejahrt war, daß sie in keiner Weise unserem Zeitalter anzugehören schien. Ihr Wuchs war von wechselnder Größe; denn bald zog sie sich zum gewöhnlichen Maß der Menschen zusammen, bald schien sie mit dem Scheitel den Himmel zu berühren; und als sie noch höher ihr Haupt emporhob, ragte sie über den Himmel selbst hinaus und entzog sich so dem Blick der Menschen. Ihr Gewand war von feinstem Gespinst und mit peinlicher Kunstfertigkeit aus unzerstörbarem Stoff gefertigt; sie hatte es, wie ich später aus ihrem eignen Munde erfuhr, mit eigner Hand gewebt. Seinen Glanz hatte wie bei rauchgeschwärzten Bildern ein trüber Anflug von Vernachlässigung und Alter überzogen. An seinem untersten Rande las man eingewebt ein griechisches Π, an seinem obersten aber ein Θ. Und zwischen beiden Buchstaben schienen wie an einer Leiter etliche Stufen eingezeichnet, die von dem unteren zum oberen Schriftzug emporstiegen. Doch hatten dieses selbe Kleid die Hände einiger Gewalttätiger zerfetzt, und jeder hatte die Stückchen, die er gerade fassen konnte, an sich gerissen. Ihre Rechte endlich trug Bücher, ihre Linke aber ein Zepter.

Als sie die Dichtermusen, die mein Lager umstanden und meiner Tränenflut Worte liehen, erblickte, sprach sie etwas erregt und mit finster flammenden Blicken: Wer hat diesen Dirnen der Bühne den Zutritt zu diesem Kranken erlaubt, ihnen, die seinen Schmerz nicht nur mit keiner Arznei lindern, sondern ihn obendrein mit süßem Gifte nähren möchten? Sind sie es doch, die mit dem unfruchtbaren Dorngestrüpp der Leidenschaften die fruchtreiche Saat der Vernunft ersticken, die der Menschen Seelen an die Krankheit gewöhnen, nicht sie davon befreien. Wenn eure Schmeichelreden einen Uneingeweihten, wie es gemeinhin durch euch geschieht, ablenken, so würde ich das für minder betrüblich halten, denn bei ihm würden unsere

Mühen nicht verletzt. Doch dieser, ist er nicht mit der Wissenschaft der Eleaten und Akademiker ernährt worden? Drum hinweg ihr Sirenen, die ihr süß seid zum Verderben, überlaßt ihn meinen Musen zur Pflege und zur Heilung!

So gescholten senkte jener Chor tief bekümmert die Blicke zu Boden, Erröten verriet ihre Scham und traurig gingen sie über die Schwelle hinaus. Ich aber, dessen Auge von strömenden Tränen umschleiert war, so daß ich nicht unterscheiden konnte, wer diese Frau von so gebietender Würde sei, verstummte, heftete mein Auge auf die Erde und begann schweigend abzuwarten, was sie nun weiter tun werde. Da trat sie näher an mich heran, setzte sich auf das Ende meines Bettes, blickte auf mein kummerschweres, auf die Erde geneigtes Antlitz und klagte in folgenden Versen über die Verwirrung meines Geistes:

2.C. Wehe wie sinkt zum Grund nieder die Seele;
Also erschlafft, vergißt eigenen Lichts sie,
Sucht mit schwankendem Schritt draußen das Dunkel;
Und vom irdischen Hauch immer vermehret
Wächst bis zum Übermaß quälende Sorge!
Einst doch war er gewohnt Räume des Himmels
Zu ätherischem Flug frei zu durchmessen,
Schaute das rosige Licht frühe der Sonne,
Blickt' auf den frostigen Glanz spät noch des Mondes;
Wie der wandelnde Stern zieht seine Bahnen,
In verschlungenem Kreis wieder zurückkehrt,
Hatt' er in Zahlen gefaßt, hier auch ein Sieger.
Auch die Gründe erforscht' er, welche das Brausen
Regeln des Sturms, der tief aufwühlt die Meerflut,
Welch ein Hauch umdreht den beständigen Erdkreis,
Was das Abendgestirn senkt in des Westens
Meereswogen und früh rötlich im Ost hebt,
Was die Tage im Lenz angenehm mildert,

Daß die Erde sich schmückt rosig mit Blüten,
Wer es macht, daß der Herbst schwanger von Früchten
Überfließt, bis zuletzt schwellend von Trauben.
Alles hat er erforscht, bis zur verborgnen,
Wechselreichen Natur Gründe gelangt er!
Und nun ist ihm des Geists Leuchte ermattet,
Und den Nacken im Druck engender Ketten
Zwingt die wuchtende Last nieder den Blick ihm,
Wehe, nur dich zu schaun, törichte Erde!

Doch ist hier, sagte sie, Arznei mehr am Platze als Klage. Dann 2.P.
richtete sie das Auge voll auf mich und sprach: Bist du es, der du einst mit unserer Milch genährt, mit unserer Speise erzogen, zu männlicher Geisteskraft gereift warst? Hatten wir dir doch Waffen gegeben, die dich, hättest du sie nicht vorher fortgeworfen, durch ihre nie besiegte Festigkeit beschützt hätten. Erkennst du mich nun? Warum schweigst du? Bist du vor Scham oder vor Staunen verstummt? Lieber wollte ich vor Scham, aber ich sehe, Staunen hat deine Zunge gelähmt. Und wie sie mich nicht bloß schweigend, sondern völlig sprachlos und stumm sah, legte sie ihre Hand sanft auf meine Brust: Es ist keine Gefahr, sagte sie, er leidet an Lethargie, der gewöhnlichen Krankheit verblendeter Geister. Er hat ein wenig seiner selbst vergessen, er wird sich leicht auf sich besinnen, wenn er zuvor uns erkannt hat. Auf daß er dies könne, wollen wir ein wenig seine Augen abwischen, die trüb sind von der Umwölkung durch die sterblichen Dinge. So sprach sie und trocknete mit ihrem zusammengerafften Gewand meine von Tränen strömenden Augen.

Da verließ mich das Dunkel, es wichen die nächtlichen Nebel, 3.C.
Frühere Kraft rückkehrte den Augen.
Wie vom Nordwestwind getrieben die stürmischen Wolken
Regenverschleiert am Himmelsgewölbe [sich ballen,

Sich die Sonne verbirgt, kein Sternbild am Himmel aufsteigt,
Wenn auf die Erde dunkle Nacht sinkt;
Dann aus thrakischer Höhle gesandt sie Boreas aufpeitscht
Und den verschlossenen Tag wieder auftut,
Phöbus plötzlich hervortritt und Pfeile des Lichtes schleudert,
Staunende Augen die Strahlen nun treffen.

3.P. Nicht anders zerstreuten sich mir die Nebel der Traurigkeit, ich sog den Anblick des Himmels ein, gewann meine Besinnung wieder und suchte das Antlitz meiner Ärztin zu erkennen. Als ich nun die Augen auf sie wandte, meinen Blick auf sie heftete, sah ich meine Nährerin wieder, an deren Herde ich von Jugend auf geweilt hatte, die Philosophie. Wie, sprach ich, du bist in diese Einsamkeit meiner Verbannung gekommen, du, die Meisterin aller Tugend, hast dich von deinem hohen Wohnsitz herabgelassen? Oder bist du mit mir angeklagt, wirst auch du von falschen Anschuldigungen verfolgt?

Sollte ich dich, meinen Zögling, verlassen, antwortete jene, sollte ich nicht die Bürde, die du um meines verhaßten Namens willen auf dich genommen hast, in gemeinsamer Mühe mit dir teilen? Es war die Pflicht der Philosophie, den Weg des Unschuldigen nicht unbegleitet zu lassen; sollte ich die Anschuldigung gegen mich selbst scheuen und vor ihr zurückschrekken, als ob es etwas Neues wäre? Meinst du denn, daß erst jetzt, bei denen, deren Sitten verderbt sind, die Weisheit von Gefahren bedrängt sei? Haben wir nicht auch bei den Alten schon vor der Zeit unseres Platon oft einen gewaltigen Kampf mit der Frechheit der Toren gekämpft? Hat nicht zu Platons eigener Zeit sein Lehrer Sokrates mit meinem Beistand in ungerechtem Tod den Sieg errungen? Als dann dessen Erbschaft der epikureische und stoische Pöbel und alle andern jeder sein Teil zu rauben trachteten und sie mich trotz Widerspruchs und Widerstrebens wie ein Beutestück hin- und herzerrten, zerrissen sie mein Gewand, das ich mit eignen Händen gewebt hatte. Fetzen rissen sie von ihm ab und gingen davon im Glauben, daß ich ihnen ganz gehöre. Und da man noch einige Reste meines Kleides an ihnen entdeckte, so hat die Unwissenheit, die sie für meine Freunde hielt, einige von ihnen infolge dieses Irrtums der gemeinen Menge zugrunde gerichtet.

Wenn du aber auch nichts von Anaxagoras' Flucht, von Sokrates' Giftbecher, von der Folter des Zenon gehört hättest, sie sind ja Fremde, so konntest du doch von einem Canius, einem Seneca, einem Soranus, deren Andenken nicht gar so alt und nicht unberühmt ist, etwas wissen. Sie hat nichts anderes ins Verderben gestürzt, als daß sie, erzogen in unseren Sitten, den Bestrebungen der Schlechten so ganz unähnlich erschienen. Daher brauchst du dich nicht zu wundern, wenn wir auf der hohen See dieses Lebens von Stürmen umbraust und umgetrieben werden, wir, deren oberster Grundsatz ist, den Schlechten zu mißfallen.

Aber wenn auch deren Heer zahlreich ist, ist es dennoch zu verachten, da es von keinem Feldherrn gelenkt, sondern nur blindlings vom wahnsinnigen Irrtum vorangetrieben wird. So oft dieser seine Reihen gegen uns aufstellt, uns kräftiger bedroht, zieht unsere Führerin ihre Truppen in die Burg zusammen, und jene geben sich mit der Plünderung unnützen Gepäcks ab. Wir aber lachen von oben über sie, wenn sie das erbärmliche Zeug mit Gier rauben, und sicher sind wir vor dem Getümmel der Wütenden; denn uns schützt ein Wall, gegen den die übermütige Dummheit nichts auszurichten vermag.

Wer mit heiterem Sinn das Leben geordnet, 4.C.
Wer das stolze Geschick sich zwang zu Füßen,
Wer das wechselnde Glück mit festem Auge
So betrachtet, daß nie ihm zuckt die Wimper,

Den beugt nimmer die Wut, das Dräun des Meeres,
Das bis tief auf den Grund die Woge aufwühlt,
Nie der Zorn des Vesuv, der immer neue
Schlote reißend im Bauch die Flamme wirbelt;
Der den ragenden Turm zermalmt, der Blitzstrahl
Selbst, er wird seinen Geist niemals erschüttern.
Wozu bestaunen die Armen feig Tyrannen,
Die mit wildem Sinn nur kraftlos toben?
Banne Hoffnung und Furcht, im Augenblicke
Sinkt die Waffe des Zorns gelähmt darnieder.
Doch wer bebend verzagt oder Wünschen nachhängt,
Nimmer steht er fest, ist nie sein eigen,
Feige warf er den Schild, verließ die Reihe,
Knüpft die Fessel sich selbst, die ihn hinwegschleift.

4.P. Empfindest du dies, sprach sie, dringt es in deinen Geist? Oder stellst du dich wie «der Esel zur Leier»? Warum weinst du, warum strömen deine Tränen? «Sprich aus und verbirg es nicht im Geist.» Wenn du Hilfe des Arztes erwartest, mußt du deine Wunde aufdecken.

Da sammelte ich im Geiste alle meine Kräfte: Bedarf es jetzt noch der Aufforderung, tritt die Härte des Schicksals, das gegen mich wütet, nicht genugsam hervor? Bewegt dich nicht schon der Anblick dieses Ortes? Ist das wohl jene Gelehrtenstube, die du dir als verläßlichsten Wohnsitz an unserem Herde selber erwählt hattest, in der du dich so oft bei mir niederließest und die Wissenschaft von den menschlichen und göttlichen Dingen mit mir erörtertest? War so meine Haltung, meine Miene, als ich mit dir der Natur Geheimnisse erforschte, als du die Bahnen der Gestirne mit dem Zirkel umschriebest, als du mein Wesen und den ganzen Plan meines Lebens nach dem Vorbilde der himmlischen Ordnung formtest? Tragen wir nun solchen Lohn für unsern Gehorsam davon?

Doch hast du durch Platons Mund diesen Satz bekräftigt: «Glücklich würden die Staaten sein, wenn die Philosophen sie lenkten, oder ihre Lenker sich der Philosophie befleißigten.» Aus desselben Mannes Munde hast du erklärt, daß es zwingender Grund für die Weisen sei, die Staatsleitung zu ergreifen, damit nicht Schurken und Verbrechern das Steuer der Städte überlassen und dadurch den guten Bürgern Unheil und Verderben bereitet werde. Diesem Geheiß bin ich gefolgt, und was ich von dir in abgeschiedener Muße gelernt hatte, habe ich in die Aktivität der Staatsverwaltung zu übertragen gesucht. Du und Gott, der dich im Geiste der Weisen angesiedelt hat, ihr seid mir Zeugen: nichts anderes hat mich zum Amte geführt, als das Gemeinwohl aller Guten. Daher jene schwere unversöhnliche Zwietracht mit den Unredlichen, daher – darin besteht die Freiheit des Gewissens – meine stete Gleichgültigkeit, bei den Mächtigen anzustoßen, wenn es galt, das Rechte zu wahren.

Wie oft bin ich Conigastus entgegengetreten, wenn er gegen das Vermögen irgendeines Wehrlosen seine Angriffe richtete! Wie oft habe ich Trigguilla, den Vorsteher des königlichen Haushaltes, von eingeleiteter, schon fast vollendeter Rechtsverletzung abgehalten! Wie oft habe ich mein Ansehen für die Armen eingesetzt, die unaufhörlich durch die nie bestrafte Habgier der Barbaren gequält wurden, und habe sie durch meine Autorität vor Gefahr beschützt! Nie hat mich etwas vom Recht zum Unrecht abgelenkt. Daß die Vermögen der Untertanen durch private Räubereien wie durch Steuern des Staates zugrunde gerichtet wurden, habe ich ebenso, wie die es litten, mit Schmerz empfunden. Als zur Zeit schwerer Hungersnot ein harter, ja unausführbarer Aufkauf befohlen war, der die Provinz Campanien ins Elend gestürzt haben würde, nahm ich im Interesse des Gemeinwohls den Kampf mit dem Präfekten des Prätoriums auf, stritt vor dem Ohr des Königs und setzte es durch, daß die Lieferung nicht eingetrieben wurde. Den Consular Paulinus, dessen Güter die Hunde des Palastes durch ihre Ränke schon zu verschlingen hofften, habe ich aus ihrem gähnenden Rachen gerettet. Daß den Consular Albinus die Strafe aus der voraus entschiedenen Anklage nicht treffe, habe ich mich dem Haß des Anklägers Cyprianus ausgesetzt. Habe ich so nicht Feindschaft genug auf mich gehäuft? Aber bei den andern hätte ich um so sicherer sein sollen, ich, der ich mich bei den Höflingen aus Gerechtigkeitsliebe nie um meiner Sicherheit willen geschont habe.

Auf wessen Anzeige hin sind wir aber nun gestürzt? Einen Basilius, der längst aus dem königlichen Dienst weggejagt war, hat die Schuldenlast zur Anzeige unseres Namens getrieben. Über Opilio und Gaudentius war wegen unzähliger verschiedener Betrügereien durch königliches Urteil die Verbannung verfügt worden; als sie dann, nicht willens zu gehorchen, sich im Schutz heiliger Gebäude deckten, gab der König, als er dies erfuhr, den Befehl, wenn sie sich nicht innerhalb der vorgeschriebenen Zeit aus Ravenna entfernten, sollten sie an der Stirne gebrandmarkt und weggejagt werden. Was könnte solcher Strenge wohl noch zugefügt werden? Doch an demselben Tage gaben dieselben Leute uns an, und die Anzeige unseres Namens wurde angenommen. Wie also? Haben unsere Bestrebungen dies verdient? Oder hat jene die eben erfolgte Verurteilung zu glaubwürdigen Anklägern umgeschaffen? So schämte sich Fortuna nicht nur nicht vor der angeklagten Unschuld, sondern nicht einmal vor der anklagenden Gemeinheit?

Aber du fragst, welchen Verbrechens wir nun eigentlich angeklagt sind? Wir sollen die Rettung des Senates gewollt haben. Du wünschest zu wissen, auf welche Art? Wir werden beschuldigt, einen Angeber verhindert zu haben, Beweisstücke auszuliefern, durch die der Senat auf Majestätsbeleidigung angeklagt werden könnte. Wie urteilst du nun, meine Lehrerin? Sollten wir das Verbrechen leugnen, um dir nicht zur Schande zu gereichen? Ja, ich habe es gewollt und werde niemals aufhören es zu wollen. Soll ich gestehen? Aber die Bemühung, den Angeber zu hindern, hat aufgehört. Oder soll ich es ein Unrecht nennen, die Rettung jenes Standes gewünscht zu haben? Freilich hat er es durch seine Beschlüsse über mich zustande gebracht, daß es ein Unrecht wurde. Doch die sich stets belügende Torheit kann die Verdienste der Tatsachen nicht verwandeln, und ich glaube nach Sokrates' Lehre, daß es mir nicht erlaubt ist, weder die Wahrheit zu verhehlen, noch die Lüge zuzulassen. Doch sei es wie es sei, ich überlasse es deinem und der Weisen Urteil, es abzuschätzen. Auch habe ich den wahren Verlauf der Sache, damit er der Nachwelt nicht verborgen bleibe, dem Griffel und damit der Erinnerung anvertraut.

Was soll ich von den gefälschten Briefen sagen, in denen ich, wie die Beschuldigung lautet, die römische Freiheit erhofft habe? Der Betrug würde offen zutage liegen, wenn ich mich des Bekenntnisses der Angeber selbst, das doch in allen Rechtssachen das größte Gewicht hat, hätte bedienen dürfen. Denn wo läßt sich noch ein Rest von Freiheit hoffen? O daß er sich doch erhoffen ließe! Ich hätte mit dem Wort des Canius geantwortet, der, als er von Gaius Caesar, dem Sohn des Germanicus, beschuldigt wurde, Mitwisser einer Verschwörung zu sein, sagte: «Wenn ich davon gewußt hätte, so hättest du es nicht gewußt.»

Indessen hat der Kummer unsere Sinne nicht so sehr abgestumpft, daß ich klagte, wenn die Gottlosen Freveltaten gegen die Tugend planen; aber darüber wundere ich mich sehr, daß sie ihr Ziel erreicht haben. Denn das Schlechte zu wollen liegt vielleicht in unserer Schwäche, aber daß beliebige Frevler ihre Anschläge gegen die Unschuld unter Gottes Augen auch ausführen können, das ist etwas Ungeheuerliches. Darum hat einer deiner Vertrauten nicht mit Unrecht gefragt: «Gibt es einen Gott, woher das Übel? Gibt es keinen, woher das Gute?»

Aber es mag in Ordnung sein, daß die Nichtswürdigen, die nach dem Blute aller Gutgesinnten und des ganzen Senates lechzten, auch unser Verderben begehrten, da sie in uns den Vorkämpfer der Guten und des Senates sahen. Aber haben wir auch dasselbe von den Senatoren verdient? Du erinnerst dich, glaube ich, denn du hast ja gegenwärtig stets selber alles, was ich sagen und tun wollte, gelenkt, du erinnerst dich, sage ich, als zu Verona der König, rachgierig nach dem Untergang aller, die Majestätsanklage gegen Albinus auf den ganzen Senat ausdehnen wollte, mit welcher Gleichgültigkeit gegen meine eigene Gefahr ich die Unschuld des gesamten Senates verteidigt habe. Du weißt, daß ich hiermit nur die Wahrheit bekenne und daß ich mich niemals mit Selbstlob gebrüstet habe. Denn das Geheimnis des Gewissens, das sich selber brüstet, vermindert sich gewissermaßen, so oft einer durch Herzeigen der Tat den Lohn des Ruhmes voraus nimmt. Aber welch ein Ausgang unserer Unschuld bereitet ist, siehst du. Statt der Belohnung wahrer Tugend erdulden wir die Strafe eines angeblichen Verbrechens; und hat wohl je das offene Bekenntnis irgendeiner Untat die Richter so einmütig in Strenge gesehen, daß nicht den einen oder anderen der Gedanke an das Irren des menschlichen Geistes oder an das allen Sterblichen ungewisse Schicksalslos beeinflußt hätte? Hätte es geheißen, daß ich die heiligen Tempel in Brand stecken, die Priester mit ruchlosem Schwerte vertilgen, allen Guten den Tod hätte bereiten wollen, so hätte doch nur den Anwesenden, nur den Bekennenden oder Überführten der Richterspruch bestrafen dürfen. Nun werde ich aus einer Entfernung von etwa fünfhundert Meilen stumm und unverteidigt wegen allzu großen Eifers für den Senat zu Tod und Ächtung verdammt. O über die Senatoren, die es verdienten, daß niemand eines gleichen Verbrechens überwiesen werden könnte!

Den Wert dieser Beschuldigung sahen auch die Ankläger selbst; um sie durch Beimischung irgendeines Frevels zu schminken, erlogen sie, daß ich mein Gewissen, um Würden zu erschleichen, mit einem Sakrileg befleckt hätte. Und doch hattest du, die du mir eingepflanzt bist, alle Begier nach irdischen Dingen aus der Stätte meines Geistes vertrieben, und unter deinen Augen war es nicht möglich, daß für ein Sakrileg ein Platz blieb. Denn du flößtest täglich meinen Ohren und Gedanken jenes Pythagoreerwort ein: «Folge dem Gotte.» Es hätte sich wahrlich nicht geziemt, daß ich, den du zu solcher Auszeichnung erhobst und Gott ähnlich machtest, nach dem Schutz verworfener Geister haschen sollte. Außerdem verteidigen mich das unschuldige Innere meines Hauses, der Kreis ehrenhaftester Freunde, ein Schwiegervater, heilig und verehrungswürdig gleich wie du selbst, gegen jeglichen Verdacht eines solchen Verbrechens. Aber o Frevel! Glaubwürdigkeit für ein solches Verbrechen schöpfen sie aus dir, und bösen Künsten scheinen wir gerade darum nahezustehen, weil wir mit deinen Lehren getränkt, in deinen Sitten unterrichtet worden sind. So ist es denn nicht genug, daß mir deine Erhabenheit nichts genützt hat, vielmehr wirst auch du noch durch den Angriff auf mich verletzt.

Aber als Gipfel aller unserer Leiden kommt hinzu, daß die Menge in ihrer Schätzung nicht das Verdienst der Sache, sondern den Ausgang des Geschicks ins Auge faßt und nur das für ein Werk der Vorsehung hält, was sich durch einen glücklichen Ausgang empfiehlt. Daher rührt es, daß von allem zuerst der gute Ruf den Unglücklichen verläßt. Ich mag gar nicht daran denken, welche leeren Gerüchte und wie mannigfache widersprechende Meinungen jetzt im Volke umlaufen mögen. Nur eins will ich sagen: Dies ist die ärgste Bürde widrigen Schicksals, daß die Leute meinen, wenn sich an die Unglücklichen eine Beschuldigung hefte, so müßten sie das, was sie erdulden, auch verdient haben. So habe ich, aus allen meinen Gütern vertrieben, meiner Würden entkleidet, in meinem Rufe geschändet, für Wohltat das Todesurteil davongetragen. Ich glaube, die verruchten Werkstätten der Frevler vor mir zu sehen, wie es in ihnen wogt von Jubel und Freude, und wie sie ganz verderbt mit neuem Betrug nach Anklagen trachten. Die Guten liegen darnieder, hingestreckt vom Schrecken über unsere Gefahr; die Verruchten spornt Straflosigkeit, jede Schandtat zu wagen, und Belohnung, sie zu vollführen; die Unschuldigen aber sind beraubt nicht nur der Sicherheit, nein, sogar der Verteidigung. Darum will ich ausrufen:

5.C. Schöpfer des sternenfunkelnden Kreises,
Der du vom ewigen Thron hernieder
Lenkst den Himmel eiligen Schwunges,
Zwingst Gestirne streng in Gesetze,
Daß jetzt voll die leuchtende Scheibe
Ab vom Strahle des Bruders gewendet,
Luna auslöscht die kleineren Sterne,
Dann erbleichend mit dunkelnder Sichel,
Phöbus näher, einbüßt ihr Leuchten.
Und was in erster nächtlicher Stunde
Frostig aufwärts als Hesperus steiget,
Dann als Luzifer wechselt die Zügel,
Vor dem Aufgang des Phöbus erblassend.
Wenn das Laub im Froste zerstoben,
Zwingst den Tag du in kürzere Schranken;
Und erscheint dann glühend der Sommer,
Treibst zur Eile du nächtliche Stunden;
Regelst mit deiner Macht die Gezeiten,
Jagt des Boreas' Brausen die Blätter,
Führt die zarten zurück der Zephir;
Was Arctur als Saaten gesehen,

Reift in Sirius' Glut zu Ähren.
Nichts ist frei von allen Gesetzen,
Nichts weicht ab von eigenen Bahnen.
Alles führst du zu sicheren Zielen,
Nur des Menschen Handeln verschmähst du,
In verdiente Maße zu zwingen.
Warum wechselt schlüpfrig das Glück uns
Immer die Lose? Es trifft Unschuldge
Oft die Strafe, dem Frevler gebührend.
Auf hohen Thronen spreizen verderbte
Sitten sich, sie treten mit Füßen
Heilige Nacken, ruchlos vernichtend.
Tugend birgt sich verstoßen im Finstern,
Leuchtend im Dunkeln, Gerechte leiden
Strafe des Bösen!
Nicht Betrug schadet ihnen, nicht Meineid,
Ausgeschmückt mit der Farbe der Lüge.
Da nach Belieben sie nützen die Kräfte,
Freut sie's, sich Könige zu bezwingen,
Die unzählige Völker fürchten.
O schau her auf die arme Erde,
Der du knüpfst der Schöpfung Gesetze,
Wir, nicht schlechtester Teil deines Werkes,
Treiben um auf dem Meer des Geschickes.
Zähme die reißenden Fluten, o Herrscher,
Wie du lenkst den unendlichen Himmel,
Füge die Erde in feste Gesetze!

Als ich dies mit ununterbrochenem Schmerze herausstöhnte, 5.P. sprach jene mit ruhigem Blick, unberührt von meinen Klagen: Als ich dich betrübt und weinend sah, wußte ich sofort, daß du unglücklich und elend bist. Aber wie weit du im Elend bist, hätte ich nicht gewußt, hätte es mir deine Rede nicht verraten.

Du bist fern von der Heimat, doch nicht vertrieben, sondern verirrt; oder willst du durchaus vertrieben sein, so hast du dich selber vertrieben. Denn außer dir hätte niemand ein Recht dazu gehabt. Erinnerst du dich, aus welchem Vaterlande du stammst? Dieses wird nicht wie einst die Stadt der Athener durch die Herrschaft der Menge gelenkt, sondern «Ein Herrscher ist, ein König», und dieser freut sich an der Fülle seiner Bürger, nicht an ihrer Vertreibung; von seinen Zügeln sich leiten zu lassen, seiner Gerechtigkeit zu gehorchen, das ist die höchste Freiheit. Oder kennst du nicht jenes uralte Gesetz deines Staates, wonach ein jeder, der einmal ihn zu seinem festen Wohnsitz erwählt hat, niemals sein Heimatrecht zu verlieren braucht? Denn wer von seinem Wall und seiner Schutzwehr umschlossen wird, hat nicht zu fürchten, daß er je seine Verbannung verdiene. Aber wer aufhört, diesen Wohnsitz zu schätzen, hört gleicherweise auf, ihn zu verdienen. Deshalb bewegt mich nicht so sehr das Angesicht dieses Ortes, als vielmehr das deine, und ich suche lieber als die mit Elfenbein und Kristall geschmückten Wände deiner Bibliothek den Sitz deines Geistes auf; dort habe ich einstmals nicht Bücher, sondern, was Büchern erst Wert verleiht, den Sinn meiner Bücher niedergelegt.

Über deine Verdienste um das Gemeinwohl hast du die Wahrheit gesagt, im Verhältnis zur Vielzahl deiner Taten allerdings nur wenig. Was Rühmlichkeit oder Falschheit der dir gemachten Vorwürfe betrifft, so hast du nur allgemein Bekanntes erwähnt. Frevel und Betrug der Angeber hast du mit Recht bloß flüchtig berührt; denn das Volk, wenn es alles erkennt, soll es besser und ausgiebiger verbreiten. Du hast auch heftig die ungerechte Handlungsweise des Senates gescholten, hast dich auch betrübt über die Anschuldigung gegen uns und hast die Einbuße deines guten Rufes beweint. Zuletzt ist dein Schmerz gegen das Schicksal heiß entbrannt, du hast geklagt, daß der Lohn nicht gerecht dem Verdienst zugewogen werde, und zum Schluß hast du den Wunsch der rasenden Muse niedergelegt, daß derselbe Friede wie im Himmel so auch auf der Erde herrschen möge.

Aber da dich nun der äußerste Aufruhr der Leidenschaften befallen hat, da Schmerz, Zorn und Trauer dich hin und her zerren, so helfen dir, wie du jetzt gesinnt bist, kräftigere Arzneien noch nichts. Wir wollen daher einstweilen lindere Mittel anwenden, damit sie die unter dem Einfluß der Erregungen verhärtete Geschwulst mit sanfterer Berührung erweichen und sie für eine schärfere Arznei vorbereiten.

Sengt der Sonne glühender Strahl 6.C
Im Gestirn des Krebses die Flur,
Magst du reichliche Saaten auch streun,
So versagt sich die Furche doch,
Täuscht dich Ceres, so trägt doch fest
Seine Früchte der Eichenbaum.
Niemals wirst du im dunklen Hain
Veilchen sammeln zum Blütenkranz,
Wenn der Nord das Gefilde peitscht,
Heulend über die Stoppeln rast;
Niemals suche mit gieriger Hand,
Ob im Frühling die Rebe schon
Ihre Trauben zu reifen liebt;
Seinem Herbste erst spendet gern
Bacchus labende Gaben aus.
Alle Zeiten zu eignem Amt
Ordnet Gott und bestimmt den Lauf,
Nie läßt er, wo er selber band,
Jemals den Tausch der Rollen zu.
Wer den Weg in den Abgrund wählt,
Wer die sichere Ordnung läßt,
Froh wird nimmer sein Ausgang sein.

.P. Gestattest du wohl zuerst, daß ich mit einigen kleinen Fragen deinen Geisteszustand prüfe und untersuche, damit ich wisse, auf welche Weise deine Heilung einzurichten sei?

Frage du, sagte ich, nach deinem Gutdünken, was du willst; ich werde antworten.

Meinst du, daß diese Welt durch sinnlosen Zufall aufs Geratewohl getrieben werde, oder glaubst du, daß in ihr irgendeine Leitung der Vernunft wirkt?

Gewiß, sprach ich, auf keine Weise möchte ich meinen, daß ein so fest Bestimmtes durch sinnlosen Zufall bewegt werde, vielmehr weiß ich, daß Gott der Schöpfer über seinem Werke waltet, und es möge niemals ein Tag erscheinen, der mich von dieser Überzeugung abwendig machte.

So ist es, sagte sie; das hast du auch eben erst gesungen und nur beklagt, daß bloß die Menschen außerhalb der göttlichen Fürsorge ständen; denn darin, daß alles andere durch Vernunft gelenkt werde, hast du dich nicht erschüttern lassen. Dann aber, o wehe! wundere ich mich sehr, wie du, gefestigt in einer so heilsamen Überzeugung, noch krank sein kannst. Doch forschen wir etwas tiefer; ich glaube zu wissen, was hier fehlt. Sage mir also, da du nicht zweifelst, daß die Welt von Gott regiert werde, nimmst du auch wahr, mit welchen Mitteln sie regiert wird?

Kaum verstehe ich den Sinn deiner Frage, sagte ich, geschweige denn, daß ich sie beantworten könnte.

So habe ich mich also nicht getäuscht, sagte sie, daß hier etwas fehlt, so daß wie durch die Bresche eines Walles die Krankheit der Verwirrung in deinen Geist eingedrungen ist. Aber sage mir, erinnerst du dich, was der Zweck der Dinge ist und wohin die Absicht der ganzen Natur strebt?

Ich habe es gehört, sprach ich, aber der Kummer hat mein Gedächtnis geschwächt.

Aber du weißt doch, woher alles seinen Ursprung nimmt?

Ich weiß es und habe es schon beantwortet: er ist Gott.

Und wie ist es möglich, daß du den Ursprung der Dinge kennst, aber ihr Endziel nicht weißt? Doch das ist so die Art dieser Störungen, dies ist ihre Wirkung, den Menschen vom richtigen Standpunkt zu verrücken; aber ihn auszureißen und ganz und gar zu entwurzeln, vermögen sie nicht.

Doch willst du mir dies beantworten: Erinnerst du dich daran, daß du ein Mensch bist?

Wie, sagte ich, sollte ich mich nicht erinnern?

Solltest du also bestimmen können, was der Mensch sei?

Fragst du danach, ob ich weiß, ich sei ein vernünftiges und sterbliches Lebewesen? Ich weiß es und bekenne es zu sein.

Und jene: Weißt du, ob du nichts anderes bist?

Nein.

Ich kenne nun auch die andere und größere Ursache deiner Krankheit, sagte sie: du weißt nicht mehr, was du selbst bist. So habe ich also vollauf den Grund deines Leidens, aber auch den Weg, dir wieder Genesung zu verschaffen, gefunden. Weil du von Vergessenheit deiner selbst verwirrt bist, fühlst du dich schmerzlich als verbannt und der eignen Güter beraubt. Weil du nicht weißt, was der Endzweck der Dinge ist, hältst du nichtswürdige Schurken für mächtig und glücklich. Weil du vergessen hast, mit welchen Mitteln die Welt regiert wird, meinst du, daß diese Wechselfälle des Glücks ohne Lenker umherwogen: Ursachen, groß genug, nicht nur zur Krankheit, sondern sogar zur Vernichtung. Doch danke dem Geber der Genesung, daß er dich noch nicht ganz der Natur entfremdet hat. Wir haben den besten Zündstoff für deine Wiederherstellung: deine richtige Ansicht von der Leitung der Welt, weil du sie nicht dem blinden Zufall, sondern der göttlichen Vernunft unterworfen glaubst. Darum fürchte dich nicht zu sehr; aus diesem winzigen Fünkchen wird sich dir bald die Lebenswärme wieder entfachen. Aber noch ist es nicht Zeit, stärkere

Heilmittel anzuwenden; auch ist es die Natur des Geistes, daß er, sobald er die wahren Meinungen verworfen hat, falsche annimmt, aus denen dann der Nebel der Verwirrungen steigt und das rechte Schauen trübt. Diesen Nebel will ich allmählich durch milde und leichte Behandlung zu lockern suchen, auf daß sich das Dunkel trügerischer Leidenschaften zerstreue, und du den Glanz des wahren Lichtes zu erkennen vermögest.

7.C. Hüllen die dunkeln
Wolken die Sterne,
Nimmer senden
Freundliches Licht sie.
Wälzt auf dem Meer sich
Tobend der Südwind
Brandung vermischend,
Dann wird die Welle,
Lieblich und klar erst
Am heiteren Tage,
Jetzt von des Schlammes
Schmutziger Lösung
Trübe sich zeigen.
Stürzt von dem hohen
Felsen hernieder
Brausend der Bergstrom,
Bäumt er sich wilder,
Hemmt ihn des Bergsturz
Felsiger Riegel.
Du aber, willst du
Sicheren Blickes
Schauen die Wahrheit,
Schreiten auf gradem
Wege zum Ziele:
Banne die Freuden,

Banne das Fürchten,
Hoffnung vernichte,
Schmerzen entferne.
Wolken verhüllen,
Fesseln die Seele,
Da, wo sie herrschen!

ZWEITES BUCH

I.P. Hierauf schwieg sie ein wenig, und als sie meine Aufmerksamkeit aus meinem bescheidenen Schweigen erschloß, begann sie so: Wenn ich nun richtig Ursachen und Charakter deiner Krankheit erkannt habe, so siechst du hin aus Liebe und Sehnsucht nach deinem früheren Glücke. Seine Veränderung hat, wie du dir einbildest, so viel von deinem Geiste zugrunde gerichtet. Ich kenne den vielgestaltigen Glanz, mit dem jenes Wunderwesen denen, die es zu täuschen trachtet, schmeichelnde Freundschaft heuchelt, bis es sie unverhofft verläßt und mit unerträglichem Schmerz niederschlägt. Wenn du dich an seine Natur, Sitten und Verdienste erinnerst, dann wirst du erkennen, daß du an ihm nie etwas Schönes weder gehabt noch verloren hast; aber ich glaube, ich brauche mir nicht besondere Mühe zu geben, dir dies ins Gedächtnis zu rufen; denn du pflegtest, auch als es noch da war und schmeichelte, es mit männlichen Worten zu schelten, und verfolgtest es mit Aussprüchen, die aus unserem Heiligtume stammten. Aber jede plötzliche Veränderung vollzieht sich nicht ohne eine gewisse Erregung des Geistes. So ist es gekommen, daß auch du ein Weilchen von deiner Ruhe abfielst. Aber es ist Zeit, daß du etwas Mildes und Angenehmes schlürfest und kostest, was ins Innere dringt und den Weg für kräftigeren Trank bahnt. Also möge uns die Überzeugungskraft der süßen Redekunst beistehen, welche nur dann auf rechtem Wege voranschreitet, wenn sie unsere Gebote nicht verläßt und mit der Musik, die an unserem Herde heimisch ist, bald leichtere bald ernstere Weisen anstimmt.

Was also ist es, o Mensch, was dich in Schmerz und Trauer gestürzt hat? Etwas ganz Neues und Ungewohntes, glaube ich, hast du gesehen. Du meinst, das Glück habe sich dir gegenüber gewandelt: du irrst! Dies sind immer seine Sitten, dies ist seine Natur. Es hat vielmehr gerade in seiner Veränderlichkeit dir gegenüber seine ihm eigentümliche Beständigkeit bewahrt. So war es, als es schmeichelte, als es vor dir mit den Lockungen falscher Glückseligkeit gaukelte. Du hast das zweideutige Antlitz der blinden Gottheit nun entdeckt; während sie sich andern noch verhüllt, ist sie dir völlig bekannt geworden. Wenn du sie billigst, so halte dich an ihren Charakter und klage nicht. Wenn du ihre Treulosigkeit verabscheust, so verschmähe und verwirf ihr verderbliches Spiel.

Denn eben sie, die dir jetzt Anlaß zu so großer Trauer gibt, hätte dir zur Beruhigung dienen sollen. Sie hat dich verlassen, sie, bei der niemand je sicher sein kann, daß sie ihn nicht verlassen werde. Oder meinst du etwa, daß ein Glück wertvoll ist, das von dir gehen wird? Und ist dir ein augenblickliches Glück teuer, das im Verharren nicht treu ist und im Verschwinden Trauer bringt? Wenn es sich also nicht nach Belieben zurückhalten läßt und fliehend Unglückliche schafft, was ist dann das Flüchtige anderes als eine Art Ankündigung zukünftigen Unglücks? Es darf nicht genügen, nur zu schauen, was vor den Augen liegt; die Klugheit ermißt den Ausgang der Dinge, und gerade die Veränderlichkeit nach beiden Seiten macht weder die Drohungen des Glückes furchtbar, noch sein Schmeicheln begehrenswert. Schließlich mußt du mit Gleichmut ertragen, was innerhalb des Bereiches des Glückes geschieht, wenn du einmal deinen Nacken seinem Joche unterworfen hast. Wenn du ihm das Gesetz des Bleibens und Gehens vorschreiben willst, ihm, das du dir freiwillig als Herrn erlesen hast, bist du dann nicht im Unrecht und verbitterst dir durch Ungeduld ein Los, das du nicht ändern kannst? Wenn du die Segel dem Winde überließest, so würdest du nicht dahin gelangen, wohin dein Wille strebt, sondern wohin sein Hauch dich treibt; wenn du den Fluren Samen anvertrautest, so müßtest du ertragreiche und unfruchtbare Jahre gegeneinander abwägen. Du hast dich dem Regiment der Fortuna anvertraut. Nun mußt du den Sitten der Herrin gehorchen. Du versuchst den Schwung des rollenden Rades aufzuhalten? Aber, törichtester aller Sterblichen, wenn sie anfängt zu beharren, hört sie auf, Zufall zu sein.

1.C. Wenn sie die Lose wechselt mit der stolzen Hand,
Und laut aufbrausend tobt gleichwie der Euripus,
Tritt sie die Könige, eben drohend noch, zu Staub,
Der Unterlegnen Stirn hebt sie mit Trug empor.
Des Elends Flehen ist sie taub, den Tränen blind,
Verlacht die Seufzer, die sie, hart, geschaffen hat.
So ist ihr Spiel und so erprobt sie ihre Kraft;
Und traurig zeigt sie uns ihr großes Schauspiel dann,
Wenn *eine* Stunde Glück und Fall vereinigt sieht!

2.P. Ich aber möchte ein wenig mit dir verhandeln, als ob ich selbst Fortuna wäre. Gib also acht, ob sie ihr Recht fordert.

«Wessen, o Mensch, beschuldigst du mich mit deinen täglichen Klagen? Welch ein Unrecht haben wir dir getan? Welche Güter haben wir dir entzogen? Streite doch vor jedem beliebigen Richter mit mir über den Besitz der Schätze und Würden, und wenn du zeigst, daß irgend etwas hiervon Eigentum irgendeines Sterblichen sei, so will ich gern zugeben, daß, was du zurückforderst, dein gewesen ist.

Als dich die Natur aus dem Leib der Mutter zog, habe ich dich nackt, von allem entblößt aufgenommen, mit meinen Schätzen gehegt und dich, was dich jetzt ungeduldig gegen mich macht, mit geneigter Gunst allzu nachsichtig erzogen: mit dem Überfluß und Glanz alles dessen, was nach Recht mir gehört, habe ich dich umgeben. Jetzt beliebt es mir, die Hand zurückzuziehen; du schuldest Dank wie einer, der fremdes

Gut gebraucht hat, du hast kein Recht zur Klage, als ob du just das Deinige verloren hättest. Was also jammerst du? Es ist dir von uns keine Gewalt widerfahren. Reichtum, Ehren und dergleichen stehen unter meiner Botmäßigkeit. Die Dienerinnen kennen die Herrin, sie kommen mit mir, sie gehen, wenn ich mich entferne. Ich will kühn behaupten, wenn die Dinge, deren Verlust du beklagst, dein gewesen wären, so hättest du sie auf keine Weise verloren.

Soll ich allein verhindert werden, mein Recht auszuüben? Dem Himmel ist es erlaubt, den hellen Tag heraufzuführen und ihn in dunkler Nacht zu verbergen, dem Jahre ist es erlaubt, das Antlitz der Erde bald mit Blumen und Früchten zu kränzen, bald mit Wolken und Kälte zu trüben. Des Meeres Recht ist es, bald mit glattem Spiegel zu schmeicheln, bald in Stürmen und Fluten zu erstarren. Uns aber soll an eine Beständigkeit, die unserem Wesen fremd ist, die unersättliche Begier der Menschen binden? Dies ist unsere Macht, dies ununterbrochene Spiel spielen wir, wir drehen das Rad in kreisendem Schwunge, wir freuen uns, das Tiefste mit dem Höchsten, das Höchste mit dem Tiefsten zu tauschen. Steige aufwärts, wenn es dir gefällt, aber unter der Bedingung, daß du es nicht für ein Unrecht hältst, herabzusteigen, wenn es die Regel meines Spiels fordert.

Oder kanntest du meine Art nicht? Wußtest du nicht, daß Kroisos, der Lyderkönig, eben noch für Kyros furchtbar, bald darauf bejammernswert den Flammen des Scheiterhaufens überliefert und schließlich durch einen vom Himmel gesandten Regen gerettet worden ist? Entging dir, daß Paulus dem Unglück des von ihm gefangenen Königs Perseus fromme Tränen gezollt hat? Was beweint der Weheruf der Tragödien anderes als das Schicksal, das mit seinem Schlage ohne Unterschied glückliche Reiche umstürzt? Hast du nicht schon als Knabe gelernt, daß ‚zwei Fässer, das eine mit Übeln, das andere mit Gutem' auf der Schwelle Jupiters liegen? Wie, wenn du überreich von der Seite des Guten genommen hättest? Wie, wenn ich nicht ganz von dir gewichen wäre? Wie, wenn diese meine Veränderlichkeit selbst dir ein triftiger Grund wäre, Besseres zu hoffen? Also sieche nicht im Geist dahin und begehre nicht, nach eigenem Rechte zu leben, da du Platz genommen in dem Reiche, das allen gemein ist.

.C. Wenn soviel wie an Sand aufwühlt die wilde See,
Wo der rasende Sturm tobt,
Wenn soviel als zur Nacht leuchtende Sterne ziehn
Hoch am Himmelsgewölbe,
Schätze streute das Glück, nimmer die Hand zurück
Zög vom Horne der Gaben,
Niemals würdest du doch, elendes Menschengeschlecht,
Enden Jammer und Klagen.
Ob die Wünsche ein Gott freundlich und rasch erfüllt
Gold in Menge verschwendend
Und mit strahlenden Ehren sie zu sättigen sucht,
Nichts scheint ihnen gewonnen:
Das Begehrte verschlingt schleunigst die wilde Gier,
Neu aufreißend den Rachen.
Welcher Zügel vermag jemals dem tollen Drang
Feste Grenzen zu setzen,
Da nur heftiger stets, reichlich im Überfluß
Brennt der Durst, zu besitzen?
Nie scheint jemand sich reich, wer nur zittert und zagt,
Wähnt sich immer bedürftig.»

.P. Wenn mit solchen Worten Fortuna mit dir redete, um sich zu verteidigen, wahrhaftig, du könntest nicht dagegen murren; oder wenn du etwas weißt, was deine Klagen mit Recht stützt, so mußt du es jetzt vorbringen; wir werden dir Gelegenheit zum Reden geben.

Darauf ich: Das klingt zwar schön und ist mit dem süßen Honig der Redekunst und Musik bestrichen; doch ergötzt es nur, solange man es hört; aber das Gefühl des Elends sitzt für die Elenden tiefer, und deshalb drückt, sobald das Ohr nicht mehr hört, die im Geiste wurzelnde Trauer nur um so mehr.

Und jene sprach: So ist es; dies ist auch noch nicht die Arznei deiner Krankheit, sondern nur einige Linderung für den störrischen Schmerz, der sich gegen die Heilung sträubt. Was in die Tiefe dringt, werde ich beibringen, wenn es an der Zeit ist. Doch daß du dich nicht für zu unglücklich halten mögest: hast du denn Maß und Art deines Glücks vergessen? Ich schweige davon, daß dich, den Vaterlosen, die Sorge hervorragendster Männer aufzog, daß du in die Verwandtschaft der Ersten des Staates aufgenommen wurdest, und was die kostbarste Art der Verwandtschaft ist, daß du ihnen schon teuer zu sein begannst, ehe du mit ihnen verwandt wurdest. Wer hat dich nicht überglücklich gepriesen in dem Glanze solcher Schwiegereltern, der Keuschheit der Gattin, so wohlgeratener männlicher Sprossen? Ich übergehe, denn ich darf Allbekanntes übergehen, die Würden, Greisen versagt, die du in der Jugend erhieltest; mich freut es, zu dem einzigartigen Gipfel deines Glückes zu kommen. Wenn irgendeine Frucht vergänglicher Dinge ein Gewicht der Glückseligkeit besitzt, kann dann die Erinnerung an jenen leuchtenden Augenblick von einer noch so großen Last von andringenden Übeln getilgt werden, da du sahst, wie deine zwei Söhne gleichzeitig als Consuln von der Menge der Senatoren unter dem freudigen Beifall des Volkes aus deinem Hause geleitet wurden, und du, während sie auf den curulischen Sesseln in der Curie saßen, als Lobredner des Königs dir den Ruhm des Talentes und der Beredsamkeit verdientest? Als du im Zirkus inmitten der zwei Consuln die Erwartung der umherwogenden Menge durch eine Triumphspende sättigtest? Du hast, glaube ich, dich an das Glück angeschlossen, solange es dich streichelte, solange es dich wie seinen Liebling hegte. Du hast als Geschenk davongetragen, was es nie einem Privatmann geliehen hatte. Willst du nun mit dem Glück Abrechnung halten? Jetzt zum ersten Male hat es dich mit scheelen Augen gestreift. Wenn du Zahl und Art froher und trauriger Ereignisse ansiehst, so kannst du nicht leugnen, noch jetzt glücklich zu sein. Wenn du dich indessen nicht beglückt schätzest, weil, was damals erfreulich schien, dahingegangen ist, so ist das kein Grund, dich für unglücklich zu halten, da ja auch das, was du jetzt für traurig hältst, vorübergeht. Oder bist du auf die Bühne des Lebens erst jetzt, plötzlich und als Gast gekommen? Meinst du, daß menschlichen Dingen irgendeine Beständigkeit innewohne, da doch den Menschen selbst oft eine flüchtige Stunde auflöst? Denn wenn auch zufällige Dinge gelegentlich einmal Zuverlässigkeit im Bleiben besitzen, so ist doch der letzte Tag des Lebens eine Art von Tod selbst für ein dauerhaftes Glück. Was kann es also wohl darauf ankommen, ob du jenes sterbend oder jenes fliehend dich verläßt?

3.C. Wenn am Himmel steigt das Gespann des Phöbus,
Ringsum Licht zu streuen beginnt,
Bleichen stumpfen Blicks alle blassen Sterne,
Rückgedrängt von dem Flammenmeer.
Sprießet rings der Hain bei des Zephyrs Anhauch,
Schmückt ihn rosiges Frühlingskleid,
Wird im Nebelsturm bei des Südwinds Rasen
Schnell zerflattern der Blütenschmuck.
Bald erstrahlt am Tag in der heitern Sonne
Unbeweglich und still die See,
Bald, zerwühlt in Wut, bei des Nordsturms Stößen
Wandelt schnell sich der Fläche Bild.
Wenn so selten feststeht der Welt Gestaltung,
Wenn sie stetig im Wechsel kreist,

Wisse, Menschenglück ist gar wankelmütig,
  Wisse, flüchtig die Güter auch.
Eins steht ewig fest als ein uns Gesetztes:
  Nichts was irdisch erzeugt, beharrt.

Darauf sagte ich: Du sprichst die Wahrheit, o Nährerin aller Tugend, und ich kann den sehr schnellen Lauf meines Glücks nicht leugnen. Aber gerade das quält in der Erinnerung noch heftiger; denn bei jeder Widerwärtigkeit des Geschickes ist dies die unseligste Art des Unglücks, glücklich gewesen zu sein. 4.P.

Aber daß du, sprach sie, die Strafe für eine falsche Meinung büßest, kannst du mit keinerlei Recht den Dingen zur Last legen. Wenn dich nämlich jener leere Name des zufälligen Glückes bewegt, so magst du mit mir überlegen, an wie Vielem und Bedeutendstem du noch Überfluß hast. Wenn dir nun alles, was du nach der Gesamtabrechnung deines Glückes als das Kostbarste besaßest, nach Gottes Wille bisher unverletzt erhalten blieb, ja wenn du gerade das Beste behieltest, kannst du dich dann mit Recht über dein Mißgeschick beschweren? Noch steht unversehrt in voller Kraft jene köstliche Zierde des Menschengeschlechtes, dein Schwiegervater Symmachus, und, was du bereitwillig mit dem Preise deines Lebens bezahlen würdest, er ein Mann, ganz Tugend und Weisheit, unbekümmert um Unrecht, das ihm geschehen könnte, seufzt nur über das Unrecht, das dir widerfahren ist. Es lebt deine Gattin von Charakter bescheiden, ausgezeichnet durch Keuschheit und Sittsamkeit, und um alle die Gaben kurz zusammenzufassen, dem Vater ähnlich. Sie lebt, sage ich, und atmet nur für dich, des eigenen Lebens überdrüssig, und – was, wie ich selbst zugebe, als Einziges dein Glücksempfinden mindern muß –, verzehrt sich in Sehnsucht nach dir mit Tränen und Schmerzen. Was soll ich von deinen Kindern sagen, den Consularen, bei denen schon, so weit es im Knabenalter sein kann, das Beispiel des väterlichen und großväterlichen Geistes hervorleuchtet? Wenn nun schon die vorzüglichste Sorge der Sterblichen dahin geht, ihr Leben zu erhalten, o glücklich bist du, wenn du erkennst, daß du jetzt noch Güter besitzest, die jeder zweifellos höher als das Leben schätzt. Darum trockne deine Tränen, noch haßt das Glück nicht alle ohne Ausnahme, noch hat dich selbst kein zu starker Sturm erfaßt, solange die Anker halten, die nicht zulassen, daß dir der Trost der Gegenwart und die Hoffnung der Zukunft fehle.

Mögen sie halten, sprach ich, ich bete darum. Denn, wenn sie bleiben, dann wollen wir emportauchen, wie es auch kommen mag. Aber du siehst, wieviel von unserem Glanze entschwunden ist.

Und jene sprach: Wir sind schon ein Stück vorwärtsgekommen, wenn dein Los dich noch nicht ganz verdrießt. Aber ich kann deine Verzärtelung nicht dulden, die dich so trauervoll und ängstlich beklagen läßt, was dir zu deiner Glückseligkeit fehlt. Denn wer besitzt ein so wohlgeordnetes Glück, daß er nicht nach irgendeiner Richtung mit der Beschaffenheit seines Zustandes haderte? Eine ängstliche Sache ist es um das Los menschlicher Güter; entweder kommen sie nie voll zur Geltung oder sie dauern nicht beständig. Dieser hat überreiches Vermögen, aber er schämt sich seines unedlen Blutes. Jenen macht sein Adel bekannt, aber durch kümmerliches Vermögen beengt, möchte er lieber unbekannt sein. Dieser, der an beidem Überfluß hat, vertrauert in Ehelosigkeit sein Leben. Jener in beglückter, aber kinderloser Ehe pflegt seinen Reichtum für fremde Erben. Ein anderer, der sich einer Nachkommenschaft erfreut, beweint traurig die Vergehen seines Sohnes oder seiner Tochter. Deshalb lebt niemand so leicht mit dem Zustande seines Schicksals in Einklang. Jedes trägt etwas in sich, was der nicht kennt, der es nicht erfahren hat, und vor dem der schaudert, der es erfahren hat. Füge hinzu, daß gerade die Glücklichsten auch die empfindlichsten Sinne haben, und wenn ihnen nicht alles auf den Wink gehorcht, ungewohnt jeder Widerwärtigkeit, gerade vom Geringfügigsten niedergeworfen werden. Überaus klein ist das, was den Beglücktesten ihre höchste Glückseligkeit entzieht. Wie viele, meinst du wohl, würden sich dem Himmel nahe glauben, wenn ihnen nur der geringste Teil von den Überresten deines Glückes zuteil würde? Dieser Ort selbst, den du Verbannung nennst, ist seinen Bewohnern Vaterland. Nichts ist elend, als wenn man es dafür hält, und andererseits ist jedes Los glücklich dem, der es mit Gleichmut trägt. Wer ist so glücklich, daß er seinen Zustand nicht zu ändern wünschte, sobald er der Ungeduld nachgibt? Mit wieviel Bitterkeit ist die Süßigkeit menschlichen Glückes überstreut! Wenn es auch beim Genusse angenehm erscheint, so läßt es sich doch nicht daran hindern, zu verschwinden, sobald es will. Einleuchtend also ist, wie elend die Glückseligkeit aus vergänglichen Dingen ist, da sie auch bei den Gleichmütigen nicht beständig dauert, die Ängstlichen nicht ganz ergötzt.

Was also, ihr Sterblichen, sucht ihr draußen das Glück, das in euch liegt? Irrtum und Unwissenheit verwirren euch. Ich will dir kurz den Angelpunkt der höchsten Glückseligkeit zeigen. Ist dir irgend etwas kostbarer als du selbst? Nichts, wirst du sagen. Wenn du also deiner selbst mächtig wirst, wirst du auch besitzen, was du weder jemals verlieren willst noch das Glück dir rauben kann. Und um zu erkennen, daß in diesen zufälligen Dingen die Seligkeit nicht bestehen könne, schließe so: Wenn die Glückseligkeit das höchste Gut einer vernunftbegabten Natur ist, und nichts ein höchstes Gut ist, das dir irgendwie entrissen werden kann, da ja das, was nie geraubt werden kann, alles übertrifft, so ist es klar, daß die Unbeständigkeit des Glückes nicht den Anspruch erheben kann, Seligkeit zu verschaffen. Ferner: wen diese unbeständige Glückseligkeit trägt, der weiß entweder oder weiß nicht, daß sie veränderlich ist. Weiß er es nicht, welches Los kann selig sein, bei der Blindheit der Unwissenheit? Weiß er es, so muß er mit Notwendigkeit fürchten zu verlieren, was man, wie er nicht bezweifelt, verlieren kann. Deshalb läßt beständige Furcht ihn nicht glücklich sein. Oder aber, wenn er es verloren hat, und glaubt, es fahren lassen zu dürfen, dann ist es wiederum ein überaus dürftiges Gut, dessen Verlust sich mit Gleichmut tragen läßt. Und da du, wie ich weiß, überzeugt bist, da es dir durch sehr viele Beweise eingepflanzt ist, daß die menschliche Seele in keinem Falle sterblich ist, und da es klar ist, daß das zufällige Glück mit dem Tode des Körpers endet, so kann man nicht daran zweifeln, daß, wenn jenes die Seligkeit herbeiführen kann, das ganze Menschengeschlecht am Ende durch den Tod in die Unseligkeit gleite. Wenn wir aber wissen, daß viele die Frucht der Seligkeit nicht nur um den Preis des Todes, sondern auch unter Schmerzen und Qualen gesucht haben, wie kann das durch seine Gegenwart selig machen, was, wenn es vergangen ist, nicht unselig macht?

4.C.

Wer gern sein Haus beständig
 Bauen möchte mit Umsicht,
Daß nicht das Wehn des Westwinds
 Niederlegen es könnte,
Und wer sich fern will halten
 Drohende Meeresfluten,
Der möge der Berge Gipfel,
 Durstigen Sand vermeiden.
Der kecke Südwind droht dort
 Kraftvoll stürmend die Mauern,
Hier weigert sich der lose
 Baugrund Lasten zu tragen.

Gefährdet Los zu fliehen,
Schützend lieblichen Wohnsitz,
Mußt du dein Haus bescheiden
Fest auf Felsen erbauen.
Dann mögen Stürme brausen,
Trümmer mischen die Fluten,
In Ruhe fest gegründet
Schützt ein kraftvoller Wall dich,
Du führst ein heiteres Leben,
Lachst des Zornes der Winde.

5.P.

Weil aber die Linderungsmittel meiner Gründe schon in dich eingedrungen sind, so glaube ich, etwas stärkere Arzneien verwenden zu dürfen. Wohlan also: Selbst wenn die Gaben des Glücks nicht so hinfällig, nicht so nur dem Augenblick angehörig wären, was liegt denn in ihnen, was jemals das eure werden könnte, oder nicht, einmal durchschaut und erwogen, seinen Wert verlöre?

Sind Reichtümer euretwegen oder aus ihrer eigenen Natur kostbar? Was gilt mehr an ihnen, das Gold oder die Masse des aufgehäuften Geldes? Es glänzt doch mehr beim Ausgeben als beim Anhäufen, da ja Habsucht immer verhaßt, Freigebigkeit beliebt macht. Wenn aber das, was auf einen anderen übertragen wird, bei niemand ausharren kann, dann ist auch das Geld nur insofern wertvoll, als es in seiner Übertragung auf andre, als Geschenk benutzt, aufhört, eigener Besitz zu sein.

Wenn umgekehrt alles Geld, das überall unter den Menschen verteilt ist, auf einen einzigen gehäuft würde, so würde es alle andern arm machen. Eine Stimme kann zwar zugleich in das Gehör vieler dringen, aber euer Reichtum kann nur zersplittert in die Hände vieler übergehen. Wenn dies so ist, muß er notwendigerweise diejenigen arm machen, die er verläßt. O über diesen engen und machtlosen Reichtum, der weder von vielen ganz besessen werden kann, noch zu einem einzelnen ohne Armut aller andern gelangen kann.

Oder zieht der Glanz der Edelsteine eure Augen an? Wenn in diesem Glanz etwas Vorzügliches ist, so gehört das Licht den Edelsteinen und nicht den Menschen; daß die Menschen sie bewundern, darüber wundere ich mich sehr. Wie kann überhaupt mit Recht einer beseelten und vernunftbegabten Natur schön erscheinen, was der Bewegung und Harmonie der Seele entbehrt? Und wenn sie schließlich auch als Werke des Schöpfers und durch das ihnen eigene Farbenspiel eine Spur von geringster Schönheit verraten, so stehen sie doch so weit unter euren Vorzügen, daß sie auf keine Weise eure Bewunderung verdienen.

Oder ergötzt euch die Schönheit der Landschaft? Warum nicht? Sie ist ein schöner Teil des schönsten Werkes. So erfreuen wir uns zuweilen an dem heitren Antlitz des Meeres, so bewundern wir den Himmel, die Gestirne, den Mond und die Sonne, aber hast du einen Anspruch auf etwas davon, wagst du dich des Glanzes eines unter ihnen zu rühmen? Wirst du selbst durch die Frühlingsblumen ausgezeichnet, oder schwillt deine eigene Fruchtbarkeit zu sommerlichen Früchten? Was lässest du dich hinreißen zu nichtigen Freuden? Was willst du äußere Güter ergreifen statt deiner eigenen? Nie wird das Glück dasjenige zu dem Deinen machen, was die Natur der Dinge dir fremd gemacht hat. Die Früchte der Erde sind ohne Zweifel zur Nahrung der Lebewesen bestimmt. Aber wenn du, soweit es der Natur genügt, dein Bedürfnis decken willst, so brauchst du nichts vom Überfluß des Glückes zu begehren. Denn die Natur ist mit Wenigem und Geringem zufrieden; wenn du mit Überflüssigem sie zur Übersättigung treiben willst, dann wird, was du ihr einstopfst, entweder unangenehm oder schädlich werden.

Oder hältst du es für schön, in bunten Kleidern zu glänzen? Wenn ihr Anblick erfreulich ist, so werde ich entweder ihren Stoff oder das Talent des Künstlers bewundern.

Oder macht dich eine lange Reihe von Dienern glücklich? Sind ihre Sitten lasterhaft, so sind sie dem Haus eine verderbliche Bürde und dem Herrn selbst ein schlimmer Feind. Sind sie aber rechtschaffen, wie kann dann fremde Rechtschaffenheit zu deinen Schätzen gezählt werden?

Aus alledem ergibt sich klar, daß von den Dingen, die du unter deine Güter rechnest, kein einziges wirklich dein Gut ist. Wenn ihnen nichts von erstrebenswerter Schönheit innewohnt, was betrübst du dich dann über ihren Verlust, erfreust dich an ihrer Bewahrung? Wenn sie aber von Natur schön sind, was geht es dich an? Sie würden auch an sich, getrennt von deinem Reichtum, gefallen. Sie sind also nicht wertvoll, weil sie in deinen Besitz gelangten, sondern weil sie wertvoll schienen, war es dir lieb, sie deinem Besitz zuzuzählen.

Was erstrebt ihr also mit all eurem Lärmen um Glück? Ich glaube, ihr sucht den Mangel durch Fülle zu verjagen; doch das schlägt euch zum Gegenteil aus. Ihr braucht ja immer nur mehr Stützen, um die Mannigfaltigkeit eures kostbaren Haushaltes zu sichern. Es ist ein wahrer Satz, daß diejenigen sehr vieles bedürfen, die sehr viel besitzen, und im Gegenteil die sehr wenig, welche ihren Reichtum nur an den Bedürfnissen der Natur, nicht am Überfluß der Eitelkeit messen. Ist euch aber wirklich kein Gut zu eigen und eingepflanzt, so daß ihr eure Güter in äußeren und fremden Dingen suchen müßt? Hat sich die Lage der Dinge so verkehrt, daß ein dank der Vernunft göttliches Lebewesen vor sich selbst nicht anders als durch den Besitz leblosen Zierats meint glänzen zu können? Die andern Wesen sind zufrieden mit dem ihren; ihr, die ihr an Geist Gott ähnlich seid, sucht bei den niedrigsten Dingen Zierden für eure ausgezeichnete Natur und seht nicht ein, wie sehr ihr damit eurem Schöpfer Unrecht tut. Jener wollte, daß das Menschengeschlecht über alles Irdische rage, ihr stoßt eure Würde unter das Unterste herab. Denn wenn es feststeht, daß jedes Gut eines jeden kostbarer ist als der, dem es zukommt: wenn ihr die wertlosesten Dinge für eure Güter haltet, dann ordnet ihr euch nach eurer eigenen Schätzung eben diesen selbst unter, was euch allerdings nicht unverdient trifft. Das ist ja die Grundbedingung der Menschennatur: so hoch sie über alle Dinge emporragt, wenn sie sich erkennt, so tief sinkt sie noch unter die Tiere, wenn sie aufhört, sich zu erkennen. Denn den andern Lebewesen ist, sich nicht zu kennen, Natur; den Menschen ist es als Verdorbenheit anzurechnen.

Wie weit erstreckt sich dieser euer Irrtum, wenn ihr glaubt, daß sich etwas durch fremden Schmuck schmücken lasse! Dies ist doch unmöglich; denn wenn etwas durch ein Beiwerk strahlt, dann liebt man zwar das Beiwerk, was aber davon verdeckt und verhüllt wird, verharrt in seiner dadurch um nichts geminderten Häßlichkeit.

Ich leugne außerdem, daß irgend etwas ein Gut sei, was seinem Besitzer schadet. Spreche ich damit die Unwahrheit? Keineswegs, sagst du. Doch hat Reichtum sehr oft den Besitzern geschadet, da gerade der Schlechteste, der also am meisten nach fremdem Gut begehrt, sich allein für den Würdigsten hält, das zu besitzen, was irgendwo an Gold und Edelsteinen vorhanden ist. Du also, der du jetzt Spieß und Schwert ängstlich fürchtest, würdest, wenn du diesen Lebenspfad als besitzloser Wanderer betreten hättest, vor den Räubern singen. O herrliche Glückseligkeit vergänglicher Schätze: wenn man sie erlangt hat, hört man auf sorglos zu sein!

5.C. Beglückt sind die Zeiten der Väter,
Zufrieden mit treulichem Acker,
Verschont von träger Verschwendung,

Gewöhnt den verspäteten Hunger
Bequem mit Eicheln zu stillen.
Noch nicht verstanden sie Gaben
Des Bacchus mit Honig zu mischen,
Nicht leuchtend Gewebe der Serer
Mit tyrischem Safte zu färben.
Erquickenden Schlaf gab der Rasen,
Den Trank der hingleitende Waldstrom,
Den Schatten hochragende Fichten.
Noch nicht durchfuhren sie Meere
Mit weithin erlesenen Waren,
Ein fremdes Gestade zu schauen.
Noch schwiegen die wilden Trompeten,
Kein Blut vom bitteren Hasse
Vergossen färbte die Felder.
Wie hätte auch feindliches Wüten
Zuerst die Waffen ergriffen,
Wenn grausige Wunden sie sähen
Und nicht den Lohn dieses Blutes!
O daß doch unsere Zeiten
Zu früheren Sitten sich kehrten.
Doch wilder als Flammen des Ätna
Braust heiß die Begier zu besitzen.
O wehe, wer ist's, der zuerst einst
Des Goldes verborgene Lasten,
Juwelen, die gern sich verstecken,
Gefährliche Kostbarkeit aufgrub?

Was aber soll ich von Würden und Macht reden, die ihr, der wahren Würde und Macht unkundig, dem Himmel gleich setzt? Wenn sie nun grade auf irgendeinen Schurken fallen, welcher feuerspeiende Ätna, welche Sintflut würde solch Unheil anrichten? Sicher, glaube ich, erinnerst du dich, wie eure 6.P.

Vorfahren die consularische Befehlsgewalt, die der Anfang der Freiheit gewesen war, wegen des Übermuts der Consuln abzuschaffen begehrten, wie sie vorher wegen des gleichen Übermutes den königlichen Namen aus dem Staat entfernt hatten. Aber wenn sie einmal, was doch sehr selten ist, Tüchtigen übertragen werden, was gefällt dann an ihnen anderes als die Tüchtigkeit? So kommt es, daß nicht den Tugenden aus der Würde, sondern aus der Tugend den Würden Ehre zuwächst. Was ist denn diese eure erstrebenswerte und herrliche Gewalt? Erwägt ihr irdischen Geschöpfe denn nicht, über wen ihr zu herrschen vermeint, und wer ihr dabei seid? Wenn du etwa eine unter den Mäusen sich Recht und Herrschaft über die andern anmaßen sähest, welches Lachen würde dich erschüttern! Wie aber kannst du, wenn du deinen Körper ansiehst, etwas Schwächeres als den Menschen finden, den oft ein Mükkenstich oder das Eindringen von Kriechtieren in die innern Organe tötet? Und wie kann jemand einen andern anders als an seinem Körper seine Gewalt fühlen lassen und an dem, was noch unter seinem Körper ist, seinen Glücksgütern nämlich? Willst du etwa der freien Seele etwas befehlen? Willst du den Geist, der mit fester Vernunft in sich gefaßt ist, aus dem Zustande seiner eigenen Ruhe verdrängen? Als ein Tyrann einen freien Mann mit Folterqualen dazu bringen wollte, die Mitwisser einer Verschwörung zu verraten, biß sich dieser die Zunge ab und spie sie dem wütenden Tyrannen ins Gesicht. Der Tyrann hielt solche Marter für ein Werkzeug der Grausamkeit, der Weise machte sie zu einem solchen der Tugend.

Was aber kann man einem andern antun, was man nicht selbst von einem andern erleiden könnte? Wir lesen, daß Busiris, der seine Gäste umzubringen pflegte, von seinem Gaste Herkules geschlachtet worden ist. Regulus hatte manche Punier im Kriege gefangen und in Fesseln geworfen, aber bald gab er selbst seine Hände den Ketten der Sieger hin. Hältst du aber einen Menschen für mächtig, der es nicht erreichen kann, daß das, was er gegen einen andern vermag, der andere nicht auch gegen ihn vermöge? Ferner, wenn den Würden und Ämtern selber etwas von natürlichem, ihnen zugehörigem Guten innewohnte, so würden sie nimmer den Schlechten zuteil werden. Denn Gegensätze pflegen nicht sich einander zu gesellen. Die Natur weigert sich, Widerstreitendes zu verbinden. Wenn also offensichtlich die Schlechtesten meistens die Würden bekleiden, so folgt daraus, daß das seiner eigenen Natur nach nicht gut ist, was zuläßt, daß es an Schlechten haftet. Dies kannst du noch angemessener von allen Gaben des Glücks annehmen, die gerade zu den Unredlichsten im Übermaß gelangen.

Auch das muß noch erwogen werden: niemand zweifelt, daß tapfer sei, wem ersichtlich Tapferkeit innewohnt; und wer Schnelle besitzt, ist offenbar schnell. So macht die Musik die Musiker, die Arzneikunst die Ärzte, die Redekunst die Redner. Denn die Natur eines jeden Dinges bewirkt das, was ihr eigentümlich ist, und mischt sich nicht mit den Wirkungen des Gegenteils, sondern vertreibt von sich aus, was ihr zuwider ist. Doch weder kann Reichtum den unersättlichen Geiz stillen, noch macht Amtsgewalt denjenigen seiner selbst mächtig, den lasterhafte Begierden mit unlösbaren Ketten fesseln und festhalten. Würde, an Schurken übertragen, macht diese nicht nur nicht würdig, sondern verrät und offenbart erst recht deren Unwürdigkeit. Woher kommt das? Euch behagt es eben, Dinge, die sich anders verhalten, mit falschem Namen zu belegen, die der Erfolg der Sache leicht widerlegt. Daher kann weder dies Macht, noch jenes Reichtum, noch jenes Würde mit Recht benannt werden. Endlich kann man das gleiche von dem ganzen Glück schließen, in dem offenbar nichts Erstrebenswertes nichts von ursprünglicher Vortrefflichkeit wohnt, das sich weder den Guten immer vereint, noch diejenigen gut macht, denen es verbunden ist.

6.C. Wohlbekannt ist dir, wie er einst in Trümmer
Legt' die Stadt in Brand und die Väter tötet',
Wie er wild darauf auch den Bruder mordet'
Und vom Blute troff seiner eignen Mutter;
Den entseelten Leib mit den Blicken musternd,
Rann vom Auge ihm keine Trän; er konnte
Richter sein noch jetzt der zerstörten Schönheit.
Doch sein Zepter lenkt' all die vielen Völker,
Welche Phöbus schaut, wenn er in die Fluten
Niedersteigt, und wenn er zum Aufgang rückkehrt,
Die der kalte Nord mit dem Froste bändigt,
Die mit trockner Glut ungestüm der Südwind
Dörrt, wo er den Sand in der Wüste aufkocht.
Solch erhabne Macht, sie vermochte doch nicht,
Daß sich Neros schändliches Rasen wandle.
Weh dem schweren Los, wenn das ungerechte
Schwert zusammenkommt mit dem wilden Gifte!

7.P. Darauf sagte ich: Du weißt selbst, daß mich der Ehrgeiz nach vergänglichen Dingen sehr wenig beherrscht hat. Ich habe nur ein Wirkungsfeld für Taten gewünscht, damit meine Kraft nicht schweigend altere.

Darauf jene: Das ist ja das einzige, was die Geister, die von Natur hervorragend, aber noch nicht durch Vervollkommnung der Tugend zur höchsten Stufe geführt worden sind, verlocken kann, nämlich die Begierde nach Ruhm und der Ruf hoher Verdienste im Staat; wie dürftig auch dieser ist, wie völlig gewichtlos, das überlege nun!

Wie du aus den Beweisen der Astronomen weißt, ist die Erde in ihrem ganzen Umfang nur ein Punkt im Vergleich zum Himmelsraum, so daß, wenn man sie gegen die Größe der Himmelskugel hält, sie überhaupt keinen Raum einzunehmen scheint. Von diesem in der Gesamtwelt so geringfügigen Gebiet wird, wie du durch den Nachweis des Ptolemaios gelernt hast, nur der vierte Teil von uns bekannten Lebewesen bewohnt. Wenn du in Gedanken von diesem vierten Teil das abziehst, was Meer und Sümpfe bedecken, oder wo sich Wüsten erstrecken, so bleibt für die Menschen kaum ein allerkleinster Wohnsitz. Auf diesem kleinsten Punkte gewissermaßen eines Punktes zusammengedrängt und eingeschlossen, denkt ihr nun, euren Ruhm bekannt zu machen, euren Namen zu verbreiten? Was besitzt denn Wertes und Prächtiges ein Ruhm, der auf so enge und geringfügige Grenzen beschränkt ist? Füge hinzu, daß auch dieses enge Gehege eures Wohnsitzes mancherlei Nationen bewohnen, die durch Sprache, Sitte und ihre ganze Lebensweise euch fernstehen, zu denen wegen der Schwierigkeit der Reise, der Verschiedenheit der Sprachen, des Mangels an Verkehr nicht nur nicht der Ruhm einzelner Personen, sondern nicht einmal derjenige ganzer Städte gelangen kann. Zur Zeit des Marcus Tullius hatte, wie er selbst einmal bemerkt, der Ruhm des römischen Staatswesens noch nicht einmal den Kaukasus überschritten, und es war damals in voller Kraft, den Parthern und den andern Völkern jener Gegenden furchtbar. Siehst du also, wie eng, wie eingeschränkt dieser Ruhm ist, den ihr zu verbreiten und fortzupflanzen euch so bemüht? Und wohin der Ruf des römischen Namens nicht gelangen kann, dahin soll der Ruhm eines römischen Mannes vordringen? Obendrein sind Sitten und Einrichtungen verschiedener Völker untereinander so verschieden, daß was bei den einen des Lobes, bei den andern des höchsten Tadels würdig scheint. So kommt es, daß wenn sich jemand der Bekanntmachung seines Ruhmes freut, es ihm keineswegs nützt, daß sein Name bei vielen Völkern verbreitet wird. Jeder muß zufrieden sein, wenn sich sein Ruhm unter den Seinigen ausbreitet, und jene herrliche Unsterblichkeit des Ruhmes wird sich auf die Grenzen eines einzigen Volkes beschränken.

Wie viele zu ihrer Zeit hochberühmte Männer hat die Vergessenheit aus Mangel an Schriftstellern ausgelöscht! Freilich was sollen auch die Schriften selbst nützen, auf denen samt ihren Verfassern langes und verdunkelndes Alter lastet? Euch aber scheint es, als ob ihr für euch Unsterblichkeit pflanzt, wenn ihr an den Ruhm der Zukunft denkt. Wenn du dir die unendlichen Räume der Ewigkeit vergegenwärtigst, hast du dann noch Grund, dich der Dauer deines Namens zu freuen? Wenn du das Verweilen eines einzigen Augenblicks mit zehntausend Jahren vergleichst, so mag jener, da beide nur ein begrenzter Zeitraum sind, eine zwar geringe, aber immerhin eine Ausdehnung haben. Aber die Zahl der Jahre schlechthin, auch jedes Vielfache derselben, läßt sich mit der unbegrenzten Dauer überhaupt nicht vergleichen; denn Begrenztes kann man wohl zu einander in Beziehung setzen, aber zwischen Endlichem und Unendlichem gibt es keine Beziehung. So kommt es, daß der Ruhm in einer noch so ausgedehnten Zeit, wenn er zusammen mit der unerschöpflichen Ewigkeit gedacht wird, nicht klein, sondern überhaupt nicht vorhanden zu sein scheint.

Ihr aber versteht nur im Hinblick auf die Gunst des Volkes und sein nichtiges Gerede recht zu handeln; ihr laßt den Vorzug des Gewissens und der Tugend außer acht und fordert Lohn von fremdem Geschwätz. Höre, wie witzig einst jemand so leichtfertige Anmaßung verspottete. Irgend jemand hatte einen Menschen, der nicht zur Übung wahrer Tugend, sondern aus Ruhmredigkeit fälschlich den Namen Philosoph angenommen hatte, mit Schmähungen angefahren und hinzugefügt, er werde bald wissen, ob jener ein Philosoph sei, wenn er nämlich die Beleidigungen sanft und geduldig ertrüge. Der nahm ein Weilchen Geduld an und sagte dann, als ob er sich über die erlittene Beleidigung hinwegsetze: «Begreifst du nun, daß ich ein Philosoph bin?» Darauf sagte der andre bissig: «Ich hätte es begriffen, wenn du geschwiegen hättest.»

Was geht vorzügliche Männer (denn nur von solchen ist die Rede, die durch Tugend nach Ruhm streben), was, frage ich, geht sie nach Auflösung des Körpers durch den Tod der Nachruhm an? Wenn die Menschen ganz sterben, was unsere Vernunftgründe zu glauben verbieten, so gibt es überhaupt keinen Ruhm, da, der ihn besitzen soll, gar nicht existiert. Wenn aber der Geist seines Ranges wohl bewußt, aus dem irdischen Kerker entlassen, frei zum Himmel steigt, wird er da nicht jedes irdische Geschäft verschmähen, da er den Himmel genießend sich freut, des Irdischen ledig zu sein?

Wer nur nach Ruhm mit stürmischen Sinnen strebt, 7.C
In ihm der Güter höchstes sieht,
Der schau, wenn er zum weiten Himmelszelt geblickt,
Hin auf der Erde schmalen Raum.
Füllt euer Name schon den engen Umkreis nicht,
So bringt euch, ihn zu mehren, Scham.
Was strebt ihr Stolzen unterm Joch der Sterblichkeit
Den Nacken bäumend, doch umsonst!
Mag zu entlegnen Völkern dringen euer Ruf,
Mag nennen ihn auch fremder Mund,
Von Ehrentiteln glänzen euer hohes Haus,
Der Tod verspottet großen Ruhm.
Das niedre Haupt, wie das erhabne hüllt er gleich,
Das Höchste, Tiefste gilt ihm eins.
Wo blieb des redlichen Fabricius Gebein?
Wo Brutus? Catos Strenge? Wo?
Mit wen'gen dürren Lettern schrieb ein magrer Ruhm
Den Rest, den leeren Namen auf.
Doch was an Ruhmesworten uns bekannt,
Was weiß der Tote noch davon?

So liegt ihr also völlig in Vergessenheit
Kein Ruhm noch Name bleibt von euch.
Doch glaubt ihr länger euer Leben hinzuziehen
Mit eures Namens irdschem Hauch,
So wartet, wenn ein später Tag auch ihn entrafft,
Doch eurer nur ein zweiter Tod.

8.P. Doch du sollst nicht glauben, daß ich einen unerbittlichen Krieg mit Fortuna führe; manchmal macht sie sich auch um den Menschen wohl verdient und ist nicht trügerisch; dann nämlich, wenn sie sich offen kundgibt, ihre Stirne enthüllt und ihren Charakter bekennt. Vielleicht begreifst du noch nicht, was ich sagen will. Seltsam ist freilich, was ich zu sagen trachte, und deshalb kann ich meine Meinung kaum mit Worten entwickeln. Ich glaube nämlich, daß den Menschen ein widriges Geschick mehr als ein günstiges nützt. Dieses lügt nämlich immer unter dem Scheine der Glückseligkeit, während es zu schmeicheln scheint; jenes ist immer wahr, da es in seiner Veränderung seine Unstetheit zeigt; dieses täuscht, jenes belehrt. Dieses bindet die Seelen der Genießenden mit dem Scheine lügnerischer Güter, jenes löst sie durch die Einsicht in die Gebrechlichkeit jener Glückseligkeit. Daher siehst du dieses windig, fließend, immer seiner selbst unkundig, jenes nüchtern, gerüstet und klug gerade durch Übung in der Widerwärtigkeit. Endlich zieht das Günstige durch Schmeicheln vom Pfade des wahren Guten ab, das Widrige dagegen zieht meistens mit seinen Widerhaken zu den wahren Gütern zurück. Oder schätzest du es etwa gering, daß diese herbe schreckliche Göttin dir die Gesinnung der treuen Freunde entdeckt hat? Sie hat dir die zuverlässigen Mienen der Gefährten von den zweideutigen gesondert, und als sie wegging, hat sie die ihrigen mit sich genommen, die deinigen dir gelassen. Wie hoch hättest du dir dies erkauft, als du dir noch heil und beglückt erschienst?

Jetzt klagst du über verlorene Schätze; du hast die kostbarste Art von Reichtümern, Freunde gefunden.

Daß die Welt mit beständger Treu 8.c.
Eintracht mitten im Wechsel hält,
Daß im Zwist ihrer Keime doch
Stets das ewige Bündnis bleibt,
Daß mit goldnem Gespann herauf
Phöbus führet den rosigen Tag,
Und geleitet von Hesperus
Phöbe regieret der Nächte Zahl,
Daß das gierige Meer die Flut
In gesicherten Grenzen hält,
Daß das Land nicht hinaus ins Meer
Seine Küsten zu schieben wagt;
Solche Ordnung der Dinge knüpft
Sie, die Länder und Meere lenkt,
Liebe, die Himmelsbeherrscherin!
Wenn sie lockert den straffen Zaum,
Fällt, was eben einander geliebt,
In beständigem Krieg sich an,
Und die Kräfte, die jetzt vereint,
Schön bewegen den Weltenbau,
Eifern dann zu zerstören ihn.
Sie umschließet den heiligen Bund,
Der die Völker vereinigt hält,
Und der Ehe geheiligten Schwur
Knüpft sie keusch in der Liebe fest,
So auch schreibt ihr hohes Gesetz
Hier die Treue den Freunden vor.
O glückseliges Menschengeschlecht,
Wenn die Liebe auch euren Geist
Lenkt, so wie sie den Himmel lenkt.

DRITTES BUCH

1. P. Schon hatte sie ihren Gesang beendet, während ich noch immer hörbegierig und in Staunen versunken, das lauschende Ohr ihr zugewandt, vom süßen Zauber des Liedes gefesselt war. Endlich sprach ich: O du höchster Trost ermatteter Gemüter, wie hast du mich mit der Wucht der Gedanken, aber auch der Holdseligkeit des Gesanges erquickt, so sehr, daß ich mich von jetzt an den Schlägen des Schicksals gewachsen fühle. Darum bebe ich jetzt nicht mehr zurück vor jenen Heilmitteln, die du als etwas schärfer bezeichnetest, sondern fordere sie hörbegierig mit Heftigkeit.

Da sagte jene: Ich habe es wohl bemerkt, wie du meine Worte schweigend und mit Aufmerksamkeit verschlangst, und diese Verfassung deines Geistes habe ich nicht nur erwartet, sondern in Wahrheit selber bewirkt. Was übrig bleibt, ist derart, daß es beim Kosten wohl herb, beim Genusse aber süß ist. Und wenn du dich jetzt hörbegierig nennst, von welcher Glut würdest du entflammt sein, wenn du erkenntest, wohin wir dich zu führen unternehmen?

Wohin? fragte ich.

Zur wahren Glückseligkeit, sprach sie, von der auch dein Geist träumt; da aber dein Auge auf Schattenbilder gerichtet ist, vermag er sie selbst nicht anzuschauen.

Darauf ich: Eile, ich beschwöre dich, und zeige mir ohne Zögern, was sie ist.

Deinetwegen will ich es gerne tun, sagte sie, doch werde ich zuvor versuchen, den Fall, der dir bekannter ist, mit Worten zu bezeichnen und zu beschreiben, damit du erst ihn durchschauest und dann, wenn du dein Auge nach der entgegengesetzten Seite wendest, die Gestalt der wahren Glückseligkeit zu erkennen vermögest.

Rodet der Landmann das fruchtbare Saatfeld, 1.C
Tilget er erstlich das taube Gesträuch aus,
Sichelt den Dornbusch, wuchernde Farren,
Dann erst lohnt Ceres mit üppigen Ähren.
Süßer noch mundet, was Bienen uns schenken,
Spürte den bittern Geschmack erst die Zunge.
Holder noch leuchten die Sterne hernieder,
Schweigt erst der Sturm und des Regens Gebrause.
Lucifer muß erst die Finsternis scheuchen,
Ehe der Tag dann das Rosengespann führt.
Du von falschen Gütern geblendet,
Schüttle zuvor vom Nacken das Joch ab,
Dann erst erfüllt die Wahrheit den Geist dir.

Da heftete sie eine Weile ihren Blick auf den Boden, und als ob 2.P sie sich in den erhabenen Sitz ihrer Seele zurückzöge, begann sie: Alle Sorge der Menschen, wie vielfältig auch die Mühe ihrer Bestrebungen sein mag, schlägt zwar verschiedene Wege ein, trachtet aber doch nur nach einem Ziele, der Glückseligkeit. Ein Gut aber nenne ich, das nichts weiter zu wünschen läßt, wenn man es erlangt hat; es ist das höchste Gut, in dem alle andern Güter enthalten sind; es wäre das höchste nicht, wenn ihm irgend etwas abginge, da ja dann noch etwas außerhalb verbliebe, was man wünschen könnte. Es ist also klar, daß die Glückseligkeit ein Zustand ist, der durch die Vereinigung aller Güter vollkommen ist.

Diesen, wie gesagt, suchen alle Sterblichen zu erreichen, aber auf verschiedenen Pfaden. Denn dem Geiste der Menschen ist von Natur die Begierde nach dem wahren Guten eingepflanzt, doch der mißleitete Irrtum verführt sie zum Falschen. Einige, die es für das höchste Glück halten, an nichts Mangel zu haben, setzen ihre Mühen daran, in Reichtum zu schwimmen; andere erkennen als das Gute dasjenige, was der Verehrung am würdigsten ist; so streben sie danach, Auszeichnungen zu erlangen und bei ihren Mitbürgern in höchster Achtung zu stehen. Manche setzen das höchste Gut in die höchste Macht; sie versuchen, selbst zu herrschen oder sich an die Herrscher zu drängen. Diejenigen wiederum, denen Berühmtheit als das Beste erscheint, eifern danach, mit den Künsten des Krieges oder des Friedens die Herrlichkeit ihres Namens auszubreiten. Weitaus die meisten messen die Frucht des Guten ab nach Freude und Heiterkeit; sie halten es für das Allerglücklichste in Vergnügungen zu zerfließen. Manche vertauschen auch die einzelnen Zwecke und Ursachen miteinander: sie ersehnen dann Reichtum um der Macht und Lust willen, oder Macht um des Geldes oder der Verbreitung ihres Namens willen.

Um diese und ähnliche Dinge kreist die Absicht aller menschlichen Handlungen und Wünsche, wie denn Adel und Volksgunst eine Art Glanz zu verleihen scheinen, wie man Weib und Kind um der Freude willen sucht, die sie bereiten; unter den Freundschaften ist freilich die edelste Form nicht zum Glück, sondern zur Tugend zu zählen; die übrigen Formen werden um der Macht oder um des Ergötzens willen gepflegt. Daß auch die Güter des Körpers sich auf die oben genannten beziehen, liegt auf der Hand. Denn Stärke und Größe scheinen Macht zu verleihen, Schönheit und Behendigkeit scheinen Ansehen, Gesundheit scheint Vergnügen zu gewähren; es ist klar, daß in allem diesem nur die Glückseligkeit gesucht wird; denn was jemand vor allem andern erstrebt, das hält er für das höchste Gut. Aber wir haben als höchstes Gut die Glückseligkeit bestimmt; also hält jeder den Zustand für glückselig, den er vor allen andern erstrebt.

Hier hast du also die Gestalt der menschlichen Glückseligkeit, fast als ob sie dir vor Augen stände: Geld, Ehren, Macht,

Ruhm, Lust. Epikur zog diese allein in Betracht und setzte folgerichtig das höchste Gut in die Lust, weil doch alles andere dem Geist Vergnügen zu verschaffen scheine.

Doch ich kehre zu den Bestrebungen der Menschen zurück, deren Geist, wenn auch mit verdunkelter Erinnerung, dennoch zu seinem wahren Gute strebt, freilich so, daß er gewissermaßen berauscht nicht weiß, auf welchem Pfade er in die Heimat zurückkehren soll. Scheinen denn etwa diejenigen zu irren, die sich bemühen, nichts zu entbehren? Es gibt nichts anderes, was in gleicher Weise die Glückseligkeit vollenden kann, wie ein Zustand reichlicher Fülle aller Güter, der nichts Fremdes bedarf, sondern sich selber genügt. Irren etwa die ab, die da meinen, was das Beste sei, sei auch achtungsvoller Verehrung am würdigsten? Keineswegs, denn nicht gemein und verächtlich ist das, was zu erreichen fast alle Sterblichen sich mühen. Oder ist Macht nicht zu den Gütern zu zählen? Wie denn? Ist das für schwach und kraftlos zu erachten, was anerkanntermaßen trefflicher ist als alles andere? Oder ist die Berühmtheit für nichts zu schätzen? Die Tatsache läßt sich nicht aus der Welt schaffen, daß alles Trefflichste auch das Gerühmteste zu sein scheint. Was brauche ich zu sagen, daß die Glückseligkeit nicht angst- und trauererfüllt ist, daß sie Schmerz und Trübsal nicht unterworfen ist, da doch sogar in den geringfügigsten Dingen das erstrebt wird, was zu besitzen und zu genießen ergötzt? Aber dies ist es, was die Menschen erlangen wollen, und aus diesem Grunde begehren sie nach Reichtum, Würden, Herrschaft, Ruhm und Lust, weil sie glauben, hieraus werde ihnen Genügen, Ansehen, Macht, Berühmtheit und Freude kommen. Das Gute ist es also, wonach die Menschen mit so verschiedenem Streben trachten; hierin zeigt sich leicht, wie groß die Kraft der Natur ist, da, wie mannigfaltig und einander widersprechend die Ansichten sein mögen, sie doch alle in der Liebe zum Guten als ihrem Ziele übereinstimmen.

2.C. Wie gewaltig die Zügel regieret
Die mächtge Natur und mit welchen Gesetzen
Sie vorschauend den Weltkreis bewahrt,
Alles bezwingt unlösbar verknüpfend
Jedes mit Jedem, das will ich singen
In hellem Liede und mildem Spiel.
Lang schleppt der Löwe die Last schöner Ketten,
Leckt die Hand, die ihm reicht sein Futter,
Feige scheut er, gewohnt der Peitsche,
Seines Herren drohende Blicke.
Doch netzt Blut ihm grausig den Rachen,
Dann kehrt zurück der verhaltene Mut ihm,
Laut aufbrüllend denket er seiner.
Seine Fesseln zersprengt der Nacken,
Und zerfleischt vom blutigen Zahn sinkt
Erstes Opfer des Zorns der Zwingherr.
Hoch in Zweigen girrte der Vogel,
Nun umschließt ihn des Käfigs Gefängnis;
Ihm reicht die Schale bestrichen mit Honig,
Reichliche Bissen voll freundlichem Eifer
Bietet ihm tändelnde Sorge der Menschen.
Aber hüpft er im engen Geflechte,
Schaut er die Schatten des heimischen Haines,
Mit den Füßen zerstreut er sein Futter;
Nach den Wäldern sehnt er sich traurig,
Nach den Wäldern klingt süß sein Singen.
Packt die kräftige Faust den Setzling,
Neigt zur Erde herab sich der Gipfel;
Läßt ihn los die krümmende Rechte,
Aufwärts steigt sein Scheitel zum Himmel.
Phöbus sinkt in nächtliche Wogen,
Aber zurück auf verborgenem Pfade
Führt den Wagen er wieder zum Aufgang.

So sucht alles die eigenen Bahnen,
Alles fühlt die Freuden der Rückkehr.
Das nur bleibt in der ewigen Ordnung,
Was den Anfang eint mit dem Ende,
Was sich schließt zum gefestigten Kreise.

Auch ihr, irdische Geschöpfe, träumt, wenn auch unter einem 3.P. dürftigen Abbild, von eurem Ursprung, und mögt ihr auch dieses wahre Ziel der Glückseligkeit durchaus nicht erkennen, so ahnt ihr es doch irgendwie in euren Gedanken. Die Absicht eurer Natur führt euch dorthin und zum wahren Guten, und nur der vielgestaltige Irrtum lenkt euch davon ab.

Erwäge nun, ob die Menschen durch das, wodurch sie Glückseligkeit zu erreichen hoffen, zum festgesetzten Ziele zu gelangen vermögen. Wenn nämlich Geld oder Ehre usw. so beschaffen sind, daß ihnen kein Gut mehr zu fehlen scheint, so wollen auch wir bekennen, daß die Menschen zuweilen auf diesem Wege glücklich werden können. Wenn aber jene Dinge nicht das zu leisten vermögen, was sie versprechen, und der meisten Güter entbehren, ertappt man sie dann nicht offenkundig auf einem falschen Schein von Glückseligkeit?

Ich frage zuerst dich selbst, der du noch eben in Reichtum schwammst: Hat unter jenem Überfluß von Schätzen deinen Geist niemals Angst getrübt, die aus irgendeiner Unzufriedenheit erwuchs?

In der Tat, sagte ich, ich kann mich nicht erinnern, jemals so freien Geistes gewesen zu sein, daß mich nicht irgendeine Sorge geängstigt hätte.

Nicht wahr, weil etwas fehlte, was du ungerne vermißtest, oder weil etwas da war, dessen Abwesenheit dir lieber gewesen wäre?

So ist es, sagte ich.

Also wünschtest du das eine herbei, das andere hinweg?

Ich gestehe es, sagte ich.

Was man sich aber wünscht, sagte sie, das entbehrt man.

Gewiß, sagte ich.

Wer nun etwas entbehrt, genügt nicht vollauf sich selbst.

Sicher nicht, sagte ich.

Dich bedrängte also ein solches Nichtgenügen inmitten deiner Schätze, sprach sie.

Was denn sonst? sprach ich.

Also vermag Reichtum nicht bedürfnislos und selbstgenügsam zu machen, und gerade das schien er zu versprechen. Darüber hinaus muß man ganz besonders erwägen, daß es nicht in der Natur des Geldes liegt, daß man es seinen Besitzern ohne deren Zustimmung nicht nehmen könne.

Ich gebe es zu, sagte ich.

Wie solltest du es auch nicht gestehen, da täglich ein Stärkerer einem anderen gegen dessen Willen sein Geld entreißt? Woher kämen denn die Gerichtsklagen, wenn nicht Geld zurückgefordert würde, das mit Gewalt oder List den Eigentümern gegen ihren Willen entrissen worden ist?

So ist es, sagte ich.

Also bedarf wohl jeder, sprach sie, eines von außen kommenden Schutzes, um sein Geld zu hüten.

Wer möchte das leugnen, sagte ich.

Indessen würde er eines solchen nicht bedürfen, wenn er nicht Geld besäße, das er verlieren könnte?

Daran kann man nicht zweifeln, sagte ich.

So hat sich die Sache in ihr Gegenteil verwandelt; der Reichtum, von dem man glaubte, daß er sich selbst genüge, ist vielmehr fremden Schutzes bedürftig. Auf welche Weise soll auch die Bedürftigkeit durch den Reichtum vertrieben werden? Können etwa Reiche nicht hungern? Können sie nicht dürsten? Fühlen die Glieder der Begüterten nicht die Winterkälte? Aber, wirst du sagen, die Reichen haben die Mittel in der

Hand, Hunger und Durst zu stillen und die Kälte abzuwehren. Dergestalt freilich läßt sich das Bedürfnis durch den Reichtum beschwichtigen, aber nicht von Grund aus wegschaffen. Denn wenn auch dieser ewig gähnende und begehrende Schlund mit Schätzen gefüllt wird, wird doch noch immer etwas zum Füllen bleiben. Ich schweige davon, daß der Natur das Geringste genügt, der Habgier aber nichts. Wenn also der Reichtum die Bedürftigkeit nicht beseitigen kann, wenn er vielmehr seine eigene schafft, wie könnt ihr dann glauben, daß er Genügen gewähre?

Wenn aus des Goldes nie versiegter Quelle auch 3.C.
Schöpft des Geizigen Gier Schätze, die nimmer genug,
Und schmückt er mit des Meeres Perlen seinen Hals,
Pflügt sein fruchtbares Feld hundertfältig Gespann,
Nagt doch die Sorge ewig an dem Lebenden,
Und sein nichtiger Schatz läßt ihn im Tode allein.

«Doch Würden machen den, der sie erworben hat, angesehen und ehrfurchtgebietend.» Haben aber Magistraturen die Fähigkeit, dem Geist ihrer Inhaber Tugenden einzuflößen oder Fehler auszumerzen? Nein, sie pflegen vielmehr die Nichtswürdigkeit sichtbar zu machen, nicht sie zu verjagen. So kommt es, daß wir unwillig sind, wenn sie oft ganz nichtsnutzigen Menschen zuteil werden, wie denn Catull den Nonius trotz seines curulischen Ehrensitzes einen Kropf nennt. Siehst du also, wie sehr die Würden für die Schlechten die Schande vergrößern? Ihre Unwürdigkeit würde weniger offenkundig sein, wenn sie durch keine Ämter ins helle Licht gesetzt würden. Hättest du etwa, trotz so vieler Gefahren, je dazu verführt werden können, mit Decoratus, in dem du die Gesinnung eines nichtswürdigen Possenreißers und Angebers wahrnahmst, gemeinsam ein Amt zu bekleiden? Wir können um der Ehrenstellen willen nicht diejenigen für ehrwürdig halten, die wir der Ehrenstellen sel- 4.P.

ber für unwürdig halten. Aber wenn du jemand mit Weisheit begabt sähest, könntest du ihn dann der Ehrfurcht oder der Weisheit, mit der er begabt ist, für unwürdig halten?

Keineswegs.

Die Tugend hat nämlich ihre eigene Würde, welche sie auf diejenigen, denen sie verbunden ist, überträgt. Wenn dies die vom Volke übertragenen Ehren nicht zu leisten vermögen, so geht daraus hervor, daß sie die eigentümliche Schönheit der Würde selbst nicht besitzen.

Hierbei ist folgendes noch besonders zu beachten: wenn jemand um so verworfener ist, von je mehreren er verachtet wird, so macht die Würde die Unredlichen, da sie diese nicht verehrungswürdig machen kann, nur noch verächtlicher, weil sie sich mehreren zeigt. Allerdings nicht ungestraft; denn die Schlechten zahlen den Würden gleiches heim und besudeln sie durch ihre Ansteckung.

Damit du aber erkennst, daß aus diesen schattenhaften Würden keine echte Ehrwürdigkeit herrühren kann: Wenn jemand, der mehrfach das Consulat bekleidet hat, durch Zufall zu barbarischen Völkern käme, würde sein Amt ihn den barbarischen Völkern verehrungswürdig machen? Wenn dies die natürliche Wirkung der Würden wäre, würde sie bei keinem Volk der Erde ausbleiben, wie das Feuer nirgends auf der Welt aufhört zu wärmen. Da aber nicht eigne Kraft, sondern die falsche Meinung der Menschen diese Wirkung mit ihnen verknüpft, so schwinden sie auf der Stelle hin, wenn sie zu denen kommen, welche derartige Würden nicht anerkennen. Dies ist der Fall bei fremden Völkern. Ob sie aber auch dort, wo sie entstanden sind, immer dauern? Obschon die Prätur einst eine große Macht war, ist sie jetzt ein leerer Name und für ein senatorisches Vermögen eine schwere Last. Wenn sich jemand einst um die öffentliche Lebensmittelversorgung kümmerte, so wurde er für groß gehalten; was gibt es jetzt Verächtlicheres als diese

Präfektur? Wie wir nämlich eben erst gesagt haben: das, was nichts von eigner Schönheit an sich hat, wird je nach der Meinung derer, die damit umgehen, bald Glanz annehmen, bald ihn verlieren.

Wenn also Würden nicht verehrungswürdig machen können, wenn sie überdies durch Ansteckung der Unredlichen schmutzig werden, wenn sie ihren Glanz im Wandel der Zeiten ablegen, wenn sie je nach der Meinung der Völker wertlos werden, was ist dann an ihnen von erstrebenswerter Schönheit, geschweige denn, daß sie diese auf andere übertragen könnten?

Mocht' im purpurnen Kleid von Tyrus' Küste 4.C
Prahlend verziert mit Edelsteinen
Nero prunken, so blieb des Wahnsinns Aufwand
Ewig verhaßt doch bei allen Menschen.
Doch der Frevler verlieh verehrten Vätern
Ehrenlose curulische Ämter.
Wer kann Ehren denn noch für glücklich halten,
Welche die Elenden so verleihen?

Oder vermag Königsherrschaft, Königsfreundschaft mächtig zu machen? Warum soll sie es nicht, wenn ihr Glück beständig dauert? Doch die alte Zeit ist ebenso wie die Gegenwart voller Beispiele von Königen, die das Glück mit dem Elend vertauscht haben. O herrliche Macht, die nicht einmal wirksam genug erfunden wird, sich selbst zu erhalten! 5.P

Wenn ferner diese königliche Gewalt die Quelle der Glückseligkeit wäre, würde dann nicht die Tatsache, daß sie irgendwo nicht besteht, das Glück verringern und Unglück bringen? Aber wie weit sich auch menschliche Königreiche erstrecken, es müssen immer noch viele Völker übrigbleiben, über die keiner der Könige regiert. Wo aber die Macht, die beglückt, aufhört, da muß die Ohnmacht eintreten, die elend macht. So müßten also die Könige mehr Anteil am Elend als am Glück haben.

Ein Tyrann, der die Gefahren seines Loses erprobt hatte, versinnbildlichte die Angst des Herrschers durch den Schrecken eines Schwertes, das senkrecht über seinem Scheitel hing. Was ist das also für eine Macht, welche die nagende Sorge nicht vertreiben, dem Stachel der Angst nicht entgehen kann?

Gewiß möchten sie selbst gerne sorglos leben, aber sie können es nicht. Und dieser Macht rühmen sie sich! Oder nennst du etwa den mächtig, der sichtlich das will, was er nicht vollführen kann? Hältst du den für mächtig, der sich mit Leibwächtern umgibt, der die, welche er schreckt, selber noch mehr fürchtet, der, um mächtig zu erscheinen, sich in die Hand seiner Diener begibt?

Was soll ich erst über die Vertrauten der Könige reden, wenn ich beweise, daß die Königsherrschaft selbst so voll Gebrechlichkeit ist? Jene werden von der königlichen Gewalt ebenso oft gestürzt, wenn diese fest bleibt, wie wenn sie wankt. Nero zwang seinen Vertrauten und Lehrer Seneca dazu, sich selber die Todesart zu wählen. Den Papinianus, der lange unter den Höflingen mächtig war, gab Antoninus den Schwertern der Soldaten preis. Dabei waren beide bereit, auf ihre Macht zu verzichten. Seneca versuchte sogar seine Schätze Nero zu überlassen und sich in die Stille zurückzuziehen; aber da die Stürzenden ihr eigenes Schwergewicht abwärts zieht, erreichte keiner, was er wünschte.

Was ist das also für eine Macht, die der Besitzende fürchtet: Wer sie festhalten möchte, ist nicht in Sicherheit, und wer sie niederlegen möchte, kann ihr nicht entrinnen.

Oder sind etwa Freunde, welche nicht die Tugend gewinnt, sondern das Glück, ein Schutz? Wen dir nur das Glück zum Freunde gemacht hat, den wird das Mißgeschick dir zum Feinde machen. Welche Seuche aber ist schädlicher als ein Feind, der dein Vertrauter war?

5.C
Wer mächtig zu werden begehret,
Der zügle die wilden Gedanken,
Den Nacken beuge er nimmer
Ins schimpfliche Joch der Begierden.
Denn mögen auch Indiens Länder
Erzittern vor deinen Geboten,
Das äußerste Thule dir dienen:
Kannst du die verdüsternde Sorge,
Die jammernde Klage nicht bannen,
Ist all dieses Macht nicht zu nennen.

6.I Der Ruhm wiederum, wie trügerisch, wie schimpflich ist er oft! Deshalb ruft der Tragiker nicht mit Unrecht aus:

«O Ruhm, o Ruhm, wie vielen schlechten Menschen hast du Stolz und leeren Dünkel mächtig aufgebläht.»

Viele nämlich haben oft einen großen Namen durch die falschen Meinungen der Menge davongetragen. Was kann man sich Schimpflicheres ausdenken? Denn die fälschlich gepriesen werden, müssen bei ihrem Lob selbst erröten. Ist es aber durch Verdienste erworben, was kann dies dem Bewußtsein des Weisen hinzufügen, der sein Gut nicht an dem Gerede der Menge, sondern an der Wahrheit des Gewissens mißt?

Wenn ferner gerade dies schön erscheint, seinem Namen Dauer zu geben, so müßte es folglich schimpflich genannt werden, ihn nicht auszubreiten. Aber wenn, wie ich kurz vorher erörtert habe, es viele Völker gibt, zu denen der Ruf eines einzelnen Menschen nicht dringen kann, so ergibt sich daraus, daß der, den du für ruhmvoll hältst, schon im benachbarten Erdteil ruhmlos ist.

Die Volksgunst übrigens halte ich nicht einmal der Erwähnung wert, da sie weder aus richtigem Urteil herrührt, noch jemals zuverlässig dauert.

Und wer sieht nicht, wie leer, wie nichtig der Name des Adels ist? Wenn er auf den Glanz bezogen wird, so ist es ein ihm fremder; denn der Adel ist wohl zu bestimmen als ein gewisses Lob, das aus den Verdiensten der Vorfahren herrührt. Wenn also dies Lob Glanz verbreitet, so müssen diejenigen glänzen, die gepriesen werden. Dich macht kein fremder Glanz erstrahlen, wenn du keinen eigenen besitzest. Wenn also im Adel ein Gut liegt, so meine ich, ist es nur dies, daß den Adligen die Notwendigkeit auferlegt zu sein scheint, nicht von der Tugend der Vorfahren zu entarten.

.C. Alle Geschlechter der Sterblichen hier wachsen aus ähnlicher Wurzel;
Denn ein einziger Vater ist, einer leitet das Weltall.
Seine Sichel gab er dem Mond, gab der Sonne die Strahlen,
Gab die Menschen der irdischen Welt wie dem Himmel die Sterne.
In die Glieder verschloß er den Geist, den er vom hohen Throne herabholt.
Also erschuf er die Sterblichen gleich, sie alle aus edelem Keime.
Lärmt ihr von Ahnen, von Herkunft! Schaut auf euer erstes Entstehen,
Auf zu Gott dem Erzeuger, er hat niemand unedel gebildet;
Nur wer durch Laster das Schlechtere nährt, trennt sich selber vom Ursprung.

.P. Was soll ich nun von den Lüsten des Körpers sagen? Sie zu begehren ist voll Angst, die Sättigung voll Reue. Wie viele Krankheiten, wie unerträgliche Schmerzen pflegen sie gewissermaßen als Frucht ihrer Nichtsnutzigkeit dem Körper derer zu bringen, die sie genießen! Was ihre Erregung Angenehmes haben soll, weiß ich nicht; daß aber der Ausgang der Lust traurig ist, wird jeder einsehen, der sich an seine Leidenschaften erinnern will.

Wenn sie Glück entfalten könnten, so ist kein Grund, nicht auch das Vieh für glückselig zu halten, dessen ganze Absicht dahin geht, seine körperliche Leere auszufüllen. Höchst ehrbar wäre sicherlich die Freude an Gattin und Kindern. Doch nur zu sehr entspricht der Natur jene Äußerung über irgend jemanden, seine Söhne hätten sich als seine Henker erwiesen. Wie bitter dem Menschen eine solche Lage sein kann, daran muß ich dich freilich erinnern, da du sie weder früher erprobt hast, noch jetzt dich darum zu ängstigen brauchst. Hierin aber billige ich den Ausspruch meines Euripides, den den Kinderlosen durch Unglück glücklich nennt.

Dies hat an sich das Vergnügen: 7.C
Der Genuß birgt nur den Stachel,
Wie der Schwarm der Bienen gibt es
Süßen Honig, dann beflügelt
Flieht's und läßt den Widerhaken
In dem tief getroffnen Herzen.

Es unterliegt also keinem Zweifel, daß diese Wege zum Glück Abwege sind und daß sie niemanden dahin zu führen vermögen, wohin sie ihn zu führen versprechen. In wie große Übel sie aber verstrickt sind, will ich aufs kürzeste zeigen. Denn wie? Willst du versuchen Geld zusammenzuraffen? Du mußt es dem, der es hat, entreißen. Willst du in Würden glänzen? Du wirst dem Geber schmeicheln, und während du allen andern an Ehren voranzugehen begehrst, wirst du dich durch die Erniedrigung des Bewerbens gemein machen. Du wünschest Macht? Den Nachstellungen der Unterworfenen preisgegeben, wirst du selbst Gefahren unterworfen sein. Du möchtest nach Ruhm streben? Aber auf rauhem Wege hin und her gezerrt, hörst du auf sicher zu sein. Willst du ein Leben des Ge- 8.P nusses führen? Aber wer wird nicht den Sklaven des gemeinsten und gebrechlichsten Dinges, des Körpers, verachten und von sich wegweisen?

Diejenigen endlich, die sich mit Vorzügen ihres Körpers spreizen, auf einen wie geringen, wie gebrechlichen Besitz stützen sie sich! Könnt ihr etwa Elefanten an Masse, Stiere an Kraft übertreffen, etwa Tiger an Schnelligkeit? Blickt auf die Ausdehnung, die Festigkeit, die Geschwindigkeit des Himmels und hört dann auf, Gewöhnliches zu bewundern. Selbst der Himmel ist ja nicht deshalb zu bewundern, sondern vielmehr wegen der Vernunft, durch die er gelenkt wird.

Der Glanz der Gestalt, wie verfallend, wie entschwindend ist er, flüchtiger als die rasch dahinwelkenden Frühlingsblumen! Wenn die Menschen, wie Aristoteles sagt, sich der Augen des Lynkeus bedienen könnten, so daß ihr Blick durch alle Widerstände dränge, würde dann nicht, wenn man die Eingeweide schaute, auch jener auf seiner Oberfläche herrliche Körper des Alkibiades abstoßend widerwärtig erscheinen? Also läßt dich nicht deine Natur, sondern die Schwäche der schauenden Augen schön erscheinen.

Aber schätzet nur die Güter des Körpers so hoch ihr wollt, wenn ihr nur wißt, daß alles dieses, was ihr bewundert, das Feuerchen eines dreitägigen Fiebers auflösen kann.

Aus alle dem dürfen wir die Summe ziehen: was weder die Güter, die es verspricht, beschaffen kann, noch durch die Vereinigung aller Güter vollkommen ist, führt weder als Weg zur Glückseligkeit, noch macht es selbst die Menschen glückselig.

3.C. Weh euch! Unwissenheit führt euch beklagenswert
Auf falschem Wege weit vom Ziel.
Nicht sucht Gold im Gezweig grünender Bäume ihr,
Nicht auf der Rebe Edelstein,

Nicht auf hohem Gebirg werft ihr die Netze aus
Nach Fischen, eurer Tafel Schmuck;
Und verfolgt ihr die Spur flüchtiger Gemsen Schar,
So steigt ihr nicht zum Seegestad.
Selbst das kennen sie wohl, was mit den Fluten deckt
Des Meeres dunkelstes Versteck,
Wo die Woge im Schoß schimmernde Perlen birgt,
Woher der rote Purpur stammt.
Auch das Meeresgestad kennt ihr, wo zarter Fisch
Und wo der rauhe Seestern wohnt.
Wo das Gut sich verbirgt, das ihr doch alle sucht,
Das ist euch Blinden unbekannt.
Was dem Sternengezelt jenseits verborgen schwebt,
Gesenkt zur Erde sucht's der Blick.
Was erwünsche ich jetzt wohl für den dumpfen Geist?
Nach Schätzen, Ehren giert er nur,
Erst wenn schwer ihn bedrückt lastend das falsche Gut,
Dann wird er wohl das wahre schaun.

Es mag nun ausreichen, bis hierher die Gestalt der lügnerischen 9.P
Glückseligkeit gezeigt zu haben; wenn du sie scharf betrachtet hast, so ist es nun an der Reihe, zu zeigen, welches die wahre ist.

In der Tat sehe ich, sagte ich, daß weder Genügen aus Besitz, noch Macht aus Herrschaft, noch Ehrwürdigkeit aus Ämtern, noch Glanz aus Ruhm, noch Freude aus Wollust herrühren kann.

Aber hast du auch die Gründe, warum dies so ist, entdeckt?

Mir scheint es, als ob ich sie wie durch einen schmalen Spalt schaue, aber ich will sie lieber von dir offener erfahren.

Und doch liegt der Grund auf der Hand. Was nämlich einfach und von Natur ungeteilt ist, das trennt der menschliche Irrtum und führt es vom Wahren und Vollkommenen hinüber zum Falschen und Unvollkommenen. Oder glaubst du, daß etwas, dem nichts mangelt, der Macht entbehre?

Keineswegs.

Richtig, denn wenn etwas in irgendeinem Punkte eine unzureichende Kraft besitzt, so ist es eben darin fremden Schutzes bedürftig.

So ist es, sagte ich.

Also ist die Natur des Selbstgenügens und der Macht ein und dieselbe.

So scheint es.

Hältst du nun das, was so beschaffen ist, für verächtlich, oder nicht vielmehr allgemeiner Verehrung im höchsten Maße für würdig?

Daran läßt sich unmöglich zweifeln.

Fügen wir also dem Selbstgenügen und der Macht die Ehrwürdigkeit hinzu und erklären, daß diese drei eines sind.

Fügen wir sie hinzu, da wir ja die Wahrheit bekennen wollen.

Und weiterhin: meinst du, daß dies dunkel und unansehnlich sei, oder von allem Glanz erhellt? Bedenke, daß das, was zugestandener Weise nichts weiter bedarf, was das Mächtigste, der Ehren Würdigste ist, wenn es des Glanzes entbehrte, den es sich selber nicht gewähren könnte, nach einer Seite hin erniedrigt schiene.

Ich muß, sprach ich, bekennen, daß dies, so wie es ist, auch das Glänzendste sein muß.

Also müssen wir folgern, daß der Glanz sich von den oben genannten drei Eigenschaften nicht unterscheidet.

Das folgt daraus, sagte ich.

Was also keines Fremden bedarf, was aus eigner Kraft alles vermag, was glänzend und ehrwürdig ist, ist das nicht zweifellos auch das Erfreulichste?

Woher sich in ein solches irgendeine Trauer einschleichen sollte, sagte ich, kann ich mir nicht einmal ausdenken; deshalb muß, falls die vorigen Sätze bestehen bleiben, auch festgestellt werden, daß es voll Freude sei.

Doch gleichzeitig bedeutet dies notwendigerweise, daß zwar die Namen Genügen, Macht, Glanz, Ehrwürdigkeit, Freude verschieden sind, ihre Substanz sich aber auf keine Weise unterscheidet.

Sicherlich, sagte ich.

Dieses also, was von Natur einfach und einheitlich ist, zertrennt die menschliche Verkehrtheit, und während sie einen Teil eines unteilbaren Dinges zu erlangen sucht, erreicht sie weder den Teil, den es nicht gibt, noch das Ganze selbst, nach dem sie ja auch gar nicht strebt.

Wie das? fragte ich.

Wer, sagte sie, auf der Flucht vor Armut Reichtum sucht, kümmert sich nicht um Macht, lieber will er im Dunkel und ohne Ansehen sein und verzichtet sogar auf viele naturgemäße Freuden, um nur nicht das Geld, das er erworben hat, zu verlieren. Aber auf diese Art wird er kein Genügen finden, er, den die Macht verläßt und Sorgen stechen, den Erniedrigung verächtlich macht, den die Dunkelheit verbirgt. Wer wiederum nur Macht wünscht, verschwendet den Reichtum, blickt verächtlich auf das Vergnügen, schätzt sogar den Ruhm, der der Macht entbehrt, für nichts. Doch du siehst, wieviel auch diesem fehlt: es ergibt sich, daß er manchmal das Notwendigste entbehrt, daß er von Angst gequält wird, und wenn er diese nicht vertreiben kann, aufhört das zu sein, was er am meisten begehrte, mächtig. Ähnliches läßt sich auch von Ehren, Ruhm und Vergnügen nachweisen; denn da auch von diesen Gütern jedes dasselbe ist wie alle übrigen, so erreicht der, welcher eines von ihnen erstrebt ohne die übrigen, nicht einmal das, was er wünscht.

Wie ist es denn, sagte ich, wenn jemand alle insgesamt und zugleich zu erlangen wünschen sollte?

Dann würde er zwar die Summe der Glückseligkeit wollen; aber würde er sie in den Dingen finden, die, wie wir gezeigt haben, das nicht erfüllen können, was sie versprechen?

Keineswegs, sagte ich.

In diesen Dingen also, von welchen man glaubt, daß sie jedes für sich eines der erstrebenswerten Güter bringen, ist die Glückseligkeit auf keine Weise zu entdecken.

Ich bekenne es, und nichts Wahreres als dies läßt sich sagen.

Du hast also, sprach sie, hiermit Gestalt und Ursachen der falschen Glückseligkeit. Lenke nun das Schauen deines Geistes nach der entgegengesetzten Seite: dort wirst du, wie wir versprochen haben, sogleich die wahre sehen.

Dies ist doch, sagte ich, selbst einem Blinden durchsichtig, und du hast sie soeben aufgewiesen, als du die Ursachen der falschen darzulegen suchtest. Denn wenn ich mich nicht täusche, ist dies die wahre und vollkommene Glückseligkeit, die bewirkt, daß der Mensch selbstgenügend, mächtig, ehrwürdig, glänzend, heiter werde. Und auf daß du erkennst, daß ich es tief begriffen habe: was Eines von ihnen, denn sie sind ja alle eins und dasselbe, in Wahrheit leisten kann, dies erkenne ich ohne Schwanken als die Fülle der Glückseligkeit.

Ja, glücklich bist du, mein Schüler, in dieser deiner Meinung, wenn du nur noch etwas hinzufügst.

Was denn? fragte ich.

Glaubst du, daß in diesen sterblichen und hinfälligen Dingen etwas liegt, was einen Zustand dieser Art herstellen könnte?

Keineswegs, antwortete ich; dies ist von dir so gezeigt worden, daß nichts weiter zu wünschen übrig bleibt.

Jene also scheinen den Sterblichen entweder Abbilder des wahren Guten oder unvollständige Güter zu geben; das wahre und vollkommene Gute aber können sie nicht verleihen.

Ich stimme zu, sagte ich.

Da du also erkannt hast, was jene wahre Glückseligkeit ist und was eine falsche Glückseligkeit vortäuscht, bleibt nun übrig, daß du erkennst, woher du diese wahre holen kannst.

Das erwarte ich schon lange sehnsüchtig, sprach ich.

Aber da man, sagte sie, wie es unser Platon im Timaios lehrt, auch bei der geringsten Angelegenheit den göttlichen Schutz anflehen soll, was glaubst du, daß nun zu tun sei, auf daß wir es verdienen, den Sitz jenes höchsten Gutes zu finden?

Wir müssen den Vater aller Dinge anrufen, denn wenn wir ihn übergehen, dürfte kein Anfang geziemend gegründet sein.

Richtig, sagte sie, und zugleich stimmte sie an:

Der du lenkest die Welt nach dauernden, festen Gesetzen, 9.C
Schöpfer des Himmels, der Erden, der du von Ewigkeit ausgehen
Hießest die Zeit, selbst nimmer bewegt, bewegend das Weltall!
Keine äußere Macht trieb dich, aus wogenden Massen
Deine Schöpfung zu formen; in dir nur trägst du des höchsten
Guten Gestalt, bist frei von Mißgunst. Das All vom Urbild
Leitest du her; die herrliche, Herrlichster selber,
Trägst du im Geiste, die Welt, und formst sie zu ähnlichem Bilde,
In der vollendeten schafft dein Befehl vollkommene Teile.
Bindest mit Zahlen die Elemente, daß Hitze und Kälte,
Regen und Dürre ihr Maß einhalten; die reinere Flamme
Nicht emporflieh, die Last nicht abwärts ziehe die Erde.
Aus der Mitte der Drei-Natur entläßt du die Seele,
Die das Weltall bewegt, hüllst sie in harmonische Glieder.
Wenn sie getrennt, ballt sie das Bewegte in zwiefache Kreise,
Kehrt sie wieder in sich zurück, umschreitet des Geistes
Tiefen sie und verwandelt nach ähnlichem Bilde den Himmel.
Auch die geringeren Wesen und Seelen aus gleichem Grunde
Führest hervor du; und die in der Höhe fügend an leichte Gefährte,
Teilst du sie aus in Himmel und Erde; nach gütgem Gesetze
Rufst sie wieder dir zugewandt mit rückführendem Feuer.

Vater, verleih meinem Geist, den himmlischen Sitz zu ersteigen,
Gib ihm zu schauen die Quelle des Guten, gib du ihm wieder
Licht des Geistes, daß er auf dich nur richte die Augen.
Scheuche die irdischen Nebel, zerstöre die wuchtenden Lasten.
Leuchte du auf mit deinem Glanz; denn du bist die Helle,
Du besel'gende Ruh den Frommen, dich schauen ist Ende,
Ursprung, Führer, Erhalter und Weg und Ende du selber.

D.P. Da du nun gesehen hast, welches die Gestalt des vollkommenen und welches die des unvollkommenen Guten ist, glaube ich, erörtern zu sollen, worin die Vollkommenheit der Glückseligkeit gegründet ist.

Hierbei glaube ich, zuerst untersuchen zu sollen, ob ein Gut solcher Art, wie du es vorher bestimmt hast, in der Wirklichkeit bestehen kann, damit uns nicht, der Wahrheit des vorliegenden Gegenstandes zuwider, ein Trugbild des Denkens täusche. Aber daß es existiert und gleichsam die Quelle aller Güter ist, läßt sich nicht leugnen. Denn alles, was unvollkommen genannt wird, ist anerkanntermaßen durch Verringerung eines Vollkommenen unvollkommen. Daher kommt es, daß, wenn in irgendeiner Gattung irgendetwas unvollkommen zu sein scheint, in dieser notwendigerweise auch etwas Vollkommenes existieren muß. Hebt man weiterhin die Vollkommenheit auf, so läßt sich nicht einmal vorstellen, woher das, was man als unvollkommen bezeichnet, entstanden sei; denn die Natur nimmt nicht ihren Ausgang vom Geringeren und Unvollkommenen; sondern vom Vollständigen und Vollkommenen ausgehend, verfällt sie bis zum Letzten und Erschöpftesten. Wenn also, wie wir kurz zuvor gezeigt haben, es eine unvollkommene Glückseligkeit in einem zerbrechlichen Guten gibt, so kann man nicht zweifeln, daß es eine feste und vollkommene gibt.

Das ist aufs sicherste und wahrste geschlossen, sagte ich.

Wo es nun wohnt, sprach sie, betrachte so. Daß Gott, der Ursprung aller Dinge, gut ist, beweist die gemeinsame Vorstellung aller Menschen. Da sich nichts Besseres als Gott ausdenken läßt, wer möchte zweifeln, daß das gut sei, über das hinaus es kein Besseres gibt? So zeigt die Vernunft, daß Gott gut ist, indem sie beweist, daß das vollkommene Gute in ihm enthalten ist. Denn wenn dem nicht so wäre, so könnte er nicht der Ursprung aller Dinge sein; es würde dann nämlich etwas, was das vollkommene Gute besitzt, vorzüglicher sein als er, und dies müßte dann als das Frühere und Ältere erscheinen; denn alles Vollendete ist ersichtlich früher als das minder Vollständige. Damit also die Überlegung nicht ins Unendliche fortgehe, muß man anerkennen, daß der höchste Gott vollständig erfüllt sei vom höchsten und vollendeten Guten. Wir haben aber festgestellt, daß das vollendete Gute auch die wahre Glückseligkeit sei; also muß notwendig in dem höchsten Gott auch die wahre Glückseligkeit gelegen sein.

Ich nehme es an, sagte ich; es gibt nichts, worin man irgendwie widersprechen könnte.

Ich bitte aber, sagte sie, sieh zu, es fest und unverletzlich zu bewahren, daß nach unserer Aussage der höchste Gott vom höchsten Guten ganz erfüllt sei.

Wie? sagte ich.

Daß du mir nicht annehmest, daß der Vater aller Dinge jenes höchste Gute, von dem er, wie wir annehmen, erfüllt ist, entweder von außen empfangen habe oder nur so von Natur besitze, als ob man die Substanz des besitzenden Gottes und der besessenen Glückseligkeit als verschieden denken könne. Denn wenn man meint, daß das Gute von außen empfangen sei, so könnte man das, was gegeben, als vorzüglicher ansehen als das, was empfangen hat. Aber wir bekennen geziemend, daß er vor allen Wesen der Hervorragendste sei. Wenn andererseits dies von Natur in ihm läge, aber dem Begriff nach von ihm verschieden wäre, wer könnte, wenn wir von Gott, dem Ursprung aller Dinge, reden, sich auch nur vorstellen, daß es jemanden gäbe, der dies Verschiedene verknüpft habe? Endlich, was von einem beliebigen Ding verschieden ist, ist eben nicht das, wovon es als verschieden erkannt wird; deshalb ist das, was vom höchsten Gut seiner eigenen Natur nach verschieden ist, nicht das höchste Gut. Dies von jenem anzunehmen, der anerkanntermaßen das Vollkommenste ist, wäre ruchlos. Überhaupt kann die Natur keines Dinges besser sein als ihr Ursprung; was also der Ursprung von allem ist, das möchte ich mit den sichersten Gründen auch als das höchste Gute seiner Substanz nach bezeichnen.

Durchaus richtig, sagte ich.

Daß aber das höchste Gut die Glückseligkeit sei, ist zugestanden?

Ja, sagte ich.

Also, sprach sie, ist notwendig zu erkennen, daß Gott die Glückseligkeit selbst ist.

Ich kann den früheren Sätzen nicht widersprechen und sehe, daß sich aus ihnen diese Schlußfolgerung ableitet, sagte ich.

Beachte, ob sich nicht dasselbe von einer andern Seite noch sicherer beweisen läßt, nämlich, daß es zwei untereinander verschiedene höchste Güter nicht geben kann. Es ist nämlich klar, daß von Gütern, die voneinander abweichen, das eine nicht sein kann, was das andre ist; also kann keines von beiden vollkommen sein, wenn einem von beiden das andre fehlt; was aber nicht vollkommen ist, ist auch nicht das Höchste; also können die höchsten Güter auf keinerlei Weise voneinander verschieden sein. Wir haben jedoch geschlossen, daß sowohl die Glückseligkeit wie auch Gott höchstes Gut sind; also muß die höchste Glückseligkeit dasselbe sein wie die höchste Gottheit.

Nichts, sagte ich, kann der Sache nach wahrer, der Beweisführung nach zuverlässiger und Gottes würdiger ausgesagt werden.

Überdies, sprach sie, wie die Geometer nach dem Beweis ihrer Lehrsätze etwas beizubringen pflegen, was sie selber Porismata (Beisteuer) nennen, so will auch ich dir gewissermaßen ein Corollarium (Zugabe) reichen. Da die Menschen nämlich durch Erlangen der Glückseligkeit glückselig werden, die Glückseligkeit aber die Gottheit selber ist, so ist klar, daß sie durch Erlangen der Gottheit glückselig werden; so wie aber durch das Erlangen der Gerechtigkeit Gerechte, durch dasjenige der Weisheit Weise werden, so müssen aus ähnlichem Grunde diejenigen, die die Gottheit erlangt haben, Götter werden. Jeder Glückselige also ist Gott. Von Natur gibt es allerdings nur einen einzigen; doch nichts hindert, daß es durch Teilnahme so viele wie möglich gibt.

Das ist schön, sagte ich, das ist köstlich, magst du es nun Porisma oder Corollar nennen.

Und doch ist nichts schöner, als was die Vernunft uns hiermit zu verknüpfen empfiehlt.

Was? sprach ich.

Da die Glückseligkeit offenbar vieles enthält, verbindet sich dann alles gewissermaßen zu Einem Körper der Glückseligkeit bei einer gewissen Mannigfaltigkeit der Teile, oder gibt es etwas unter diesen Dingen, was für sich allein die Substanz der Glückseligkeit ausmacht und worauf sich alles übrige bezieht?

Ich wünschte, sagte ich, daß du dies durch Vergegenwärtigung der Sache selbst klarmachst.

Nehmen wir nicht an, daß die Glückseligkeit ein Gut sei?

Und zwar das höchste, erwiderte ich.

Dies kannst du zu allem hinzufügen, sagte sie. Denn die Glückseligkeit ist auch höchste Selbstgenügsamkeit, und ebenso ist sie als höchste Macht, Ehrwürdigkeit, als höchster Glanz und höchste Lust zu bezeichnen.

Was also, sind nun alle diese: Selbstgenügen, Macht und die übrigen, gewissermaßen Glieder der Glückseligkeit, oder bezieht sich alles auf das Gute wie auf einen Scheitelpunkt?

Ich verstehe zwar, sprach ich, was du zur Erörterung vorschlägst, aber ich wünsche zu hören, wie du entscheidest.

Vernimm die Entscheidung so: Wenn dies alles Glieder der Glückseligkeit wären, so würden sie auch untereinander verschieden sein. Denn dies ist die Natur der Teile, daß sie in ihrer Verschiedenheit einen Körper zusammensetzen. Indessen ist gezeigt worden, daß alles dies ein und dasselbe ist; also sind sie keineswegs Glieder; sonst würde die Glückseligkeit aus einem einzigen Gliede zusammengesetzt erscheinen, was unmöglich ist.

Dies ist unzweifelhaft, sprach ich, aber ich warte auf das, was übrigbleibt.

Offenbar also bezieht sich alles übrige auf das Gute. Deshalb wird nämlich das Genügen erstrebt, weil es als das Gute begriffen wird, deshalb die Macht, weil auch sie für das Gute gehalten wird, dasselbe läßt sich von Ehrwürdigkeit, Glanz, Ergötzlichkeit behaupten. Also ist die Summe und die Ursache alles Erstrebenswerten das Gute. Was aber weder der Sache noch der Ähnlichkeit nach irgendein Gutes in sich enthält, kann man auf keine Weise erstreben. Andrerseits wird auch, was von Natur nicht gut ist, erstrebt, wenn es nur scheint, daß es wahrhaftig gut sei. So kommt es, daß man mit Recht glaubt, daß das Gutsein Summe, Angelpunkt und Ursache alles Erstrebenswerten sei. Die Ursache aber, um derentwillen man etwas erstrebt, ist es, die man vor allem zu wünschen scheint; wie, wenn jemand um der Gesundheit willen reiten will, er nicht sowohl die Bewegung des Reitens als die Bewirkung der Gesundheit wünscht. Da nun alles des Guten wegen erstrebt wird, so begehren auch alle nicht so sehr jenes als vielmehr das Gute selbst. Aber daß es die Glückseligkeit sei, um derentwillen alles andre gewünscht wird, haben wir zugestanden; deshalb wird auch so betrachtet allein die Glückseligkeit gesucht, woraus klar erhellt, daß die Substanz der Glückseligkeit und des Guten eine und dieselbe ist.

Ich sehe nichts, worin dir irgend jemand widersprechen könnte.

Daß aber Gott und die wahre Glückseligkeit ein und dasselbe sind, haben wir gezeigt.

Ja, sprach ich.

Also dürfen wir unbesorgt schließen, daß auch die Substanz Gottes im Guten selbst und nicht sonstwo gelegen ist.

Kommt nun alle hierher, o kommt, Gefangne, 10.C
  Die euch trugvoll schließt in die schlimmen Ketten
Sie, die irdischen Sinn bewohnt, Begierde.
  Hier ist euch bereit eine Rast der Mühen,
Hier winkt lieblich für euch der stille Hafen,
  Offen steht euch hier alles Elends Zuflucht.
Was von goldenem Sand der Tagus spendet,
  Was vom roten Strand auch der Hermus mitführt,
Was der Indus, der nahe der heißen Zone
  Weiße Perlen mischt mit den Grün-Smaragden,
Keines schärfet den Blick, die erblindeten Geister
  Führen sie erst recht hinab in ihr Dunkel;
All das, was euch gefällt, die Sinne aufreizt,
  Nährt die Erde zutiefst in den Höhlen.
Doch der Glanz, der den Himmel lenkt und belebt,
  Flieht die Finsternis, wo die Seelen stürzen.
Wer ins Auge vermag dies Licht zu fassen,
  Wird den Lichtstrahl selbst noch der Sonne leugnen.

I.P. Ich stimme zu, sprach ich, denn alles ist durch sicherste Gründe verknüpft.

Darauf jene: Wie hoch wirst du es erst schätzen, wenn du erkannt hast, was das Gute selbst ist?

Unendlich hoch, sagte ich, wenn es mir gelingt, gleichzeitig auch Gott, der das Gute ist, zu erkennen.

Gerade dies will ich durch die untrüglichste Begründung kund tun, nur muß, was wir eben erschlossen haben, bestehen bleiben.

Es wird bleiben.

Haben wir nicht, sprach sie, gezeigt, daß das, was die meisten erstreben, deshalb nicht wahre und vollkommene Güter sind, weil diese Dinge wechselweise von einander unterschieden sind, und daß sie ein volles und vollkommenes Gutes nicht herbeizuschaffen vermögen, da immer dem einen fehlt, was das andere besitzt? Daß aber das wahre Gute dann entstehe, wenn sie sich gewissermaßen zu einer einzigen Form und Wirksamkeit sammeln, so daß, wo Genügen ist, auch zugleich Macht, Ehre, Glanz und Freude ist, und daß alle diese Dinge nur dann unter das Erstrebenswerte gezählt werden dürfen, wenn alles eins und dasselbe ist?

Es ist bewiesen, sagte ich, und kann auf keine Weise bezweifelt werden.

Was also, solange es verschieden ist, keineswegs gut ist, sobald es aber eins zu werden beginnt, gut wird, wird das dann nicht gut durch das Erlangen der Einheit?

Ja, sprach ich, so scheint es.

Gibst du nun aber zu, daß alles, was gut ist, durch Teilhaben am Guten gut ist, oder nicht?

So ist es.

So mußt du auch gleicherweise zugeben, daß das Eine und das Gute dasselbe sei. Die Substanz nämlich ist dieselbe bei Dingen, deren Wirkung von Natur nicht verschieden ist.

Das kann ich nicht leugnen, sagte ich.

Weißt du nun, daß alles, was ist, solange bleibt und besteht, als es eines ist, dagegen sofort untergeht und sich auflöst, sobald es aufhört eines zu sein?

Auf welche Weise?

Wie bei den Lebewesen, sagte sie; wenn Seele und Körper zu Einem zusammenkommen und darin verharren, so heißt dies ein Lebewesen. Wenn sich aber diese Einheit durch Trennung beider löst, so ist klar, daß das Lebewesen untergeht und nicht mehr besteht. Auch unser Körper selbst wird, solange er durch die Fügung der Glieder in Einer Form verharrt, als menschliche Erscheinung betrachtet. Aber wenn die Teile des Körpers getrennt und gesondert die Einheit zerrissen haben, hört er auf zu sein, was er war. Wer auf diese Weise auch das übrige durchgeht, dem wird sich ohne Zweifel ergeben, daß ein jegliches besteht, solange es eine Einheit ist, aber untergeht, wenn es dies zu sein aufhört.

Je mehr ich dies erwäge, scheint es mir keineswegs anders zu sein.

Gibt es nun irgendein Wesen, fragte sie, das, soweit es naturgemäß handelt, den Trieb zum Bestehen aufgibt und zu Untergang und Zerfall zu gelangen wünscht?

Wenn ich die Lebewesen betrachte, sagte ich, die irgendeine natürliche Anlage zum Wollen und Nichtwollen besitzen, so entdecke ich nichts, weshalb sie ohne äußeren Zwang den Trieb zu beharren wegwerfen und sich freiwillig zum Untergang drängen sollten. Denn jedes Lebewesen bemüht sich, sich selbst zu erhalten, Tod und Verderben aber zu vermeiden. Aber ich zweifle, ob ich dasselbe auch für Kräuter und Bäume und schließlich für die Gesamtheit der unbeseelten Dinge annehmen soll.

Und doch brauchst du auch daran nicht zu zweifeln, da du siehst, wie zunächst Kräuter und Bäume an den für sie passenden Orten wachsen, wo sie, soweit es ihre Natur zuläßt, nicht rasch vertrocknen und verkommen können. Denn die einen wachsen in Feldern, andre auf Bergen, jene stehen in Sümpfen, andre klammern sich an Felsen, dürrer Sand ist für diese der Nährboden, und wenn man sie an andre Plätze zu verpflanzen sucht, so verdorren sie. So gibt die Natur einem jeden, was ihm zuträglich ist, und bemüht sich, daß es nicht untergehe, solange es zu dauern vermag. Saugen nicht alle Gewächse, als ob sie ihren Mund in die Erde gesenkt hätten, mit den Wurzeln ihre Nahrung ein und verteilen sie durch Mark, Holz und Rinde? Ist nicht stets das Weichste, wie etwa das Mark, im Innern verborgen, stellt sich nicht weiter draußen das feste Holz, am äußersten Rande aber die Rinde wie eine ausdauernde Verteidigung gegen die Unbilden der Witterung dar? Wie groß ist ferner die Sorgsamkeit der Natur, daß sich alles durch vervielfältigten Samen fortpflanze. Wer wüßte nicht, daß dies alles wie eine Maschine ist, die nicht nur zur Erhaltung für einige Zeit, sondern auch zur Erhaltung der Gattung gewissermaßen auf die Dauer wirkt?

Wünschen aber nicht sogar die Dinge, die für unbelebt gehalten werden, nach demselben Prinzip jedes das Seine? Warum trägt die Flamme ihre Leichtigkeit aufwärts, drückt die Erde ihr Gewicht abwärts, wenn nicht, weil einem jeden eben dieser Platz, diese Bewegung angemessen wäre? Ferner: was mit einem jeden übereinstimmt, das verleiht ihm auch Dauer, ebenso wie das, was ihm feindlich ist, es zerstört. Was hart ist wie Stein, das hängt in seinen Teilen zähe zusammen und widersteht einer leichten Auflösung. Was aber flüssig ist wie Luft und Wasser, gibt leicht der Teilung nach, gleitet aber auch wiederum leicht in das, wovon es getrennt wurde, zurück. Das Feuer wiederum entzieht sich jeder Trennung.

Dabei handeln wir jetzt nicht von der freiwilligen Bewegung der erkennenden Seele, sondern von dem Drange der Natur.

Dahin gehört, daß man die aufgenommene Speise verdaut, ohne daran zu denken, im Schlafe ohne Bewußtsein atmet; denn die Liebe zum Beharren entspringt sogar bei den Lebewesen nicht den Willensregungen der Seele, sondern den Grundlagen der Natur. Denn der Wille heißt oft aus zwingenden Gründen den Tod willkommen, vor dem die Natur zurückschaudert, und umgekehrt hemmt er zuweilen das, wodurch allein die Dauer sterblicher Dinge währt, das Werk der Zeugung, nach dem doch die Natur immer begehrt. So sehr geht die Liebe zu sich selbst nicht aus seelischer Regung, sondern aus dem Drang der Natur hervor. Denn die Vorsehung hat den von ihr geschaffenen Dingen diese oberste Ursache des Beharrens gegeben, daß sie, soweit sie es können, von Natur aus zu beharren begehren; daher ist keinerlei Grund zum Zweifel gegeben, daß alles, was ist, von Natur die Beständigkeit im Beharren erstrebt und die Vernichtung meidet.

Ich bekenne, sagte ich, daß ich jetzt unbezweifelt durchschaue, was mir erst ungewiß schien.

Was aber, sprach sie, zu bestehn und zu beharren begehrt, das wünscht eine Einheit zu sein; denn wenn diese aufgehoben ist, kann auch kein Dasein Bestand haben.

Das ist wahr, sagte ich.

Alles wünscht also die Einheit?

In der Tat.

Aber daß die Einheit dasselbe ist wie das Gute, haben wir gezeigt.

Ja.

Also strebt alles nach dem Guten, was man auch so umschreiben kann: es ist das Gute selbst, was von allen begehrt wird.

Nichts Wahreres läßt sich ausdenken, sagte ich. Denn entweder wird sich alles auf kein Eines beziehn und, gewissermaßen des einigenden Gipfels beraubt, ohne Lenker hin und her fluten, oder wenn es etwas gibt, wohin die Gesamtheit drängt, so wird dies das höchste aller Güter sein.

Und jene sprach: Ich freue mich gar sehr, mein Zögling, denn du hast deinem Geist das Kennzeichen des Kernes der Wahrheit eingeprägt. Aber hierin wurde dir offenbar, was du noch vor kurzem nicht zu wissen behauptetest.

Was? fragte ich.

Was das Endziel aller Dinge sei. Denn wahrhaftig, es ist das, was von allen gewünscht wird, und weil wir geschlossen haben, daß dies das Gute sei, müssen wir nun auch anerkennen, daß das Gute das Ziel aller Dinge ist.

1.C. Wer tiefen Sinnes auf der Wahrheit Spuren geht,
Wer nie auf falschen Wegen straucheln mag,
Der wende zu sich selbst des inneren Blickes Licht,
Den weiten Bogen zwingend, schließe er den Kreis;
Er lehre seinen Geist: was draußen er gesucht,
Besitzt er längst beschlossen in ureignem Schatz;
Was ihm des Irrtums schwarze Wolke lang verdeckt,
Wird heller leuchten als selbst Phoebus' Strahl.
Nicht alles Licht vertrieb der Leib, als er den Geist
Im Stoffe, dem vergessenbringenden, begrub;
In seinem Innern schläft der Wahrheit Samenkorn,
Und von der Lehre angefacht, sprießt es hervor.
Wie gäbt, befragt, ihr rechte Antwort aus euch selbst,
Wenn nicht der Funke lebte, tief ins Herz gesenkt?
Drum wenn des Platon Muse echte Wahrheit singt,
Erinnert jeder unbewußt sich, was er lernt.

2.P. Darauf sagte ich: Platon stimme ich nachdrücklich zu; denn hieran erinnerst du mich schon zum zweiten Male: zuerst, als ich durch den verderblichen Einfluß des Körpers, dann, als ich, von der Last des Kummers niedergedrückt, die Erinnerung verloren hatte.

Darauf sprach jene: Wenn du auf schon früher Zugestandenes zurückblickst, wird es dir auch nicht fern liegen, dich zu erinnern, was du damals nicht zu wissen bekanntest.

Was? sagte ich.

Von welchem Steuer, sagte sie, die Welt gelenkt wird.

Ich erinnere mich, erwiderte ich, daß ich meine Unwissenheit bekannt habe; aber wenn ich auch voraussehe, was du anführen willst, so wünsche ich doch, es ausführlicher von dir zu hören.

Daß diese Welt, sprach sie, von Gott gelenkt werde, hieltest du vor kurzem für unzweifelhaft.

Ich glaube es auch jetzt noch und werde es niemals für bezweifelbar halten und will kurz auseinandersetzen, aus welchen Gründen ich zu dieser Ansicht komme. Diese Welt wäre niemals aus so verschiedenen und entgegengesetzten Teilen zu Einer Gestalt zusammengetreten, wenn nicht Einer wäre, der so Verschiedenes verbände. Auch verbunden würde gerade die Verschiedenheit der Naturen in wechselseitiger Zwietracht sich zertrennen und zerreißen, wenn nicht Einer wäre, der zusammenhielte, was er verknüpft hat. Es könnte auch nicht die Ordnung der Natur so sicher voranschreiten und die so wohlgegliederten Bewegungen nach Ort, Zeit, Wirkung, Raum, Eigenschaft entwickeln, wenn nicht Einer wäre, der, selbst beharrend, diese Mannigfaltigkeit der Verwandlungen anordnete. Was es auch sei, wodurch das Geschaffene dauert und sich bewegt, ich nenne es mit dem allgebräuchlichen Namen: Gott.

Darauf sprach jene: Wenn du davon so überzeugt bist, so bleibt mir, glaube ich, nur noch geringe Mühe, daß du, der Glückseligkeit teilhaftig, wohlbehalten dein Vaterland wiedersiehst. Aber laß uns betrachten, was wir behauptet haben. Haben wir nicht zur Glückseligkeit das Selbstgenügen gerechnet und sind wir nicht übereingekommen, daß Gott die Glückseligkeit selber sei?

Gewiß, sprach ich.

Zur Lenkung der Welt, sagte sie, wird er also keiner Stützen von außen her bedürfen; sonst würde er, wenn er einer bedürfte, kein volles Selbstgenügen besitzen.

Das ist notwendig so, sagte ich.

Also ordnet er alles durch sich allein?

Das läßt sich nicht leugnen, sagte ich.

Doch Gott ist als das Gute selbst erwiesen worden.

Ich erinnere mich, sagte ich.

Also ordnet er alles durch das Gute, da er ja durch sich alles lenkt und wir darin einig waren, daß er das Gute sei; er ist wie Steuer und Ruder, durch die die Weltmaschine fest und unzerstört erhalten wird.

Ich stimme dir mit voller Kraft bei, sagte ich, und habe schon eben, freilich nur mit schwacher Vermutung, vorausgesehen, daß du das sagen würdest.

Ich glaube es, sprach sie; denn ich meine, du richtest die Augen schon wachsamer auf das Erkennen der Wahrheit; aber was ich jetzt sagen will, liegt dem Blick nicht weniger offen.

Was? sagte ich.

Wenn Gott, sprach sie, alles, wie man mit Recht glaubt, durch das Steuerruder der Güte lenkt und wenn, wie ich gelehrt habe, ebenso alle Wesen aus natürlichem Trieb zum Guten eilen, kann man dann zweifeln, daß es sich freiwillig lenken lasse und sich, dem Winke des Ordners gewissermaßen entgegenkommend und auf ihn abgestimmt, dem Lenker freiwillig zuwende?

Ja, sagte ich, so ist es notwendigerweise; es würde keine glückselige Herrschaft scheinen, wenn sie ein Joch für Widerstrebende wäre und nicht das Heil für Gehorchende.

Also gibt es nichts, was, wenn es seine Natur bewahrt, Gott zuwider zu sein versuchte?

Nichts, sagte ich.

Wenn es dies versuchte, sprach sie, würde es dann irgend etwas gegen den erreichen, der, wie wir seiner Glückseligkeit gemäß zugegeben haben, der Mächtigste ist?

Es würde ganz und gar nichts vermögen, sagte ich.

Also gibt es nichts, was diesem höchsten Gute widerstehen wollte oder könnte?

Ich glaube nicht, sprach ich.

Es ist also das höchste Gute, was alles kräftig lenkt und sanft ordnet.

Darauf ich: Wie mich nicht nur das Ergebnis deiner Gründe, sondern noch weit mehr die Worte selbst, die du gebrauchst, ergötzen, so daß doch endlich einmal die Torheit, die das Große zerreißt, sich ihrer selbst schämt.

Du hast bei den Dichtern gelesen, wie die Giganten den Himmel herausforderten; aber auch mit ihnen ist nach Verdienst die gütige Gewalt fertig geworden. Aber willst du, daß wir die Gründe für und wider aufeinander prallen lassen? Vielleicht mag aus solchem Streit ein schöner Funke der Wahrheit hervorspringen.

Nach deinem Gutdünken, sprach ich.

Niemand, sagte sie, wird bezweifeln, daß Gott allmächtig ist.

Wenigstens wer, sagte ich, seinen Verstand zusammennimmt, wird dies sicher nicht tun.

Und für den Allmächtigen, sagte sie, gibt es nichts, was er nicht könnte.

Nichts, sagte ich.

Kann also Gott das Böse tun?

Keineswegs, sagte ich.

Das Böse ist also nichts, wenn der es nicht tun kann, der nichts nicht kann.

Spielst du mit mir, sagte ich, und webst ein unentwirrbares Labyrinth von Begründungen, indem du bald eingehst, wo du ausgehen solltest, bald ausgehst, wo du hättest eingehen sollen, oder flichst du einen wunderbaren Kreis göttlicher Einfachheit? Denn kurz zuvor sagtest du, ausgehend von der Glückseligkeit, sie sei das höchste Gut, und bemerktest, daß sie im höchsten Gott gelegen sei. Auch wiesest du nach, daß Gott selbst das höchste Gut und die volle Glückseligkeit sei, und daraus gabst du mir wie ein kleines Geschenk, daß niemand glückselig sein werde, als wer in gleicher Weise Gott sei. Wiederum erklärtest du, daß die Form des Guten selbst die Substanz Gottes und der Glückseligkeit sei; du lehrtest auch, daß die Einheit selbst das Gute selbst sei, das von der ganzen Natur erstrebt werde. Auch legtest du dar, daß Gott durch das Steuer der Güte das All lenke, daß alles freiwillig gehorche und daß es keine Natur des Bösen gebe. Und dies alles entwickeltest du nicht mit von außen hergeholten Beweisen, sondern mit ihm eingepflanzten, ureigenen, deren einer aus dem anderen seine Glaubwürdigkeit herleitete.

Darauf sagte jene: Keineswegs spielen wir; wir haben mit der Hilfe Gottes, die wir zuerst erflehten, die größte von allen Aufgaben vollbracht. Denn dies ist die Form der göttlichen Substanz, daß sie weder in die Außenwelt zerfließt, noch in sich selbst etwas von der Außenwelt aufnimmt, sondern, wie Parmenides von ihr sagt, «überall gleich der Masse der wohlgerundeten Kugel», den beweglichen Kreis der Dinge rollt, während sie selbst unbeweglich verharrt. Wenn nun die Beweisgründe, die wir angeführt haben, nicht von außen geholt, sondern im Umkreis des behandelten Gegenstandes selbst gelegen sind, so ist kein Anlaß zur Verwunderung vorhanden, da du doch unter Billigung Platons gelernt hast, daß die Reden mit den Dingen, von denen sie handeln, verwandt sein müssen.

.C. Glücklich er, der den lichten Quell
Alles Guten zu schaun vermag.
Glücklich er, der der Fesseln Last,

Die zur Erde ihn ketten, sprengt.
Einst beweinte der Gattin Tod
Thrakiens Sänger mit schmerzvollem Laut:
Seines klagenden Liedes Zwang
Folgt' der Wald, und der wilde Strom
Hielt erstarrend die Welle auf;
Mutig legt' sich die Hinde dicht
An die Seite des wilden Leus;
Nicht mehr fürchtet' der Hase den Hund,
Den er vom Sange besänftigt sah.
Doch nur flammender sengte die Glut
Ihm die Brust und sein innres Mark;
Alles ward von dem Liede besiegt,
Nur den Sänger tröstet' es nicht,
Grausam schalt er die droben, stieg
Nieder dann zu der Unterwelt.
Schmeichelweisen entlockt auch hier
Seinen Saiten der Muse Sohn,
Was sein Lied aus dem Quell geschöpft,
Der der göttlichen Mutter lieb,
Was ohnmächtig die Klage bot,
Was die Liebe mit doppeltem Leid,
Weint er, bewegend den Taenarus,
Fleht um Gnade mit holdem Gebet
Bei den Herren der Schattenwelt.
Staunen über den neuen Sang,
Lähmt den dreifachen Wächterhund;
Nicht verfolgen den Schuldigen
Rächerinnen der Freveltat,
Fluchesgöttinnen weinen still.
Inne hält das eilende Rad,
Nicht umwirbelnd Ixions Haupt;
Tantalus, ewig vom Durste gequält,

Läßt den Fluß nun vorüberziehen,
Und der Geier, des Liedes voll,
Läßt von Tityus' Leber ab.
Endlich sagte «Wir sind besiegt»
Mitleid fühlend der Schatten Herr,
«Nehme, durch den Gesang erkauft,
Seine Gattin der Gatte hin.
Aber Eines die Gabe beschränkt:
Eh du trittst aus dem Tartarus,
Wende nimmer den Blick zurück!»
Was gilt Liebenden ein Gesetz?
Liebe ist sich höchstes Gesetz.
Wehe! Dicht an der Grenze der Nacht
Sucht' Eurydiken Orpheus' Blick,
Suchte, verlor sie, verging dabei.
Diese Fabel, sie gilt für euch,
Die ihr aufwärts zum höchsten Tag
Euren Geist zu geleiten strebt.
Wer zur Höhle des Tartarus
Seine Blicke hinunter beugt,
Was er Köstliches mit sich führt,
Schwindet, sieht er die Schattenwelt.

VIERTES BUCH

I.P. Als dies die Philosophie, ohne die Würde des Antlitzes und den Ernst des Ausdrucks zu verlieren, sanft und süß gesungen hatte, unterbrach ich, der ich noch nicht den tief wurzelnden Kummer vergessen hatte, sie in ihrer Absicht, noch etwas hinzuzufügen. Oh, rief ich, du Geleiterin zum wahren Lichte, alles, was deine Rede bisher ausströmte, hat sich mir sowohl durch seine Betrachtung als göttlich wie auch durch deine Gründe als unbesiegbar erwiesen; und wenn ich es auch kürzlich aus Schmerz über das Unrecht vergessen hatte, so hast du mir doch keineswegs Dinge gesagt, die mir früher gänzlich unbekannt gewesen wären. Aber dies eben ist die höchste Ursache unseres Kummers, daß, während doch ein guter Lenker der Welt existiert, das Böse überhaupt sein kann und auch unbestraft hingeht. Wie sehr man schon hierüber sich verwundern muß, das siehst du doch selbst. Aber hiermit verbindet sich noch etwas Wichtigeres. Denn während die Schlechtigkeit herrscht und blüht, entbehrt die Tugend nicht nur der Belohnung, sondern wird auch von den Frevlern mit Füßen getreten und büßt an ihrer Stelle Untaten mit dem Tode. Daß dies im Reiche des allwissenden und allmächtigen und nur das Gute wollenden Gottes geschieht, darüber kann sich niemand genug wundern und beklagen.

Darauf sprach jene: Ja, es wäre Anlaß zu unbegrenztem Erstaunen, es wäre schauderhafter als alle Ungeheuer, wenn, wie du meinst, im wohlgeordneten Haushalt des vollkommensten Hausherrn gewissermaßen die billigen Gefäße gepflegt, die kostbaren beschmutzt würden; aber so ist es nicht. Denn wenn wir das, was soeben erschlossen wurde, unerschütterlich festhalten, dann wirst du gerade mit Hilfe dessen, über dessen Reich wir jetzt reden, erkennen, daß die Guten immer die Mächtigen, die Schlechten aber immer die Verworfenen und Schwachen sind, daß niemals die Laster ohne Strafen, die Tugenden ohne Lohn bleiben, daß den Guten immer das Glück, den Schlechten das Unglück zuteil wird, und noch vieles derart, was deine Klagen beschwichtigen und dich mit Sicherheit und Festigkeit stärken mag. Und da du ja schon die Gestalt der wahren Glückseligkeit, wie ich sie zeigte, gesehen und auch erkannt hast, worin sie gelegen ist, so will ich jetzt, nachdem du alles, was ich vorauszuschicken für nötig halte, durchlaufen hast, dir den Weg zeigen, der dich in die Heimat zurückführen soll. Auch will ich deinem Geist Fittiche verleihen, auf denen er sich in die Höhe wird schwingen können, auf daß du, nachdem deine Geistesverwirrung vertrieben ist, heil ins Vaterland zurückkehrst unter meiner Führung, auf meinem Pfade, mit meinem Gefährt.

Flüchtige Schwingen sind mir zu eigen, I.C
Sie tragen dich zum höchsten Pol;
Wenn hurtig der Geist sich mit ihnen umgürtet,
Läßt er verachtend die Erde hier,
Dringt durch der Lüfte unmeßbare Zonen,
Bis er die Wolken rücklings sieht,
Steigt dann auf durch den Scheitel des Feuers,
Der durch den Schwung des Äthers glüht,
Steigt schließlich auf zu den Sternenhäusern
Und gesellt sich des Phoebus Bahn
Oder begleitet den Greis, den kalten,
Des funkelnden Gestirns Soldat,
Was immer schmückt die leuchtenden Nächte,
Durchwandelt er im Sternenkreis.
Aber ist er gesättigt vom Schauen,
Läßt er den fernsten Pol zurück,

Ruht auf dem Rücken des schnellen Äthers,
Genießt des hehren ewigen Lichts.
Hier trägt das Zepter der Könige Herrscher
Und hält den Weltenkreis im Zaum,
Reglos lenkt den geflügelten Wagen
Der funkelnde Regent der Welt.
Führt dich der Weg hieher zurück
– Jetzt suchst du ihn nur unbewußt –,
Sprichst dann: Wieder erkenn ich die Heimat,
Hier stamm ich her, hier steh mein Fuß.
Aber verlockt es dich, niederzuschauen
Zur Nacht der Erde, die du flohst,
Siehst ohne Heimat die finstern Tyrannen,
Die armer Völker Schrecken sind.

2.P. Darauf sprach ich: Ha! Wie du doch Großes versprichst. Und ich zweifle nicht, daß du es vollbringen kannst; halte mich nur nicht hin, nachdem du mich so begierig gemacht hast.

Zuerst also, sprach sie, magst du erkennen, daß bei den Guten immer Macht ist, die Schlechten jedoch von aller Kraft verlassen sind. Das eine folgt aus dem andern. Denn da schlecht und gut Gegensätze sind, so folgt die Schwäche des Schlechten, sobald feststeht, daß das Gute das Mächtige ist; und wenn die Gebrechlichkeit des Schlechten erhellt, so ist damit die Festigkeit des Guten klar. Aber damit die Zuverlässigkeit unseres Satzes noch reichlicher begründet sei, so will ich auf beiden Wegen vorgehn und bald von dieser, bald von jener Seite her meine Behauptung bekräftigen.

Auf zweierlei beruht alle Wirkung menschlicher Handlungen, auf Wille und Macht; wenn eins von beiden fehlt, kann sich nichts entfalten. Fehlt der Wille, so tritt der Mensch nicht einmal an das heran, was er nicht will, fehlt das Vermögen, so ist der Wille umsonst. Wenn du demnach jemand willens siehst, etwas zu erlangen, was er in keiner Weise zu erlangen vermag, so kannst du nicht daran zweifeln, daß ihm die Kraft fehlte, das Gewollte zu erreichen.

Dies ist einleuchtend, sagte ich, und kann auf keine Weise geleugnet werden.

Wenn du aber siehst, daß jemand ausgeführt hat, was er gewollt hat, wirst du zweifeln, daß er es auch gekonnt habe?

Keineswegs.

Was aber einer kann, darin ist er für stark, was er nicht kann, darin ist er für schwach zu halten.

Ich gebe es zu, sagte ich.

Erinnerst du dich nun, wie frühere Beweise ergeben haben, daß alle Absicht des menschlichen Willens, die sich in verschiedenen Bestrebungen äußert, nur nach Glückseligkeit hindrängt?

Ich erinnere mich, sprach ich, daß auch dies bewiesen worden ist.

Erinnerst du dich, daß die Glückseligkeit das Gute selber ist und daß auf solche Weise alle das Gute ersehnen, wenn sie nach Glückseligkeit streben?

Daran brauche ich mich nicht zu erinnern, das halte ich im Gedächtnis fest eingeprägt.

Alle Menschen also, sprach sie, gleichmäßig Gute und Böse, trachten in ununterschiedener Anspannung zum Guten zu gelangen?

So ist es folgerichtig, sprach ich.

Gewiß ist aber, daß sie durch Erlangen des Guten gut werden?

Gewiß.

Also erlangen die Guten, was sie erstreben?

So scheint es.

Und die Schlechten könnten nicht schlecht sein, wenn sie das Gute, das sie erstreben, erlangten.

So ist es.

Da also beide nach dem Guten streben, aber nur die Guten es erlangen, die anderen aber durchaus nicht, so ist es nicht zweifelhaft, daß die Guten mächtig sind, die Bösen aber schwach.

Wer da zweifelt, sprach ich, kann weder das Wesen der Dinge noch die Folgerichtigkeit der Schlüsse beurteilen.

Wiederum, sprach sie, wenn zwei denselben der Natur gemäßen Vorsatz haben und der eine ihn mit naturgemäßen Mitteln verfolgt und erreicht, der andere jedoch sich jener naturgemäßen Mittel überhaupt nicht zu bedienen weiß und auf andere Weise, als der Natur zukommt, seinen Vorsatz zwar nicht erfüllt, aber den Erfüllenden immerhin nachahmt, welchem von diesen beiden sprichst du die größere Kraft zu?

Ich vermute zwar, was du willst, wünsche aber, es noch ausführlicher zu hören.

Du wirst nicht leugnen, daß die Bewegung des Gehens den Menschen naturgemäß ist?

Durchaus nicht.

Und zweifelst du, daß dies die natürliche Aufgabe der Füße ist?

Auch das nicht, sagte ich.

Wenn also jemand, der auf den Füßen zu stehen vermag, geht und ein anderer, dem dieser natürliche Dienst der Füße fehlt, sich auf die Hände stützend, zu gehen versucht, wer von ihnen kann mit Recht für stärker gehalten werden?

Vollende, sprach ich, das Weitere; denn daß der, der eine naturgegebene Aufgabe zu erfüllen vermag, stärker ist als der, welcher dies nicht vermag, bezweifelt niemand.

Aber das höchste Gut, das gleichmäßig das Ziel der Guten und Bösen ist, erstreben die Guten auf dem naturgemäßen Wege der Tugenden, die Schlechten dagegen durch mannigfache Begierden, was der natürliche Weg zum Guten nicht ist. Oder bist du anderer Ansicht?

Keineswegs, sagte ich, denn auch die Folgerung liegt auf der Hand. Notwendigerweise ergibt sich aus dem, was ich zugestanden hatte, daß die Guten stark, die Schlechten schwach sind.

Ganz richtig, sagte sie, eilst du voran, und das ist, wie die Ärzte zu hoffen pflegen, ein Zeichen, daß sich die Natur wieder aufzurichten und widerstandsfähig zu werden beginnt.

Aber da ich dich zum Verständnis völlig bereit finde, will ich noch mehr Gründe aufhäufen. Siehe zu, in welchem Umfang die Schwäche der schlechten Menschen offen liegt, da sie nicht einmal dazu gelangen können, wozu sie das natürliche Streben führt und geradezu treibt. Und wie, wenn sie nun von dieser so großen, kaum zu besiegenden Hilfe der wegweisenden Natur verlassen werden sollten? Erwäge, wie groß das Unvermögen der frevelhaften Menschen ist. Der Lohn nämlich, den sie suchen, aber nicht zu erreichen und zu erwerben vermögen, ist kein geringer oder spielerischer, sondern sie fehlen im Höchsten, dem Gipfel der Dinge; diesen Unglücklichen wird kein Erfolg zuteil in dem, wonach allein sie Tag und Nacht trachten und worin die Kraft der Guten sich auszeichnet. Denn ebenso wie du feststellen würdest, daß derjenige am kräftigsten im Gehen sei, der auf seinen Füßen bis zum äußersten Ort, über den hinaus es keinen Weg gibt, zu gelangen vermochte, so mußt du auch notwendig urteilen, daß derjenige der Mächtigste ist, welcher das Ziel allen Strebens, über das hinaus es nichts gibt, erreicht. Im Gegensatz hierzu folgt nun, daß die Frevler gerade diejenigen sind, die von aller Kraft verlassen zu sein scheinen.

Denn warum lassen sie die Tugend und folgen den Lastern? Aus Unkenntnis des Guten? Aber was gibt es Kraftloseres als die Blindheit der Unwissenheit? Oder kennen sie das Befolgenswerte, aber die Begierde wirft sie aus der Bahn? Auch so sind sie gebrechlich aus Zügellosigkeit, da sie gegen das Laster nicht ankämpfen können. Oder lassen sie wissentlich und willentlich das Gute im Stich und biegen ab zum Laster? Aber auf die Weise hören sie nicht nur auf, mächtig zu sein, sondern überhaupt zu sein. Denn wer das gemeinsame Ziel alles dessen, was ist, verläßt, hört gleichzeitig selbst auf zu sein.

Die Behauptung könnte vielleicht seltsam erscheinen, daß die Schlechten, die ja die Mehrzahl der Menschen bilden, überhaupt nicht sind; dennoch verhält es sich so. Denn daß die Schlechten schlecht sind, bestreite ich nicht, aber daß sie eigentlich und schlechthin sind, leugne ich. Denn wie man wohl eine Leiche einen toten Menschen, nicht aber einen Menschen schlechthin nennen kann, so will ich zugeben, daß die Lasterhaften zwar schlecht sind, aber daß sie an und für sich sind, kann ich nicht bejahen. Denn nur dasjenige ist, was an seiner Ordnung festhält und seine Natur bewahrt; was von dieser abfällt, gibt auch das Sein, das in seiner Natur begründet ist, auf. Aber die Schlechten, wirst du sagen, vermögen doch. Das will auch ich nicht leugnen, aber dieses ihr Vermögen rührt nicht von der Kraft, sondern von der Schwäche her. Sie vermögen nämlich das Schlechte, was sie gerade nicht vermöchten, wenn sie in der Wirkungskraft des Guten hätten bleiben können. Und dieses ihnen zugegebene Vermögen zeigt nur einleuchtender, daß sie nichts vermögen; denn wenn, wie wir vor kurzem geschlossen haben, das Schlechte nichts ist, so ist klar, daß die Bösen nichts können, wenn sie nur das Schlechte können.

Das ist klar.

Und damit du begreifst, was die Kraft dieses Vermögens sei, so haben wir vor kurzem abgrenzend festgestellt, daß nichts mächtiger sei als das höchste Gut.

So ist es, sagte ich.

Eben dieses aber, sagte sie, kann nicht das Schlechte tun.

Nein.

Gibt es jemand, der glaubt, daß die Menschen alles können?

Niemand, er müßte denn wahnsinnig sein.

Gleichwohl können eben diese das Schlechte.

Oh, daß sie es doch, sagte ich, nicht könnten!

Wenn also der, der nur des Guten mächtig ist, alles kann, die aber, die auch des Schlechten mächtig sind, nicht alles können, so ist offenbar, daß eben die, welche das Schlechte können, weniger vermögen. Hierzu kommt unser Beweis, daß alle Macht zum Erstrebenswerten zu zählen ist und alles Erstrebenswerte sich auf das Gute wie auf einen Gipfel seiner Natur bezieht. Aber die Möglichkeit, einen Frevel zu begehen, kann sich nicht auf das Gute beziehen, ist also nicht erstrebenswert. Gleichwohl ist alle Macht erstrebenswert; daraus folgt, daß die Möglichkeit zum Schlechten nicht Macht ist.

Aus allem diesem erhellt die Macht der Guten und die unzweifelhafte Schwäche der Schlechten. Es zeigt sich die Wahrheit jenes Satzes Platons: daß nur die Weisen tun können, was sie wollen, die Bösen hingegen zwar verüben, was ihnen beliebt, aber das, was sie wünschen, nicht erfüllen können. Denn sie tun Beliebiges, indem sie glauben, durch das, woran sie sich ergötzen, jenes Gut, das sie ersehnen, erreichen zu können; aber sie erreichen es keineswegs, weil zur Glückseligkeit Übeltaten nicht gelangen.

Die du siehst auf hohem Throne, stolze Könige, sitzen, 2.C
Strahlend, purpurglänzend, starrend rings von finsteren Waffen,
Drohend mit verzerrtem Antlitz, wutvoll schaubend im Herzen:
Zög' man aber ab den Stolzen all den nichtigen Aufputz,
Säh man, wie im tiefsten Innern enge Ketten der Herr trägt.
Denn dort gießt Begier, die wilde, scharfes Gift in die Herzen,
Dort peitscht jäher Zorn die Geister, stürmisch Fluten erregend,
Trauer müdet bald Gefangene, bald quält schlüpfrige Hoffnung.

Siehst du, wie in einem Haupte viel Tyrannen sich bergen,
Was er wünscht, kann der nicht tun, den harte Herren bedrängen.

3.P. Siehst du nun, in welchem Schmutz die Schande sich wälzt, in welchem Licht die Redlichkeit leuchtet? So ist es offenkundig, daß dem Guten niemals sein Lohn, dem Verbrechen niemals seine Strafe fehlt. Denn nicht mit Unrecht kann man das Ding, um dessentwillen jegliches vollbracht wird, als den Lohn dessen, was vollbracht wird, ansehen, wie dem Läufer in der Rennbahn der Kranz, um dessentwillen er läuft, als Belohnung winkt. Daß aber die Glückseligkeit eben jenes Gut ist, um dessentwillen alles vollbracht wird, haben wir gezeigt. Es ist also den menschlichen Handlungen das Gute selbst gewissermaßen als gemeinsamer Lohn zum Ziel gesetzt, doch läßt es sich von den Guten nicht trennen; denn derjenige wird nicht mehr mit Recht gut heißen, dem das Gute mangelt, weshalb einem redlichen Charakter auch sein Lohn nicht fehlt. Wie sehr also auch die Schlechten toben, dem Weisen wird sein Kranz nicht herabfallen noch welken; denn fremde Bosheit entwendet edlen Seelen nicht ihre eigene Zier. Wenn er sich aber über äußere Zier freuen sollte, so könnte diese ein andrer oder sogar der Geber selbst wieder fortnehmen. Aber seine Redlichkeit bringt einem jeden seine Zier, und so wird er seines Lohnes nur entbehren, wenn er aufhört, redlich zu sein. Wenn schließlich aller Lohn nur deshalb erstrebt wird, weil er für gut gehalten wird, wer möchte den, der das Gute besitzt, des Lohnes bar erklären?

Aber welches Lohnes? Unter allen des schönsten und größten. Erinnere dich jenes Corollars, das ich vor kurzem als besonders wichtig gegeben habe, und schließe so: Wenn das Gute selbst die Glückseligkeit ist, so folgt, daß alle Guten eben dadurch, daß sie gut sind, glückselig sind. Die aber glückselig sind, sind anerkanntermaßen Götter. Also ist der Lohn der Guten, den keine Zeit zerbricht, den niemandes Macht mindert, niemandes Bosheit verdunkelt, Götter zu werden.

Wenn dies so ist, kann auch kein Weiser an der unentrinnbaren Strafe der Bösen zweifeln. Denn da gut und böse wie Strafe und Lohn einander entgegengesetzt sind, muß sich notwendigerweise das, was wir bei der Belohnung des Guten entstehen sehen, auf der Gegenseite bei der Bestrafung des Bösen wiederholen. Wie also den Guten die Güte selbst zur Belohnung wird, so ist den Bösen die Schlechtigkeit selbst Strafe. Keiner, der Strafe leidet, zweifelt daran, daß er ein Übel leide. Könnten also jene, wenn sie sich selber einschätzten, sich frei von Strafe glauben, – sie, die die Schlechtigkeit mit dem äußersten aller Übel nicht nur heimgesucht, sondern sogar tief durchtränkt hat?

Beachte nun von der Gegenseite des Guten aus die Strafe, die den Bösen begleitet. Daß alles Sein eines sei und das Eine selbst das Gute, hast du vor kurzem gelernt. Die Folge hiervon ist, daß alles, was ist, offenbar auch gut ist. Unter diesen Umständen hört das auf zu sein, was vom Guten abfällt; und daher rührt es, daß die Schlechten aufhören zu sein, was sie gewesen waren; daß sie aber Menschen gewesen sind, zeigt noch der übrigbleibende Schein eines menschlichen Körpers. Doch zur Bosheit verwandelt, haben sie auch die menschliche Natur verloren. Aber da über den Menschen hinaus den Menschen nur die Redlichkeit tragen kann, so stößt notwendig die Unredlichkeit diejenigen, welche sie von dem Stande des Menschen hinabgestürzt hat, unter Menschenwürdigkeit hinab. So geschieht es, daß du den nicht für einen Menschen achten kannst, den du durch Laster verwandelt siehst. Von Habgier brennt der gewalttätige Räuber fremden Gutes: Du wirst ihn den Wölfen ähnlich nennen. Bissig und ruhelos übt der seine Zunge im Zank: Du wirst ihn mit dem Hunde vergleichen.

Der Hinterlistige freut sich, heimlich durch Betrug geraubt zu haben: Dem Fuchse sei er gleichgestellt. Der knirscht im Zorne unbeherrscht: Man darf annehmen, daß der Charakter eines Löwen ihm innewohnt. Angstvoll und feige zittert der vor dem, was nicht der Furcht wert ist: Man halte ihn dem Hirsche ähnlich. Träge und stumpf starrt der vor sich hin: Er lebt eines Esels Dasein. Leichtfertig und unbeständig ändert der seine Neigungen: In nichts unterscheidet er sich von den Vögeln. In schändliche, unreine Begierden versenkt sich jener: Von den Lüsten der schmutzigen Sau wird er gefesselt. So kommt es, daß derjenige, der die Tugend verläßt, aufhört, Mensch zu sein; da er nicht zum Götterstande überzugehen vermag, verwandelt er sich zum Tier.

3.C.

Irrend trieb auf der Meeresflut
Schiff und Segel des Ithakers
Einst der Ostwind zur Insel hin,
Wo die Tochter des Sonnengotts,
Jene liebliche Göttin, haust,
Die mit listigem Zauberspruch
Ihren Gästen den Becher mischt
Und mit kräutergewaltiger Hand
Mannigfaltge Gestalten leiht:
Diesen decket des Ebers Haut,
Jenem wachsen als Berberleu
Spitze Krallen und scharfer Zahn.
Jüngst gereiht zu der Wölfe Schar
Heult der, wie er zu weinen sucht.
Jener, als indischer Tiger sanft,
Schleicht um die Häuser der Menschen herum.
Mag von mancherlei Übeln auch
Der arkadische Flügelgott
Voll Erbarmen den Führer entziehen

Dem Verderb durch die Wirtin, schon hat
Der Gefährten unselige Schar
Giftgemischten Pokal geschlürft,
Hat die Nahrung der Erde schon
Mit der Eichel der Sau vertauscht.
Nichts verbleibt ihnen unversehrt,
Stimme, Leibesgestalt entschwand,
Unverändert allein der Geist
Leidet, seufzt ob der Ungestalt.
Ach, zu leicht war der Göttin Hand,
Unvermögend das Zauberkraut;
Nur die Glieder verwandelt sie,
An den Herzen erlahmt die Macht.
Drinnen bleibet die Menschenkraft
In verborgener Burg verwahrt. –
Aber mächtiger wirkt das Gift,
Raubt den Menschen das eigene Selbst,
Schrecklich, wenn es nach innen dringt,
Unversehrt zwar den Leib beläßt,
Doch in den Wunden der Seele rast.

Darauf sprach ich: Ich sehe und gebe zu, daß nicht mit Unrecht gesagt wird, daß die Lasterhaften zwar den Schein eines menschlichen Körpers behalten, aber den Eigenschaften des Geistes nach sich in wilde Tiere verwandeln. Doch daß ihr wilder und frevelhafter Sinn zum Verderben der Guten wütet, dies hätte ihnen, so meine ich, nicht verstattet sein dürfen. 4.P.

Es ist ihnen auch nicht verstattet, sagte sie, wie an passendem Ort gezeigt werden wird; es würde vielmehr, wenn ihnen eben das genommen würde, was, wie man glaubt, ihnen freisteht, ein großer Teil der Strafe der Frevler dahinfallen. Denn so unglaublich dies vielleicht auch manchem scheinen mag: die Schlechten sind notgedrungen unglücklicher, wenn sie das, was sie begehren, erreicht haben, als wenn sie ihre Wünsche nicht erfüllen können. Denn wenn es schon elend ist, Schlechtes zu wollen, so ist es noch elender, es zu vermögen, weil ohne dies die Wirkung des elenden Willens gelähmt wäre. Da also jedes einzelne sein eigenes Elend hat, müssen diejenigen durch dreifaches Unglück bedrängt sein, bei denen du siehst, daß sie den Frevel wollen, können, vollbringen.

Ich gebe es zu, sprach ich, aber daß sie dieses Unglück schnell entbehren und die Möglichkeit, den Frevel zu vollführen, verlieren möchten, wünsche ich leidenschaftlich.

Sie werden es schneller entbehren, sagte sie, als du vielleicht willst oder als sie selber glauben. Denn nichts ist innerhalb dieser engen Lebensgrenze so spät, daß es dem Geist, vor allem einem unsterblichen, zu erwarten zu lange wäre; denn ihre große Hoffnung, ihr aufragendes Gerüst von Freveltaten wird oft durch ein plötzliches und unerwartetes Ende zerstört, das nun gerade ihrem Elend eine Schranke setzt. Denn wenn die Schlechtigkeit die Menschen elend macht, so muß der, welcher länger schlecht ist, auch notwendig länger elend sein, und ich würde sie im höchsten Grade für elend halten, wenn nicht wenigstens der Tod zuletzt ihre Bosheit beendete. Wenn wir also über das Unglück der Schlechtigkeit richtig geschlossen haben, so erhellt, daß das Elend unbegrenzt sei, dessen Ewigkeit feststeht.

Darauf ich: Ein wunderlicher Schluß, dem schwer zuzustimmen ist; aber ich erkenne, daß er mit dem früher Zugestandenen nur zu sehr übereinstimmt.

Richtig urteilst du, sagte sie; aber wer es für hart hält, einem Schluß beizutreten, der muß billigerweise entweder eine falsche Voraussetzung nachweisen oder zeigen, daß die Zusammenordnung der Vordersätze keinen zwingenden Schluß ergibt. Andernfalls gibt es, wenn man die Voraussetzungen zugestanden hat, nichts, was man über eine Schlußfolgerung anführen könnte. Denn auch das, was ich jetzt sagen werde, scheint nicht minder wunderlich, aber es folgt aus dem, was bereits angenommen ist, ebenso notwendig.

Was denn? sprach ich.

Daß die Bösen, wenn sie ihre Strafe abbüßen, glücklicher sind, als wenn sie keine Strafe der Gerechtigkeit zügelte. Und zwar meine ich in diesem Falle nicht, was hierbei vielleicht manchem in den Sinn kommt, daß schlechte Sitten durch Vergeltung gebessert und zum Rechten geführt werden durch den Schrecken der Strafe und daß dadurch den andern Menschen ein Beispiel gegeben wird, die Schuld zu vermeiden, sondern ich glaube, daß auf eine andere Weise die Bösen, wenn sie nicht bestraft werden, unglücklicher sind, auch wenn man keine Rücksicht auf Besserung und abschreckendes Beispiel nimmt.

Und was für eine Art außer diesen gäbe es? sagte ich.

Und jene: Daß die Guten glücklich, die Schlechten elend sind, haben wir doch zugestanden?

So ist es, sagte ich.

Wenn nun dem Elend eines Menschen etwas Gutes hinzugefügt wird, ist er dann nicht glücklicher als der, dessen Elend vollkommen rein und ohne Beimischung irgendeines Guten ist?

So scheint es, sagte ich.

Wenn nun diesem Elenden, der alles Gute entbehrt, zu dem, wodurch er elend ist, hinzu noch ein weiteres Übel angehängt wird, ist er nicht für weit unglücklicher zu halten als der, dessen Unglück durch einen Anteil am Guten erleichtert wird?

Wie denn nicht? sagte ich.

Aber offenbar ist es gerecht, daß die Bösen bestraft werden, und unbillig, daß sie straflos entrinnen.

Wer möchte das leugnen?

Aber nicht einmal das wird jemand leugnen, sprach sie, daß alles gut ist, was gerecht ist, dagegen schlecht, was ungerecht ist.

Es ist klar, antwortete ich.

Den Unredlichen wird also, sofern sie bestraft werden, etwas Gutes angehängt, nämlich die Strafe selbst, die unter dem Gesichtspunkte der Gerechtigkeit gut ist. Bleiben sie aber ohne Strafe, dann wohnt ihnen ein weiteres Übel inne, die Straflosigkeit selbst, die du auf Grund ihrer Unbilligkeit als Übel anerkannt hast.

Ich kann es nicht leugnen.

Also sind die Bösen, die mit einer ungerechten Straflosigkeit bedacht sind, weit unglücklicher als die mit gerechter Vergeltung bestraften.

Darauf ich: Das ist folgerichtig nach dem, was vorher erschlossen worden ist. Aber bitte, sprach ich weiter, lässest du keine Strafen für die Seelen bestehen, nachdem der Körper im Tode entschlafen ist?

Freilich, sprach sie, große, und ich glaube, daß die einen mit aller Schärfe der Strafe, die andern mit der Milde der Reinigung vollzogen werden. Aber jetzt ist es nicht meine Absicht, hierüber in Erörterungen einzutreten. Das Bisherige haben wir verhandelt, um dich erkennen zu lassen, daß jene Macht der Bösen, die dir als das Empörendste erschien, nichtig ist; du solltest sehen, daß die, über deren Straflosigkeit du klagst, niemals ohne Strafe ihrer Ruchlosigkeit bleiben; du solltest lernen, daß jene Zügellosigkeit, um deren rasches Ende du batest, nicht lange daure und daß jene um so unglücklicher seien, je länger sie daure und am unglücklichsten, wenn sie ewig wäre; danach, daß die Bösen elender sind, die in ungerechter Straflosigkeit durchschlüpfen, als diejenigen, die durch gerechte Vergeltung bestraft sind. Die Folge dieses Satzes ist, daß sie gerade dann von schwereren Strafen bedrängt werden, wenn man sie unbestraft glaubt.

Darauf ich: Wenn ich deine Gründe betrachte, so meine ich, daß sich nichts Wahreres sagen läßt. Aber wenn ich mich zum

Urteil der Menschen zurückwende, wer ist dann, dem dies auch nur erwägenswert, geschweige denn glaubwürdig erschiene?

So ist es, sagte jene; sie können nicht ihre an Finsternis gewöhnten Augen zum Lichte einleuchtender Wahrheit erheben; sie sind jenen Vögeln ähnlich, deren Sehkraft die Nacht erhellt, der Tag blendet; wenn sie nämlich nicht die Ordnung der Dinge, sondern ihre eigene Leidenschaft anblicken, halten sie Zügellosigkeit oder Straflosigkeit der Frevler für Glück. Siehe aber zu, was das ewige Gesetz bestimmt: Gleiche dem Besseren deinen Geist an, und du brauchst keinen belohnenden Richter, du hast dich selbst zu den Edleren geschart. Beuge aber dein Streben zum Schlechteren hinab, dann suche draußen keinen Rächer, du hast dich selber in die Tiefen hinabgestoßen; gleichwie du, wenn du abwechselnd den schmutzigen Erdboden und den Himmel anschaust, ohne jeden äußeren Einfluß, nur durch deine Art zu sehen, jetzt im Kot, jetzt unter den Sternen zu weilen scheinst. Aber das gemeine Volk sieht dies nicht ein. Wie also, wollen wir denen beitreten, die wir den wilden Tieren gleichgesetzt haben? Wenn jemand nach Verlust des Gesichtes sogar vergäße, daß er eine Sehkraft besessen habe, und nun meinte, daß ihm nichts zu menschlicher Vollendung fehle: würden auch wir, die Sehenden, dasselbe wie der Blinde glauben? Sie werden ja nicht einmal dies billigen, obschon es auf ebenso sicheren und festen Gründen beruht, daß nämlich diejenigen unglücklicher sind, welche Unrecht tun, als die es leiden.

Ich möchte, sagte ich, diese Gründe selbst hören.

Leugnest du, sprach sie, daß jeder Böse der Strafe würdig sei?

Keineswegs.

Daß aber diejenigen unglücklich sind, die böse sind, erhellt nun schon vielfach.

Ja, sagte ich.

Daß also jene, die Strafe verdienen, elend sind, bezweifelst du nicht.

Einverstanden, sagte ich.

Wenn du also als Richter dasäßest, wem, meinst du, würde die Strafe zuzuerkennen sein, dem, der Unrecht begangen oder dem, der es erlitten hat?

Ich zweifle nicht, sprach ich, daß ich dem, der es erlitten, durch den Schmerz des Übeltäters Genugtuung verschaffte.

Elender also würde dir der Täter des Unrechts als der Erdulder erscheinen.

Dies folgt daraus, sagte ich. Aus diesen und andern Gründen, die in dem Grundsatz wurzeln, daß Schändlichkeit nach ihrer eignen Natur elend macht, ergibt sich, daß zugefügtes Unrecht nicht den Empfänger, sondern den Täter elend macht.

Gleichwohl, sprach sie, verfahren die Redner jetzt umgekehrt; denn sie suchen für die, welche etwas Schweres und Herbes erlitten haben, das Mitleid der Richter zu erwecken, während man gerechtes Mitleid mit den Tätern schuldet; sie müßten nicht von erzürnten, sondern eher von gütigen und mitleidigen Anklägern vor Gericht wie Kranke zum Arzt geführt werden, um die Krankheiten der Schuld durch die Strafe auszuschneiden. Unter diesen Umständen würde die Mühewaltung ihrer Verteidiger entweder ganz verkümmern, oder wenn sie den Menschen nützen wollten, würde sie sich zur Anklage umwandeln. Die Bösen selber, wenn es ihnen erlaubt wäre, durch irgendein Ritzchen die verlassene Tugend zu erblicken, und wenn sie sähen, daß sie durch die Qualen der Strafe den Schmutz der Laster ablegen könnten, um Tugend dafür einzutauschen, würden jene Strafen gar nicht Qualen nennen; sie würden die Hilfe der Verteidiger verschmähen und sich ganz den Anklägern und Richtern überlassen. Daher rührt es, daß bei den Weisen überhaupt gar kein Platz für den Haß übrigbleibt. Denn wer wäre ein so völliger Tor, daß er die

Guten hassen möchte? Die Schlechten aber zu hassen, entbehrt der Vernunft; denn wenn die Lasterhaftigkeit, wie ein körperliches Siechtum, eine Krankheit des Geistes ist und wenn wir die körperlich Kranken keineswegs des Hasses, sondern eher des Mitleids für würdig halten, so sind noch weit mehr diejenigen nicht zu verfolgen, sondern zu bedauern, deren Geist die Ruchlosigkeit bedrängt, die schlimmer ist als alles Siechtum.

Was freut euch, zu erregen solches Toben, 4.C
  Daß ihr mit eigner Hand anlockt euer Geschick?
Wie, strebt ihr nach dem Tod? Der naht von selber,
  Freiwillig hemmt er nie sein geflügelt Gespann.
Ihr, die Tiger und Bär, Leu, Schlange, Eber
  Scharfen Zahns bedrohn, droht mit dem Schwerte euch selbst.
Weil euch Sitte und Brauch zu sehr entfremden,
  Stürzt ihr in wilden Streit euch und frevelnden Krieg,
Wollt einander mit euren Spießen morden?
  Kein vernünftiger Grund ist, der die Wildheit erlaubt.
Willst du wahr nach Verdienst Vergeltung üben?
  Liebe die Guten nach Recht, Böser erbarme dich mild.

Hierauf sagte ich: Ich sehe, welcherlei Glück und Elend in 5.P
den Leistungen der Guten und Bösen selbst begründet ist. Aber ich erwäge, wie doch auch im alltäglichen Schicksal etwas Gutes oder Schlechtes enthalten sei. Denn nicht einmal einer der Weisen möchte lieber verbannt, arm, schmachbeladen sein, statt reich an Gütern, ansehnlich durch Ehre, stark durch Macht, in seiner Heimatstadt zu bleiben und zu gedeihen. Klarer nämlich und verläßlicher wird die Aufgabe der Weisheit erfüllt, wenn gewissermaßen die Glückseligkeit der Lenker auf die Völker, die zu ihnen gehören, überströmt, während doch umgekehrt der Kerker und die übrigen Qualen gesetzmäßiger Strafen eher den schädlichen Bürgern gebühren, für die

sie ja auch festgesetzt sind. Weshalb also dieses sich völlig umkehrt und warum die Strafen der Verbrecher die Guten bedrücken, die Bösen die Belohnungen der Guten an sich reißen, darüber wundere ich mich sehr und wünsche von dir zu wissen, welches der Grund dieser ungerechten Verwirrung ist. Ich würde mich weniger wundern, wenn ich glaubte, daß alles durch beliebigen Zufall durcheinandergemischt werde. Jetzt häuft sich mein Erstaunen, weil Gott der Leiter ist; wenn er oft den Guten das Angenehme, den Schlechten das Rauhe und dann wieder im Gegenteil den Guten das Harte, den Schlechten das Erwünschte zugesteht, woran sieht man dann, daß er sich vom beliebigen Zufall unterscheidet?

Nicht verwunderlich ist es, sagte sie, wenn etwas für planlos und verworren gehalten wird, weil man den vernünftigen Grund der Ordnung nicht kennt. Aber wenn du auch den Grund der gewaltigen Planung nicht kennst, solltest du doch nicht zweifeln, daß alles richtig geschehe, da ja ein guter Lenker die Welt verwaltet.

5.C.

Wer nicht weiß, daß dem Pol nahe das Sternbild
Des Arkturus kreist, gleitend am Gipfel,
Wie den Wagen erst spät ausspannt Bootes,
Zögernd nur ins Meer eintaucht die Flammen,
Dann sehr schnell wiederum eilet zum Aufgang,
Staunet, welch Gesetz herrschet im Äther.
Wenn des Vollmondes Ränder plötzlich erbleichen,
Krank am Wendepunkt dunkeler Nächte,
Und die Sterne darauf wieder erscheinen,
Die sein Strahlenlicht erst noch verdeckte,
Dann erreget das Volk überall Irrtum,
Und vom häufigen Schlag tönen die Erze. –
Aber keiner erstaunt, wenn wild der Nordsturm
Ans Gestade stößt brausende Fluten

Oder wenn des Schnees eisige Kruste
Schmilzt von Phoebus' wild brodelnden Gluten;
Denn hier ist jeder Grund leicht zu durchschauen.
Nur Verborgenes bringt Herzen Verwirrung;
Nur was längere Zeit selten hervorbringt,
Unvermutet, erschreckt schwankende Menge.
Weicht der Unwissenheit nebliger Irrtum,
Wird es wahrlich nicht wunderbar scheinen.

So ist es, sagte ich; aber da es deines Amtes ist, die Ursachen 6.P
der verborgenen Dinge zu enthüllen und die vom Dunkel verhüllten Gründe zu entwickeln, so bitte ich dich, mir auseinanderzusetzen, was du hierin für richtig hältst, da mich dieses Wunder am meisten verwirrt.

Da sprach jene, ein wenig lächelnd: Du rufst mich zur Aufgabe, deren Lösung unter allen die schwierigste ist und die sich kaum je genügend erschöpfen läßt. Denn der Gegenstand ist derart, daß, wenn ein Zweifel abgeschnitten ist, unzählige andre wie die Häupter der Hydra nachwachsen, und man kommt an kein Ende, wenn man sie nicht mit dem lebendigsten Feuer des Geistes bezwingt. Hierbei pflegen sich nämlich die Fragen nach der Einfachheit der Vorsehung, nach der Verkettung des Schicksals, nach den plötzlichen Zufällen, nach der göttlichen Erkenntnis und Vorbestimmung, nach der Willensfreiheit einzustellen, und von welchem Gewicht diese sind, vermagst du selbst abzuschätzen. Aber da dies zu erkennen auch ein Teil deiner Heilung ist, so wollen wir doch, wenn auch auf eine enge Zeitgrenze beschränkt, etwas davon abzuschöpfen suchen. Wenn dich aber der Genuß eines musischen Gedichtes erquickt, so wirst du dies Vergnügen eine Weile aufschieben müssen, bis ich die untereinander verknüpften Gründe der Ordnung nach dargelegt habe.

Wie du willst, sagte ich.

Darauf begann sie, gleichsam von einem andern Anfang ausgehend, die Erörterung: Die Erzeugung aller Dinge und der gesamte Fortschritt der veränderlichen Naturwesen und alles, was auf irgendeine Weise bewegt wird, erhält Ursache, Ordnung und Form aus der Beständigkeit des göttlichen Geistes. Dieser, in der Feste seiner eigenen Einfachheit gesammelt, hat eine vielfältige Art der Verwaltung der Dinge festgesetzt. Wenn sie in der Reinheit der göttlichen Intelligenz selber betrachtet wird, wird sie Vorsehung genannt. Wenn sie aber auf die Dinge, die er bewegt und ordnet, bezogen wird, wurde sie von den Alten Schicksal benannt. Daß sie verschieden sind, wird leicht erhellen, wenn man nachdenkend die Bedeutung beider betrachtet. Denn die Vorsehung ist jene im höchsten Herrscher aller Dinge selber begründete göttliche Vernunft, die alles ordnet; das Schicksal dagegen die den beweglichen Dingen anhaftende planmäßige Anlage, durch welche die Vorsehung ein jedes in seine Ordnung knüpft. Die Vorsehung umfaßt nämlich alles gleichmäßig, wie verschieden, wie unbegrenzt es sei, das Schicksal aber setzt das einzelne in trennende Bewegung, das dann nach Ort, Form, Zeit verteilt ist, so daß diese Entwicklung der zeitlichen Ordnung, im Überblick des göttlichen Geistes vereinigt, Vorsehung ist, eben diese Vereinigung aber, in der Zeit verteilt und entwickelt, Schicksal genannt wird.

Wenn die beiden also auch verschieden sind, hängt doch das eine vom andern ab. Denn die Schicksalsordnung geht hervor aus der Einfachheit der Vorsehung. So wie der Künstler zuerst die Form seines Werkes im Geiste erfaßt, dann das Werk wirklich ausführt und, was er einfach und gegenwärtig vor sich erblickt hat, dann in zeitlicher Ordnung durchführt, so ordnet Gott durch die Vorsehung einheitlich und fest, was geschehen soll; durch das Schicksal aber verwaltet er gerade das, was er geordnet hat, vielfältig in der Zeit. Mag nun durch irgendwelche göttliche, der Vorsehung dienende Geister das Schicksal ausgeübt werden, mag die Schicksalsfolge durch eine Seele oder durch die ganze dienende Natur oder durch die himmlische Bewegung der Gestirne oder durch die Kraft von Engeln oder durch mannigfache List von Dämonen, durch einiges hiervon oder durch alles zusammen gewoben werden, das ist gewiß offenbar, daß die Vorsehung die unbewegte und einfache Form der sich vollziehenden Dinge ist, das Schicksal aber die bewegte Verflechtung und die zeitliche Ordnung dessen, was die göttliche Einfachheit zum Vollzug geordnet hat.

So kommt es, daß alles, was dem Schicksal untersteht, auch der Vorsehung unterworfen ist und ebenso das Schicksal selbst. Einiges aber, was der Vorsehung unterstellt ist, überragt die Schicksalsordnung. Dies aber ist, was der höchsten Gottheit nahe und unverrückbar fixiert ist und über die Beweglichkeit der Schicksalsordnung hinausgeht. Unter Kreisen, die sich um denselben Angelpunkt drehen, rückt ja der innerste der Einfachheit der Mitte ganz nahe und gilt dann den weiter außerhalb kreisenden wiederum als Angelpunkt, um den sie sich drehen; der äußerste aber, der sich im größten Umkreis dreht, entfaltet sich in um so größeren Raum, je mehr er vom unteilbaren Mittelpunkt entfernt ist; ein anderer wiederum, der sich der Mitte verbindet und gesellt, zieht sich zur Einfachheit zusammen und hört auf, sich zu verbreitern und zu zerfließen. In ähnlicher Weise verstrickt sich, was weiter vom ersten Geist abweicht, in größere Verschlingungen des Schicksals, und ein jedes ist um so freier vom Schicksal, je näher es nach jenem Angelpunkt der Dinge hinstrebt. Wenn es schließlich in der Festigkeit des obersten Geistes selber wurzelt, so schreitet es, frei von Bewegung, über die Notwendigkeit des Schicksals hinaus. Wie sich also die Überlegung zur Einsicht, das Werdende zum Seienden, die Zeit zur Ewigkeit, der Kreis zum Mittelpunkt verhält, so verhält sich auch die bewegte Reihe des Schicksals zur beständigen Einfachheit der Vorsehung.

Diese Verkettung bewegt den Himmel und die Gestirne, vermischt wechselweise die Elemente und formt sie um durch gegenseitige Veränderung. Sie erneuert alles Entstehende und Vergehende durch das Fortschreiten in immer ähnliche Geburten und Samen. Sie bestimmt zwingend auch die Handlungen und Lebensschicksale der Menschen durch unlösbare Verknüpfung der Ursachen; da jene vom Ursprung der unbewegten Vorsehung ausgeht, so ist es notwendig, daß auch diese selbst unabänderlich sind.

Denn so werden die Dinge am besten gelenkt, wenn die im göttlichen Geiste beharrende Einfachheit eine unbeugbare Ordnung der Ursachen hervorbringt, diese Ordnung aber die veränderlichen Dinge, die sonst willkürlich auf- und abfluten würden, durch die ihr eigene Unbeweglichkeit zügelt. So kommt es, daß, obwohl ihr diese Ordnung ganz und gar nicht zu ergründen vermögt und euch alles verwirrt und unordentlich erscheint, dennoch ihr Maß alles zum Guten lenkt und anordnet. Nichts nämlich geschieht um des Bösen willen, nicht einmal von den Bösen selbst; diese verführt, wie überreich bewiesen ist, nur ein böser Irrtum, während sie das Gute suchen, geschweige denn, daß die Ordnung, die vom Angelpunkt des höchsten Guten ausgeht, von ihrem Ursprung abböge.

Doch du wirst sagen: Welche Verwirrung kann überhaupt unbilliger sein, als daß den Guten bald Glückliches bald Widriges und ebenso den Schlechten bald Erwünschtes bald Verhaßtes zuteil wird? Doch bringen etwa die Menschen ihr Leben in solcher Vollkraft des Geistes hin, daß diejenigen, welche sie für gut oder schlecht erachten, auch notwendig so sind, wie sie meinen? Vielmehr widerstreiten sich die Urteile der Menschen gerade hierin, und wer den einen der Belohnung würdig erscheint, erscheint den anderen der Bestrafung wert.

Wir wollen jedoch zugeben, daß jemand die Schlechten und Guten unterscheiden könne; kann er dann auch jene innerste Abgestimmtheit, wie man beim Körper zu sagen pflegt, bei den Seelen beobachten? Für den Laien ist es ein ganz ähnliches Rätsel, weshalb dem einen gesunden Körper Süßes, dem anderen Bitteres paßt und weshalb den einen Kranken Mildes, den andern Scharfes hilft; der Arzt aber, der Art und Mischung der Gesundheit und Krankheit zu unterscheiden vermag, wundert sich keineswegs. Was scheint nun aber Redlichkeit anderes als Gesundheit des Geistes zu sein? Was Laster anderes als Krankheit? Wer anders aber ist Erhalter des Guten, Vertreiber des Bösen als der Lenker und Heiler allen Geistes, Gott? Wenn er von der hohen Warte der Vorsehung herunterschaut, erkennt er, was zu einem jeden paßt, und was er passend weiß, das mißt er ihm zu. Hier vollzieht sich jenes staunenswerte Wunder der Schicksalsordnung, daß vom Wissenden getan wird, worüber die Unwissenden bestürzt sind.

Denn um nur das Wenige, was die menschliche Vernunft vermag, über die Tiefe der Gottheit anzudeuten: Den, welchen du für den Gerechtesten, für den sorgfältigsten Wahrer der Billigkeit hältst, beurteilt die allwissende Vorsehung ganz anders. Daß die siegreiche Sache den Göttern, die besiegte aber dem Cato gefallen hat, hat unser Freund Lucanus in Erinnerung gerufen. Hier ist also alles, was du gegen deine Erwartung geschehen siehst, der Sache nach die richtige Ordnung, deiner Meinung nach aber eine verkehrte Verwirrung.

Sei nun auch jemand so gut gesittet, daß das göttliche Urteil über ihn und das menschliche völlig übereinstimmen, so mag er doch schwach an seelischer Kraft sein, und wenn ihm etwas Widriges zustößt, wird er vielleicht aufhören, die Schuldlosigkeit zu bewahren, die ihm sein Glück nicht erhalten konnte.

Also schont ein weises Abwägen den, welchen das Unglück schlechter machen könnte, damit nicht jener leide, dem es nicht zuträglich ist. Ein andrer ist vollkommen in allen Tugenden, untadelig und Gott ganz nahe. Daß er durch irgendwelche Widrigkeiten berührt werde, hält die Vorsehung so sehr für Unrecht, daß sie ihn nicht einmal durch Krankheit betrüben läßt; denn wie einer, der noch ausgezeichneter ist als ich, sagt:

«Eines heiligen Mannes Gestalt erbaute der Äther.»

Oft geschieht es aber, daß den Guten die oberste Herrschgewalt übertragen wird, damit die überhandnehmende Schlechtigkeit zurückgestoßen werde. Andern teilt sie eine gewisse Mischung gemäß der Beschaffenheit ihrer Seele zu, manche beunruhigt sie, damit sie nicht durch langes Glück zu üppig werden, andre werden durch Härte geprüft, um die Tugenden ihrer Seele durch Gebrauch und Übung der Geduld zu stärken. Die einen fürchten mehr als billig, was sie doch tragen können, die andern verachten mehr als billig, was sie nicht tragen können. Diese stellt sie durch Trauriges auf die Probe. Manche haben einen für Jahrhunderte verehrungswürdigen Namen um den Preis eines ruhmvollen Todes erkauft, einige haben, unüberwindbar durch Martern, der Welt ein Beispiel gegeben, daß die Tugend durch Übel unbesiegbar sei; und es herrscht kein Zweifel, wie recht und wohlgeordnet dies ist und denen zum Guten gereicht, denen man es zustoßen sieht.

Auch daß den Schlechten bald Trauriges, bald Erwünschtes begegnet, leitet sich aus denselben Ursachen ab. Über das Traurige wundert sich niemand, weil sie es nach aller Meinung durch ihre Übeltaten verdient haben. Ihre Strafe hält teils die übrigen vom Verbrechen ab, teils bessert sie die Bestraften selber; das Erfreuliche aber redet gerade für die Guten eine laute Sprache als Beweis, was sie von einem Glück dieser Art halten sollen, wenn sie sehen, wie es den Schlechten oft Knechtesdienste leistet. Hierbei wird auch, glaube ich, derart unterschieden, daß der eine vielleicht von Natur so jäh und ungestüm ist, daß ihn ein Mangel an Vermögen eher zu Verbrechen erbittern könnte; dessen Krankheit heilt die Vorsehung durch die Arznei gehäuften Geldes. Wenn dieser sein von schlechten Taten belastetes Gewissen betrachtet und sich mit seinem Glück vergleicht, so gerät er vielleicht in Furcht, daß der Verlust dessen, was im Gebrauch ihm so angenehm ist, traurig wäre. Er wird also seine Sitten ändern, und während er fürchtet, sein Vermögen zu verlieren, läßt er von seiner Schlechtigkeit ab. Andre hat ihr unwürdig verbrachtes Glück in verdientes Elend gestürzt; manchen Bösen ist das Recht zu strafen zugestanden worden, damit es für die Guten ein Anlaß zur Übung, für die Schlechten zur Marter sei. Denn wie es kein Bündnis gibt zwischen Guten und Bösen, so können die Bösen auch untereinander nie einig werden. Wie denn auch? Da ihr Gewissen durch Laster zerrissen ist, so daß jeder mit sich selbst in Zwiespalt gerät, so tun sie oft, was sie nach ihrem eigenen nachträglichen Urteil besser nicht getan hätten. Daraus hat die höchste Vorsehung oft das bemerkenswerte Wunder gewirkt, daß die Schlechten andre Schlechte zu Guten machen. Denn da es diesen scheint, als ob sie durch die ganz Schlechten Unrecht litten, kehren sie, von dem Haß gegen ihre Schädiger entbrannt, zum Gebrauch der Tugend zurück, indem sie sich bemühen, denen unähnlich zu sein, die sie haßten.

Für die göttliche Kraft allein ist das Böse auch gut, nämlich wenn sie es angemessen verwendet und so die Wirkung eines Guten hervorbringt. Denn eine bestimmte Ordnung umfaßt alles insgesamt, so daß, was von der ihm durch Vernunft zugewiesenen Ordnung abgewichen ist, freilich in eine andre, aber doch wiederum in eine Ordnung zurückgleitet, auf daß im Reiche der Vorsehung nichts der blinden Willkür zustehe.

«Aber es wird mir schwer, wie ein Gott dies alles zu künden.»

Denn es ist für Menschen nicht schicklich, die gesamten Triebfedern des göttlichen Werkes mit dem Geiste erfassen oder mit Worten entwickeln zu wollen. Möge es genügen, nur das zu erkennen, daß Gott, der alle Naturen hervorbringt, auch alles auf das Gute hin lenkt und ordnet und daß er, während er das, was er zur Ähnlichkeit mit sich selbst hervorgebracht hat, darin festzuhalten eilt, alles Schlechte aus den Grenzen seines Staates durch die Verkettung der Schicksalsnotwendigkeit verbannt. So kommt es, daß man nirgends etwas Schlechtes auffinden kann, wenn man auf die ordnende Vorsehung blickt, während es auf der Erde zu überwuchern scheint.

Aber ich sehe, daß du schon längst durch das Gewicht der Untersuchung belastet und, durch die Ausführlichkeit der Erörterung ermüdet, einige Süße im Gesange erwartest. Empfange also einen Trunk, auf daß du, durch ihn wiederhergestellt, um so fester zu Weiterem streben mögest.

6.C. Wer das Gesetz des erhabenen Donnerers
Will mit reinem Geiste betrachten,
Schau empor zum Gipfel des Himmels:
Dort bewahren die Sterne den Frieden
Noch dem All in rechtmäßigem Bündnis.
Nicht, vom rötlichen Lichte getrieben,
Hindert die Sonne den kühlenden Mondlauf,
Und die Bärin, die rings um des Poles
Höchsten Scheitel auf schneller Bahn kreist,
Kommt niemals in die Tiefe des Westens,
Wo die anderen Sterne versinken,
Ihre Flammen im Meer zu löschen.
Stets zu gleicher geeigneter Stunde

Kündet Hesper die nächtlichen Zeiten,
Leuchtet Lucifer vor dem Tage.
So führet Wechselliebe den Kreislauf
Ewig wieder zurück, verbannt vom
Sternengestade zwieträchtige Kriege.
Solche Eintracht zügelt im Gleichmaß
Elemente, daß sie im Wettstreit
Wechselnd weichen, Feuchtes dem Trocknen,
Hitze und Kälte friedlich sich einen,
Steil zur Höhe die Flamme aufsteigt,
Schwer die Last der Erde herabsinkt.
Diesem Gesetz nach atmet der Frühling
Blütenschwer seine feuchten Düfte,
Trocknet Saaten der heftige Sommer,
Kommt der Herbst mit Früchten beladen,
Näßt den Winter strömender Regen.
Solch ein Gleichmaß nährt und befruchtet
Alles Leben, das irdisch atmet,
Gleicher Weise vernichtet und gründet
Tod und Geburt im Steigen und Sinken.
Oben thront indessen der Schöpfer
Aller Dinge und lenkt die Zügel,
König, Herr und Quelle und Ursprung,
Weises Gesetz und Richter des Rechten.
Wenn zu heftig antreibt Bewegung,
Hält zurück er und festigt das Schwanke.
Wenn er die graden Bahnen nicht riefe
wieder zurück in gebeugten Kreis,
Was jetzt fest seine Ordnung gegründet,
Sänke erschlafft, getrennt von der Quelle.
Dies ist des Weltalls gemeinsame Liebe.
Nur in Grenzen streben die Guten,
Weil sie anders dauern nicht können,

Wenn sie nicht durch erwidernde Liebe
Fluten zum Ursprung, der Leben verliehen.

7. P. Siehst du also jetzt, wohin alles, was wir gesagt haben, hinaus will?

Wohin denn? sagte ich.

Daß jedes Geschick, sagte sie, ganz und gar gut ist.

Und wie kann das sein? sprach ich.

Merke auf, sagte sie; da alles Geschick, ob freundlich ob rauh, um einerseits die Guten zu belohnen oder zu prüfen, andererseits die Schlechten zu strafen oder zu bessern, verhängt wird, so ist alles, weil es gerecht oder nützlich ist, auch gut.

Sehr wahr freilich, sagte ich, ist der Schluß; und wenn ich die Vorsehung oder das Schicksal betrachte, wie du es mich vor kurzem gelehrt hast, so stützt sich deine These auf feste Grundlagen. Doch wollen wir, wenn es dir gefällt, sie unter diejenigen zählen, die du vor kurzem als unglaublich hingestellt hast.

Wieso? fragte sie.

Weil die Menschen gewöhnlich behaupten, und zwar oft, mancher Menschen Geschick sei schlecht.

Willst du also, sagte sie, daß wir ein Weilchen den Redensarten der Menge beitreten, damit es nicht scheine, daß wir uns von dem gemeinen Menschenverstande zu weit entfernen?

Wie es dir gefällt, sagte ich.

Bist du nicht überzeugt, daß ein Gut sei, was nützt?

Gewiß, sagte ich.

Das Geschick aber, das übt oder bessert, nützt doch wohl?

Ich gebe es zu, sagte ich.

Ist also gut?

Zweifellos.

Dies aber ist der Fall bei denen, die entweder, in der Tugend gegründet, Krieg gegen das Ungemach führen oder, von den Lastern sich abwendend, den Weg der Tugend einschlagen.

Ich kann es nicht leugnen, sagte ich.

Wie aber? Ein angenehmes Los, das den Guten als Belohnung zuerteilt wird, soll nach der Entscheidung der Menge etwa böse sein?

Keineswegs, vielmehr urteilt sie, daß dies, wie es in der Tat ist, auch das beste sei.

Wie steht es mit dem anderen Geschick, das rauh ist und die Schlechten mit gerechter Strafe zügelt, hält das Volk dieses etwa für gut?

Im Gegenteil, sagte ich, von allem, was sich ausdenken läßt, hält es dies für das Elendeste.

Sieh also zu, daß wir nicht etwa, der Meinung des Volkes folgend, etwas höchst Unglaubliches zustande bringen.

Was? sagte ich.

Aus dem nämlich, sagte sie, was zugestanden ist, ergibt sich, daß jedes Geschick, wie es auch immer sei, für diejenigen, die im Besitz oder im Fortschritt oder im Erwerb der Tugend sind, gut ist, für jene aber, die im Bösen verharren, jedes überaus schlecht ist.

Das ist wahr, sagte ich, obgleich niemand es zu bekennen wagt.

Deshalb, sagte sie, darf sich der Weise ebensowenig beschweren, so oft er auch in den Kampf mit dem Geschick gezogen wird, wie es dem Tapfern nicht geziemt, sich zu erzürnen, wenn ihn das Kriegsgetümmel umtost. Denn für beide sind die Schwierigkeiten selbst der Stoff, für diesen, um Ruhm zu erwerben, für jenen, Weisheit auszubilden. Und deshalb heißt sie auch Tugend, weil sie, auf ihre Tauglichkeit gestützt, sich von Widerwärtigkeiten nicht überwinden läßt. Ihr, die ihr auf dem Pfad der Tugend festen Fuß gefaßt habt, seid nicht gekommen, in Wonne zu zerfließen und in Wollust zu erschlaffen, ihr streitet den härtesten Kampf mit jederlei Geschick, auf daß euch nicht das traurige erdrücke, das angenehme verderbe. Nehmt mit starker Kraft die Mitte ein. Alles, was darunter bleibt oder darüber hinausgeht, enthält Verachtung der Glückseligkeit, nicht Belohnung der Mühe. In eure Hand ist es gelegt, wie ihr euch das Geschick gestalten wollt. Ein jedes, das rauh erscheint, straft, wenn es nicht übt oder bessert.

7.C. Es verweilt' im Krieg zweimal fünf der Jahre
Der Atride, bis er mit Trojas Trümmern
Rächend sühnen konnt' seines Bruders Ehbett.
Doch mußt' er zuvor, da der Griechen Flotte
Günstgen Wind begehrt, ihn mit Blut erkaufen;
Und der Vater sieht, sich verleugnend, trauernd
Seiner Tochter Kehle jetzt durchbohrt vom Priester.
Es beweint' Uliss den Verlust der Freunde,
Polyphem hat sie, lagernd in der Höhle,
Wild in sich versenkt im gewaltgen Schlunde.
Doch der Wütrich hat dann, beraubt des Auges,
Bald die Lust gebüßt mit den bittern Tränen.
Ruhm des Herakles ist die harte Arbeit:
Der Kentauren Stolz hat er kühn gebändigt,
Hat dem wilden Leu dann das Fell entrissen,
Traf mit sicherem Pfeil die verruchten Vögel.
Vor des Drachen Blick er die Äpfel raubte;
Seine Linke trägt schwer am Goldmetalle,
Schleppt den Höllenhund an dreifacher Kette.
Wirft als Sieger, heißt's, den mitleidlosen Lenker,
Selbst dem Viergespann hin zum wilden Fraße.
Ausgebrannt vom Gift muß die Hydra enden.

Es birgt Acheloos an der Stirn geschändet
In des Flusses Bette schnell sein schamvoll Antlitz.
Nieder streckt im libyschen Sande er Antaios.
Cacus muß den Zorn des Euander sättgen.
Auf den Schultern, die bald der hohe Weltkreis
Drücken sollte, schäumt der borstige Eber.
Dann als letztes trug er den hohen Himmel
Auf des Nackens Kraft, bis zum Lohn der letzten
Arbeit selbst ihm ward der Besitz des Himmels.
Geht, ihr Tapfern, nun, wo auf steilem Wege
Euch sein Beispiel trägt. Warum seid ihr träge,
Zeigt nackte Rücken? Nur dem Erdbesieger
Winken die Sterne!

FÜNFTES BUCH

1. P. So hatte sie gesprochen, und schon wandte sie sich, um anderes zu behandeln und zu entwickeln. Da sagte ich: Richtig ist deine Mahnung und durchaus deiner Autorität würdig; was du aber vor kurzem über die Frage der Vorsehung gesagt hast, daß sie mit sehr vielen anderen verflochten sei, das merke ich in der Tat. Ich muß nämlich jetzt fragen, ob irgend etwas überhaupt sein könne, was wir Zufall nennen, und was es denn sei.

Darauf sagte sie: Ich eile, die Schuld meines Versprechens zu lösen und dir den Weg zur Rückkehr in dein Vaterland zu öffnen. Was aber die von dir berührte Frage angeht, so ist es zwar überaus nützlich, in sie einzudringen; doch liegt sie etwas abseits von dem von uns eingeschlagenen Wege, so daß ich fürchte, du werdest, von dem Umweg ermüdet, den rechten Weg zu durchmessen nicht mehr imstande sein.

Dies ist durchaus nicht zu fürchten, sagte ich; denn das zu erkennen, was mich aufs höchste beglückt, wird mir als Ausruhen dienen; da überdies jeder Teil deiner bisherigen Ausführungen auf unbezweifelbarer Zuverlässigkeit beruhte, so soll auch nichts von dem Folgenden ungewiß bleiben.

Da sprach sie: Ich tue nach deinem Willen, und begann sogleich: Wenn jemand den Zufall so bestimmen wollte, daß er ein Ereignis sei, das durch eine willkürliche Bewegung und nicht durch irgendeine Verknüpfung von Ursachen hervorgebracht werde, so behaupte ich, daß es überhaupt keinen Zufall gibt, und erkläre, daß dies überhaupt keine zugrunde liegende Sache bezeichne, sondern ein durchaus leeres Wort sei. Denn wo kann, wenn das All der Ordnung gemäß von Gott umschlossen ist, irgendein Ort für die Willkür übrigbleiben? Denn daß nichts aus nichts entstehen kann, ist ein wahrer Satz und gewissermaßen das Fundament aller Theorien über die Natur; keiner von den Alten hat ihn jemals bestritten, obschon jene nicht von dem wirkenden Prinzip, sondern von dem materialen Substrat ausgegangen sind. Wenn aber etwas ohne Ursachen entstehen sollte, so würde es scheinen, als ob es aus nichts entstehe. Wenn aber dies nicht geschehen kann, so ist es auch unmöglich, daß es irgendwie einen Zufall gibt, wie wir ihn soeben bestimmt haben.

Wie also, sagte ich, gibt es nichts, was mit Recht Zufall oder Willkür genannt werden könnte? Oder gibt es etwas, auf das doch, wenn auch der gemeinen Menge verborgen, diese Worte passen?

Mein Aristoteles, sagte sie, hat dies in der Physik mit kurzem und der Wahrheit nahe kommendem Beweis umgrenzt.

Auf welche Weise? fragte ich.

So oft etwas, sagt er, um irgendeiner Sache willen ausgeführt wird und aus irgendwelchen Ursachen etwas anders eintrifft als beabsichtigt war, wird dies Zufall genannt; wenn jemand den Erdboden durchgräbt, um den Acker zu bebauen, und eine Last vergrabenen Goldes findet, dann glaubt man, das sei irgendwie von ungefähr geschehen. In Wahrheit ist dies nicht grundlos so, sondern hat seine eigenen Ursachen; doch das unvorhergesehene, unerwartete Zusammentreffen von Ursachen erscheint als Zufall. Denn wenn der Bauer den Acker nicht umgegraben und wenn der Eigentümer nicht an diesem Orte seinen Schatz vergraben hätte, so wäre das Gold nicht gefunden worden. Hier also liegt die Ursache des zufälligen Gewinns darin, daß er aus Ursachen, die sich begegneten und zusammentrafen, und nicht aus einer beabsichtigten Handlung herrührte. Denn weder, wer das Gold vergrub, noch derjenige, der den Acker bearbeitete, beabsichtigte, daß jenes Geld gefunden werden sollte; aber es traf, wie ich gesagt habe, überein und zusammen, daß wo jener eingrub, dieser ausgrub. So darf also bestimmt werden: Zufall ist das unerwartete Ergebnis eines Zusammentreffens von Ursachen in dem, was zu irgendeinem Zweck unternommen wurde. Daß aber die Ursachen so zusammentreffen und zusammenfließen, bewirkt jene Ordnung, die aus unvermeidlicher Verknüpfung hervorgeht und die, aus der Quelle der Vorsehung fließend, alles an seinen Ort und in seine Zeit stellt.

I.C. Vom achämenischen Fels, wo trügerisch fliehend der Parther
Rückgewandt mit dem Pfeil trifft des Verfolgers Brust,
Dort entspringen dem Quell gemeinsam Euphrat und Tigris.
Doch nach kurzem getrennt, fließen die Wasser entzweit.
Wenn dann aufs neue ihr Lauf sich wieder zu einem verbindet,
Strömt zusammen in eins, was beider Welle geführt,
Schiffe begegnen sich und Stämme, gewälzt in der Strömung,
Und was von ungefähr sich mit den Wogen vermischt,
Aber ihr schwankender Fall folgt nur der Neigung der Erde,
Und in Wirbel und Sturz herrschet der Strömung Gesetz.
Was so als Zufall scheint mit schleifendem Zügel zu fließen,
Trägt geduldig den Zaum nach seinem eignen Gesetz.

..P. Ich verstehe, sagte ich, was du gesagt hast, und gebe zu, daß es so ist. Aber besteht in dieser Reihe zusammenhängender Ursachen irgendeine Freiheit unseres Willens, oder umschließt die Kette des Schicksals sogar die Bewegungen der menschlichen Seelen?

Es gibt eine, sagte sie; es würde nämlich keine vernunftbegabte Natur existieren, wenn es keine Freiheit des Willens gäbe; denn was von Natur sich der Vernunft bedienen kann, das hat Urteil, womit es jegliches Ding unterscheidet; so vermag es aus sich zu erkennen, was zu vermeiden und was wünschenswert ist. Nach dem, was einer für wünschenswert hält, strebt er und vermeidet, was er für schädlich hält. Deshalb haben die, deren Vernunft ihnen selbst eingeboren ist, auch die Freiheit des Wollens oder Nichtwollens. Aber ich behaupte, daß dies nicht bei allen Wesen gleich ist. Die himmlischen und göttlichen Wesenheiten verfügen über ein durchdringendes Urteil, einen unverderbten Willen und über die Macht, das Gewünschte auch zu verwirklichen. Die menschlichen Seelen dagegen werden notwendigerweise um so freier sein, je mehr sie sich in der Betrachtung des göttlichen Geistes erhalten, weniger freilich, wenn sie zu den Körpern herabgleiten, am wenigsten, wenn sie mit irdischen Gliedern zusammengebunden werden. Äußerste Knechtschaft aber ist es, wenn sie sich, den Lastern ergeben, vom Besitz der eigenen Vernunft getrennt haben. Denn sobald sie die Augen vom Licht der höchsten Wahrheit zu Niederem und Dunklem abgewendet haben, umhüllen sie die Wolken der Unwissenheit; sie werden von verderblichen Leidenschaften umhergetrieben, und dadurch, daß sie diesen immer näher treten und ihnen zustimmen, befestigen sie die Knechtschaft, die sie selbst über sich gebracht haben, und sind so gewissermaßen aus freier Wahl Knechte. Dies aber sieht der von Ewigkeit her alles vorausschauende Blick der Vorsehung und ordnet ein jedes vorbestimmend nach Verdienst.

«Alles erschaue und alles erhorche» 2.C
Phoebus, in reinem Lichte erstrahlend,
So singt Homer süß strömenden Mundes;
Dennoch dringt nicht ins Innre der Erde
Noch in des Meeres Tiefen hinab
Seines ohnmächtigen Lichtes Strahl.
Nicht so der große Schöpfer der Welten.
Ihm, das All von oben durchschauend,
Steht nicht die Masse der Erde entgegen,

Nicht die Nacht voll finsterer Wolken.
Das, was ist, was war und was sein wird,
Faßt er mit Einem Blick seines Geistes.
Ihn, denn nur er überschauet das Ganze,
Kannst du die wahre Sonne nennen.

.P. Darauf sagte ich: Nun bin ich in noch schwierigere Ungewißheit verstrickt.

Wie das? sprach sie; doch ich ahne schon, wodurch du verwirrt wirst.

Es scheint mir im höchsten Grade ein Gegensatz und Widerspruch zu sein, daß Gott alles im voraus kenne und zugleich irgendein freier Wille sei; denn wenn Gott alles voraussieht und auf keine Weise irren kann, so muß mit Notwendigkeit eintreffen, was die Vorsehung als künftig vorausgesehen hat. Deshalb, wenn sie von Ewigkeit nicht nur die Taten der Menschen, sondern auch deren Absichten und Willen voraus weiß, so gibt es keine Freiheit des Willens; denn es kann weder eine Handlung noch irgendein Wille existieren, den die göttliche Vorsehung nicht unfehlbar voraus weiß. Denn wenn sie in anderer Richtung abgebogen werden können als vorausgesehen war, dann wird das Vorauswissen der Zukunft nicht mehr sicher sein, sondern eher eine ungewisse Meinung, was ich von Gott zu glauben für ein Unrecht halte.

Auch billige ich nicht den Weg, auf dem einige meinen, den Knoten dieser Frage lösen zu können. Sie sagen nämlich: Nicht deshalb wird etwas geschehen, weil die Vorsehung es als künftig vorausgesehen hat, sondern im Gegenteil vielmehr, weil etwas geschehen wird, kann es der göttlichen Vorsehung nicht verborgen bleiben, und auf die Weise gleitet die Notwendigkeit auf den andern Teil hinüber; nicht ist nämlich notwendig, daß geschieht, was vorausgesehen wurde, sondern es ist notwendig, daß das, was zukünftig geschehen wird, vorausgesehen wird; als ob das Problem darin bestünde, welches die Ursache eines Dinges ist, das Vorauswissen die Ursache der Notwendigkeit des Zukünftigen oder die Notwendigkeit die Ursache der Voraussicht des Zukünftigen, und nicht vielmehr, was wir zu beweisen erstreben, daß, was auch immer die Ordnung der Ursachen sei, die vorausgesehenen Dinge mit Notwendigkeit eintreffen müssen, selbst wenn das Vorauswissen keine Notwendigkeit des Eintretens in die zukünftigen Dinge hineinzutragen scheint.

Denn wenn irgendwer sitzt, so muß die Meinung, welche aussagt, daß er sitzt, notwendig wahr sein, und ebenso umgekehrt: wenn man die wahre Meinung hat, daß jemand sitzt, so muß er auch notwendig sitzen. Beiden Fällen wohnt also Notwendigkeit inne, hier dem Sitzen, dort der Wahrheit; aber es sitzt nicht jemand, weil die Meinung wahr ist, sondern sie ist vielmehr wahr, weil das Sitzen vorausging. Wenn also auch die Ursache der Wahrheit aus dem andern Teile hervorgeht, so wohnt doch beiden gemeinsam die Notwendigkeit inne.

Ähnlich kann augenscheinlich über die Vorsehung und die zukünftigen Dinge geurteilt werden. Denn wenn auch diese deshalb vorausgesehen werden, weil sie geschehen werden, so geschehen sie doch nicht deshalb, weil sie vorausgesehen werden; nichtsdestoweniger ist es notwendig, daß von Gott die künftigen vorausgesehen und daß die vorausgesehenen eintreten werden; und dies ist allein genug, um die Freiheit des Willens zu vernichten. Ist es nicht überdies ganz verkehrt, das Eintreffen zeitlicher Dinge die Ursache der ewigen Vorsehung zu nennen? Denn wenn man behauptet, daß Gott das Künftige deshalb voraussähe, weil es eintreffen werde, was heißt dies anderes als meinen, daß das, was einst geschehen werde, die Ursache jener höchsten Vorsehung sei?

Wie ferner dasjenige, von dem ich weiß, daß es ist, auch notwendig ist, so ist das, was ich als zukünftig kenne, auch selbst notwendig zukünftig; es ergibt sich also, daß das Eintreffen vorausgewußter Dinge nicht vermieden werden kann.

Schließlich, wenn jemand in anderer Richtung denkt, als es sich wirklich verhält, so ist dies nicht nur kein Wissen, sondern eine falsche Meinung, völlig verschieden vom Wissen der Wahrheit. Wenn darum etwas in der Weise zukünftig ist, daß sein Eintreffen nicht sicher und notwendig ist, wie könnte er dann vorauswissen, daß es eintreffen wird? So wie das Wissen selbst mit Falschem nicht vermischt sein kann, so kann auch das, was von ihm erfaßt wird, nie anders sein, als es erfaßt wird. Das nämlich ist die Ursache, weshalb das Wissen der Falschheit entbehrt, weil jede Sache sich mit Notwendigkeit so verhält, wie das Wissen sie begreift. Wie also? Auf welche Weise sieht Gott dies unsicher Zukünftige voraus? Denn wenn er das für unvermeidlich eintreffend hält, was möglicherweise auch nicht eintreffen könnte, so würde er sich irren, was nicht nur zu denken ruchlos ist, sondern allein schon auszusprechen. Wenn er dagegen feststellt, daß die zukünftigen Dinge so sein werden, wie sie sind, also erkennen würde, daß sie sowohl geschehen wie auch nicht geschehen können, was ist dann dieses Vorauswissen, das nichts Sicheres und nichts Festes umgreift? Oder was ist dies Besseres als jene lächerliche Prophezeiung des Teiresias: «Was ich sage, wird geschehen oder auch nicht»? Worin würde die göttliche Vorsehung der menschlichen Meinung überlegen sein, wenn sie, ebenso wie die Menschen, dasjenige als ungewiß beurteilte, dessen Eintreffen ungewiß ist? Da aber bei dieser sichersten Quelle aller Dinge nichts ungewiß sein kann, so ist auch das Eintreffen der Dinge sicher, die jene als zukünftig fest vorausgewußt hat.

Deshalb gibt es für menschliche Planung und menschliche Taten keine Freiheit, wenn sie der göttliche Geist ohne Irrtum und Falschheit insgesamt voraussieht und zu eindeutigem Eintreffen festbindet und festhält.

Dies einmal zugegeben, ist klar, welch ein großer Zusammensturz der menschlichen Dinge daraus folgt. Umsonst nämlich wird ein Lohn der Guten oder eine Strafe der Bösen in Aussicht gestellt; es hat sie ja keine freie und willentliche Bewegung des Geistes verdient. Und was jetzt als das Billigste gilt, wird als die äußerste Unbilligkeit erscheinen, sowohl daß die Unredlichen bestraft wie auch daß die Redlichen belohnt werden, die beide nicht der eigne Wille zu dem einen oder zu dem andern führt, sondern die sichere Notwendigkeit des Künftigen zwingt. Es wird weder Laster noch Tugend mehr geben, sondern nur noch eine ununterscheidbare, wirre Vermischung aller Leistungen. Nichts Frevelhafteres läßt sich ausdenken als dies: Wenn die ganze Ordnung der Dinge sich von der Vorsehung herleitet und nichts den menschlichen Ratschlüssen freisteht, so ergibt sich, daß sogar unsere Laster auf den Urheber alles Guten bezogen werden müssen. Schließlich bleibt kein Grund mehr, irgend etwas zu hoffen, noch etwas zu erbitten. Wer denn wird etwas erhoffen oder erbitten, wenn alles Wünschenswerte in eine starre Kette verknüpft ist?

Zerrissen wird also jener einzige Verkehr zwischen Gott und den Menschen, nämlich die Hoffnung und das Gebet, wo wir doch um den Preis echter Demut die unschätzbare Gegengabe der göttlichen Gnade verdienen, was die einzige Art ist, auf die, wie es scheint, die Menschen sich mit Gott unterreden und sich mit jenem unzugänglichen Lichte verbinden können, und zwar allein schon durch die Tatsache des Gebetes, noch ehe sie etwas erlangt haben. Wenn aber, die Notwendigkeit alles Zukünftigen angenommen, jenes keine Kraft haben sollte, was wird es dann sein, wodurch wir uns dem höchsten Ursprung der Dinge verbunden fühlen und anhangen können? Deshalb wird das menschliche Geschlecht notwendig, wie du vor kurzem gesungen hast, abgeschnitten und abgetrennt von seiner Quelle, ermatten.

Welcher Zwiespalt löste der Dinge
Festes Bündnis? Und welch ein Gott nur
Führet zum Krieg die Doppelwahrheit,
Daß, was einzeln stückweis Bestand hat,
Sich, einander gemischt, nicht verbindet?
Oder ist kein Zwiespalt der Wahrheit?
Hängt das Sichere dauernd zusammen?
Schaut nur der Geist, in die blinden Glieder
Eingebettet, erloschenen Blickes
Nicht der Dinge zarte Verknüpfung?
Doch, was glüht er voll Eifer, zu finden
Die verdeckten Zeichen der Wahrheit?
Weiß er, was ängstlich er strebt zu wissen?
Doch wer sucht wohl bekannte Kenntnis?
Weiß er nicht? Wer strebt wohl nach Dunklem,
Wer wird Ungewußtes sich wünschen,
Wer vermag Unbekanntem zu folgen,
Und wer kann, auch wenn er gefunden,
Unbekannte Gestalt erkennen?
Hat vordem, als den Geist er schaute,
Er das Ganze gekannt samt den Teilen?
Jetzt, gehüllt in der Glieder Wolke,
Hat er nicht völlig seiner vergessen,
Er hält das Ganze, verlor nur die Teile.
So schwankt ein jeder, suchend die Wahrheit,
Keinem gehört sie ganz, weiß nicht alles,
Dennoch nicht völlig getrennt vom Wissen.
Aber gedenkt er des bleibenden Ganzen,
Fragt er nach dem, was er droben gesehen,
Daß die vergessenen Teile er wieder
Füge zum Ganzen.

Darauf sprach jene: Alt ist dieser Streit um die Vorsehung; 4.P
er hat Marcus Tullius Cicero in seiner Schrift, in der er sich über die Weissagung ausläßt, auf das lebhafteste bewegt, und auch du selbst hast dieser Sache viel und sehr lange nachgeforscht, aber bisher ist sie von keinem von euch sorgfältig und sicher genug herausgearbeitet worden. Der Grund dieser Dunkelheit liegt darin, daß die Bewegung der menschlichen Vernunft nicht an die Einfachheit des göttlichen Vorauswissens herankommen kann. Wenn sie sie einmal zu denken vermöchte, so bliebe nichts Zweideutiges zurück. Ich werde versuchen, dies zuletzt zu erhellen und festzustellen, wenn ich zuvor geprüft haben werde, was dich jetzt bewegt hat.

Ich frage nämlich, warum du den folgenden Versuch der Lösung des Problems nicht für hinreichend schlüssig hältst: da das Vorauswissen nicht die zwingende Ursache der kommenden Dinge sei, könne es auch nicht die Freiheit des Wollens hindern. Entnimmst du denn anderswoher den Beweis der Notwendigkeit zukünftiger Dinge als daher, daß das, was vorausgewußt ist, notwendigerweise eintreffen muß? Wenn also die Vorauskenntnis den zukünftigen Dingen keine Notwendigkeit zufügt, wie du selbst vor kurzem zugegeben hast, was zwingt dann den freiwilligen Ausgang der Dinge zu notwendigem Geschehen? Nehmen wir einmal als These an, damit du besser bemerkst, was daraus folgt, es gebe kein Vorauswissen, werden dann, soweit das uns hier angeht, die aus Freiheit geschehenden Dinge zur Notwendigkeit gezwungen?

Keineswegs.

Nehmen wir nun wieder an, es bestehe, doch ohne den Dingen irgendeine Notwendigkeit aufzuerlegen, so würde, meine ich, die gleiche Unbeschränktheit des Willens und schrankenlose Freiheit bestehen bleiben.

Das Vorauswissen aber, wirst du sagen, ist, obwohl es keine Notwendigkeit für das Eintreffen des Zukünftigen darstellt, doch das Zeichen für das notwendig Kommende; auf diese Weise stünde fest, daß, auch wenn die Vorauskenntnis nicht wäre, dennoch der Ausgang des Künftigen notwendig wäre; denn jedes Zeichen zeigt nur auf, was ist, bewirkt aber nicht, was es bezeichnet. Deshalb wäre zuerst aufzuweisen, daß nichts ohne Notwendigkeit geschehen kann, damit das Vorauswissen als Zeichen für diese Notwendigkeit sichtbar würde. Denn wenn diese nicht ist, so kann jene durchaus kein Zeichen von etwas sein, das nicht ist. Aber nur jener Beweis steht fest, der mit sicheren Vernunftschlüssen begründet und nicht aus Zeichen oder äußeren Argumenten hergeholt ist, sondern der aus adäquaten und notwendigen Ursachen sich ergibt.

Aber wie ist das möglich, daß das nicht geschieht, was als Zukünftiges vorausgeschaut wird? Wie wenn wir glauben würden, daß das, was die Vorsehung als Zukünftiges voraus weiß, nicht eintreffen werde, und nicht vielmehr der Ansicht wären, daß dasjenige, was eintrifft, durchaus nicht seiner Natur nach mit Notwendigkeit hat eintreffen müssen; was du leicht aus dem Folgenden entnehmen kannst. Wir sehen nämlich vielerlei Dinge, während sie vor unsern Augen geschehen, so wie man etwa die Wagenlenker sieht, wie sie ihr Viergespann lenken und umwenden, und alles andere; zwingt nun dieses irgendeine Notwendigkeit, daß es so geschehe?

Keineswegs; sinnlos wäre die Bemühung der Kunst, wenn sich alles zwangsläufig bewegte.

Was also der Notwendigkeit des Soseins entbehrt, wenn es geschieht, wird ebenso, ehe es geschieht, ein ohne Notwendigkeit Künftiges sein. Gewisse kommende Ereignisse also gibt es, die von aller Notwendigkeit frei sind. Denn das, meine ich, wird niemand sagen, daß das, was jetzt geschieht, auch nicht zukünftig gewesen sei, ehe es geschah. Also hat es auch, wenn es vorausgewußt wird, eine Freiheit des Geschehens; denn wie das Wissen der gegenwärtigen Dinge diesen keine Notwendigkeit des Geschehens hinzufügt, so auch nicht das Vorherwissen denen, die geschehen werden. Dieses aber, sagst du, wird gerade bezweifelt, ob es von den Dingen, die keine Notwendigkeit des Geschehens haben, irgendeine Voraussehung geben könne. Darin scheint nämlich ein Widerspruch zu stecken, und du meinst, wenn etwas vorausgesehen werde, so folge damit auch die Notwendigkeit. Wenn umgekehrt die Notwendigkeit fehlt, könne nichts vorausgesehen werden; denn das Wissen könne nur Sicheres fassen, und wenn als angeblich sicher das vorgesehen werde, dessen Eintreffen unsicher ist, so sei dies eine Unklarheit des Meinens und nicht die Wahrheit des Wissens. Mit der Reinheit des Wissens, so glaubst du, sei es unvereinbar, eine Sache anders zu beurteilen, als sie ist.

Die Ursache dieses Irrtums ist, daß man glaubt, daß alle Dinge, die man weiß, lediglich gemäß ihrer eigenen Fähigkeit und Natur als Gewußte erkannt werden. Doch das Entgegengesetzte ist der Fall; alles nämlich, was erkannt wird, wird nicht gemäß seiner eigenen Fähigkeit erkannt, sondern gemäß der Möglichkeit des Erkennenden, was aus folgendem kurzem Beispiel erhellt: Die Rundheit irgendeines Körpers erkennt das Gesicht anders als der Tastsinn; jenes, entfernt bleibend, schaut alles zusammen im Strahl seines Blicks, dieser aber, dem Kreise verhaftet und verbunden, begreift die Rundung, gleichsam um sie herumgehend, in ihren Teilen. So betrachten auch den Menschen selbst anders die Sinne, anders die Vorstellungskraft, anders die Vernunft, anders die höchste Einsicht. Die Sinne nämlich beurteilen die Gestalt, wie sie in der zugrunde liegenden Materie besteht, die Vorstellungskraft aber die Gestalt ohne Materie; die Vernunft überschreitet auch diese und behandelt die Form selbst, die den Einzelwesen innewohnt, unter dem Gesichtspunkt des Allgemeinen. Das Auge der Intelligenz steht noch höher; denn nachdem sie den Umkreis des Universums überschritten hat, schaut sie jene einfache Form selbst mit der reinen Schärfe des Geistes.

Dabei ist besonders zu beachten, daß die höhere Kraft des Begreifens die niedere umspannt, während die niedere sich auf keine Weise zur höheren erheben kann. So gelten die Sinne nichts außerhalb der Materie, noch schaut die Vorstellungskraft die allgemeinen Formen, noch begreift die Vernunft die einfache Form, aber die höchste Einsicht, gleichsam von oben schauend, begreift die Form und erkennt damit auch alles, was unter ihr ist, und zwar auf die Weise, wie sie die Form selbst, welche die anderen alle nicht erkennen können, umgreift; denn sie erkennt das Universum der Vernunft, die Gestalt der Vorstellungskraft und die wahrnehmbare Materie nicht, indem sie sich der Vernunft, der Vorstellungskraft, der Sinne bedient, sondern indem sie mit Einem Blick des Geistes gewissermaßen von der Form her das Ganze erschaut. Auch die Vernunft, wenn sie ein Allgemeines betrachtet, bedient sich weder der Vorstellungskraft noch der Sinne, um das Vorstellbare und Wahrnehmbare zu begreifen. Sie ist es nämlich, die das Allgemeine ihres Begreifens folgendermaßen bestimmt: Der Mensch ist ein zweifüßiges vernünftiges Lebewesen. Obschon dies ein Allgemeinbegriff ist, weiß doch jedermann, daß die gemeinte Sache vorstellbar und wahrnehmbar ist, die allerdings durch die Vernunft weder auf dem Wege der Vorstellungskraft noch auf demjenigen der Sinne, sondern über den Begriff erfaßt wird. Auch die Vorstellungskraft, obgleich sie von den Sinnen das Sehen und Formen der Gestalten herleitet, betrachtet bei Abwesenheit der Sinne das Wahrnehmbare nicht kraft ihres sinnlichen, sondern ihres Vorstellungsurteils.

Siehst du also, wie alles beim Erkennen sich mehr der eigenen Fähigkeit bedient als derjenigen des zu Erkennenden? Und dies nicht mit Unrecht; denn da jedes Urteil als ein Akt des Urteilenden besteht, ist notwendig, daß jedes seine Tätigkeit aus eigener Macht und nicht aus einer fremden vollbringe.

Einstmals brachte der Stoa Kreis 4.C
Alte, neblige Männer hervor,
Die da meinten, es sei dem Geist
Von den Körpern von außen her
Bild und Sinne so aufgeprägt,
Wie der emsige Griffel oft
Auf die ebene Tafel, die
Noch von Zeichen nicht eine Spur
Auf sich trägt, seine Lettern setzt.
Doch wie drückte lebendger Geist
Ohne eigne Bewegung sich aus,
Wenn er selbst nur geduldig liegt,
Sich dem Eindruck der Körper fügt,
Wenn er tot wie ein Spiegelglas
Gibt ein Abbild der Außenwelt?
Woher käm das Wissen dem Geist,
Das ihn stark macht, das All zu schaun?
Wo die Kraft, die das Einzelne sieht
Und die aufteilt, was sie erkennt,
Das Geteilte von neuem eint,
Daß sie wechselnd die Wege wählt,
Jetzt dem Höchsten das Haupt gesellt,
Jetzt zum Tiefsten heruntersteigt,
Wieder dann zu sich selber kehrt
Und mit Wahrheit das Falsche besiegt?
Dies ist der mächtig bewirkende Grund,
Weit über jenen andern hinaus,
Der in der Art des trägen Stoffs
Jeden Eindruck nur duldend trüg.
Freilich geht ihr erregend vor,

Was des Geistes Kräfte bewegt:
Lebender Körper Empfänglichkeit,
Wenn das Licht in die Augen fällt
Und die Stimme im Ohre schallt.
Dann erweckt auch des Geistes Kraft,
Was an innerer Schau er trägt,
Ruft zu gleicher Bewegung auf,
Paßt es äußerem Eindruck an
Und vermählt im Innern nun
Der verborgenen Form das Bild.

5.P. Wenn also bei der Wahrnehmung von Körpern, obwohl die Eigenschaften der Dinge von außen her die Werkzeuge unserer Sinne beeinflussen und der Kraft des handelnden Geistes das Erleiden des Körpers vorangeht, das die Tätigkeit des Geistes in ihm wachruft und dabei die im Innern ruhenden Formen erregt, wenn, sage ich, bei der Wahrnehmung von Körpern der Geist nicht duldend den Eindruck empfängt, sondern aus eigener Kraft über den vom Körper erfahrenen Eindruck urteilt, um wieviel mehr folgt das, was von allen Einwirkungen der Körper abgetrennt ist, beim Urteilen nicht den äußeren Gegenständen, sondern löst die selbständige Handlung seines Geistes aus. Aus diesem Grunde gehören den verschiedenen voneinander abweichenden Substanzen auch vielfältige Erkenntnisarten zu. Sinnesempfindung für sich allein, von aller andern Erkenntnis entblößt, gehört den unbeweglichen Lebewesen zu, wie Seemuscheln und was sonst, an Gestein haftend, sich ernährt, Vorstellungskraft aber den beweglichen Tieren, denen bereits ein gewisser Trieb zu meiden und zu begehren innezuwohnen scheint. Die Vernunft aber ist allein der menschlichen Art zu eigen, wie die Intelligenz nur der göttlichen. So kommt es, daß diejenige Erkenntnisart die übrigen überragt, die aus eigener Natur nicht nur die eigenen, sondern auch die Objekte der übrigen Erkenntnisarten kennt.

Was aber nun, wenn die Sinne und die Vorstellungskraft der Vernunft widerstrebten und sagten, daß jenes Allgemeine, das die Vernunft zu schauen meine, nicht sei? Was nämlich wahrnehmbar und vorstellbar ist, das könne nicht ein Allgemeines sein; entweder sei also das Urteil der Vernunft wahr, dann gebe es nichts Wahrnehmbares, oder da es ja an sich bekannt sei, daß es mancherlei Gegenstände der Wahrnehmung und der Vorstellungskraft gebe, so sei der Begriff der Vernunft leer, der, was nur wahrnehmbar und einzeln sei, betrachte, als wäre es etwas Allgemeines. Wenn nun die Vernunft dem entgegenhielte, daß sie zwar das, was zu den Sinnen und der Vorstellungskraft gehöre, gemäß der Allgemeinheit erblicke, jene hingegen zur Erkenntnis des Allgemeinen nicht zu gelangen vermöchten, da ja ihre Erkenntnis über die körperlichen Gestalten nicht hinausgehen könne, daß man sich aber hinsichtlich der Erkenntnis der Dinge eher dem verläßlicheren und vollkommeneren Urteil anvertrauen müsse? Würden wir bei einem Streite dieser Art, wir, denen ebenso die Kraft des Vernunftschlusses wie der Vorstellungskraft wie der Wahrnehmung eignet, nicht eher die Sache der Vernunft billigen?

Ähnlich ist es, wenn die menschliche Vernunft meint, daß die göttliche Einsicht die Zukunft nur so erschauen könne, wie sie sie selbst erkennt. Du schließest so: Wenn etwas nicht offenbar einen bestimmten und notwendigen Ausgang hat, so kann es auch kein Vorherwissen von seinem bestimmten Ausgang geben. Von solcherlei Dingen gibt es also kein Vorherwissen; wenn wir trotzdem an ein solches auch bei ihnen zu glauben hätten, so müßte eben alles aus Notwendigkeit hervorgehen. Wenn wir jedoch so, wie wir der Vernunft teilhaft sind, auch die Urteilskraft des göttlichen Geistes besitzen könnten, so würden wir, ebenso wie wir wissen, daß Vorstellungskraft und Sinne der Vernunft weichen müssen, es auch für höchst richtig halten, daß die menschliche Vernunft dem göttlichen Geist sich unterordne. Darum sollen wir uns, wenn wir es können, zum Gipfel jener höchsten Intelligenz emporrecken; denn dort wird die Vernunft sehen, was sie in sich nicht anschauen kann: auf welche Weise nämlich eine sichere und bestimmte Vorerkenntnis auch das, was keinen sicheren Ausgang hat, zu schauen vermag, und zwar nicht als bloßes Meinen, sondern vielmehr als die in keine Grenzen eingeschlossene Einfachheit des höchsten Wissens.

5.C. Mannigfaltig über die Erde hin wandern Tiergeschlechter,
Diese schleppen gestreckten Leibes sich hin in niederem Staube,
Ständig mit kräftigen Sehnen ziehen sie dauernd ihre Furche.
Schweifend leichtgefiederte gibt es, die mit dem Winde flattern,
Schwebend schwimmen sicheren Fluges sie weit durch Ätherräume.
Andre freut's, wenn mit festen Tritten sie auf dem Boden schreiten,
Bald durcheilen sie grüne Gefilde, bald schlüpfen sie in Wälder.
Doch wie mannigfach und wie wechselnd auch die Gestalten scheinen,
Erdwärts senkt sich ihr Angesicht, dumpf die Sinne beschwerend.
Einzig können der Menschen Geschlechter höher den Scheitel heben,
Recken leichte Glieder und blicken so auf die Erde nieder.
Hat nicht irdischer Sinn dich verwirrt, dann mahnt dich diese Gestaltung:
Der erhobnen Hauptes zum Himmel du mit der Stirne aufschaust,

Trag die Seele auf zum Erhabenen, daß nicht niedre Schwere
Tiefer als den aufrechten Körper dir deine Seele ziehe.

Da also, wie kurz zuvor gezeigt, alles, was gewußt wird, nicht 6.P gemäß seiner eigenen Natur, sondern gemäß der der Auffassenden erkannt wird, wollen wir nun, soweit es sich ziemt, betrachten, was die Beschaffenheit der göttlichen Substanz ist, damit wir erkennen können, welche Art von Wissen ihr eigen ist.

Daß Gott also ewig sei, ist die gemeinsame Überzeugung aller Vernunftbegabten. Wir wollen also untersuchen, was die Ewigkeit ist. Denn sie wird uns gleichermaßen die göttliche Natur und das göttliche Wissen klarmachen. Ewigkeit also ist der vollständige und vollendete Besitz unbegrenzbaren Lebens, was aus dem Vergleich mit dem Zeitlichen noch deutlicher erhellt. Denn alles, was in der Zeit lebt, das geht als ein Gegenwärtiges vom Vergangenen weiter in die Zukunft, und es gibt nichts, was in der Zeit besteht, das seinen ganzen Lebensraum gleichzeitig umfassen könnte. Das Morgige erfaßt es noch nicht, das Gestrige aber hat es schon verloren, und auch im heutigen Leben lebt ihr nicht weiter als in diesem einen bewegten und vorübergehenden Augenblick. Mag also auch das, was die Beschaffenheit der Zeit erfährt, weder jemals angefangen haben noch aufhören, wie Aristoteles von der Welt behauptete, und mag sich auch sein Leben in die Unendlichkeit der Zeit erstrecken, so ist es doch durchaus noch nicht so, daß man es mit Recht als ewig bezeichnen dürfte. Denn es erfaßt und umfaßt nicht gleichzeitig den ganzen Umkreis des wenn auch unbegrenzten Lebens, sondern es besitzt die Zukunft noch nicht und die Vergangenheit nicht mehr. Was jedoch die ganze Fülle des unbegrenzbaren Lebens gleichzeitig umgreift und besitzt, dem weder etwas am Zukünftigen abgeht noch vom Vergangenen verflossen ist, das wird mit Recht als ewig aufgefaßt, und das muß notwendigerweise, seiner selbst mächtig, immer als ein Gegenwärtiges in sich verweilen und die Unendlichkeit der bewegten Zeit als eine Gegenwart vor sich haben. Darum ist die Meinung derer nicht richtig, die, wenn sie hören, daß Platon glaubte, diese Welt habe weder Anfang in der Zeit gehabt, noch werde sie einen Untergang in ihr haben, annehmen, daß die geschaffene Welt auf diese Weise gleich ewig werde wie der Schöpfer. Etwas anderes ist es, wenn ein unbegrenzbares Leben geführt wird, was Platon der Welt zugebilligt hat, etwas anderes, wenn ein unbegrenzbares Leben gleichzeitig ganz in der Gegenwart erfaßt wird, was offenbar die Eigentümlichkeit des göttlichen Geistes ist.

Auch darf Gott nicht als älter als die erschaffene Welt nach der Ausdehnung der Zeit, sondern vielmehr nach der Eigentümlichkeit seiner einfachen Natur angesehen werden. Denn jene unbegrenzte Bewegung der zeitlichen Dinge ahmt diesen Stand des gegenwärtigen und unbewegten Lebens nur nach, und da sie ihn nicht abzubilden und ihm gleichzukommen vermag, verfällt sie aus der Unbewegtheit in die Bewegung, aus der Einfachheit der Gegenwart schwindet sie dahin zur unendlichen Ausdehnung der Zukunft und Vergangenheit, und da sie die ganze Fülle ihres Lebens nicht gleichzeitig besitzen kann, scheint sie darin, daß sie irgendwie zu sein niemals aufhört, mit dem, was sie doch nicht ausfüllen und ausdrücken kann, einigermaßen zu wetteifern, indem sie sich an die Gegenwart dieses wenn auch noch so geringen und flüchtigen Augenblicks heftet. Und da dieser ja ein gewisses Abbild jener beharrenden Gegenwart in sich trägt, so gewährt er all den Dingen, denen er zukommt, daß sie zu sein scheinen. Da er aber nicht beharren kann, hat er den unbegrenzten Weg der Zeit ergriffen, und so ist es gekommen, daß er durch sein Weiterschreiten jenes Leben ununterbrochen macht, dessen Fülle er im Beharren nicht zu umfassen vermochte. Wenn wir also den Dingen würdige Namen beilegen wollen, so wollen wir, Platon folgend, Gott zwar ewig, die Welt aber dauernd nennen.

Da nun jedes Urteil seiner Natur gemäß die Gegenstände erfaßt, die ihm vorliegen, Gott aber ein ewiger und stetsfort gegenwärtiger Zustand zukommt, so verharrt auch sein Wissen, das jede Bewegung der Zeit überschreitet, in der Einfachheit seiner Gegenwärtigkeit; und indem es die unendlichen Räume der Vergangenheit und Zukunft umfaßt, betrachtet es alles, als ob es schon geschähe, in seiner einfachen Erkenntnis. Wenn du also seine Voraussicht, mit der er alles erkennt, richtig einschätzen willst, so wirst du sie nicht als Vorherwissen einer etwaigen Zukunft, sondern viel richtiger als ein Wissen von einer niemals entschwindenden Gegenwart auffassen. Daher wird es nicht Vorhersehen, sondern lieber Vorsehung genannt, weil sie sich fern von den niederen Dingen aufhält und gewissermaßen vom erhabenen Gipfel der Dinge herunter alles vor sich sieht.

Warum also forderst du, daß das notwendig geschehe, was vom göttlichen Licht ins Auge gefaßt wird, wenn nicht einmal die Menschen das, was sie sehen, zur Notwendigkeit machen? Leiht etwa dein Schauen dem, was du als gegenwärtig betrachtest, irgendwelche Notwendigkeit?

Keineswegs.

Gleichwohl, wenn es überhaupt einen angemessenen Vergleich göttlicher und menschlicher Gegenwart gibt, so erblickt er alles in seiner ewigen Gegenwart, wie ihr einiges in eurer zeitlichen seht. Deshalb verändert diese göttliche Vorerkenntnis die Natur der Dinge und ihre Eigentümlichkeit nicht und erschaut bei sich jenes als gegenwärtig, was in der Zeit einst als zukünftig zum Vorschein kommen wird. Auch verwirrt sie nicht die Urteile über die Dinge, und in einem einzigen Schauen ihres Geistes erkennt sie ebenso das, was notwendig, wie das, was nicht notwendig kommen wird, so wie ihr tut, wenn ihr gleichzeitig einen Menschen auf der Erde wandeln und die Sonne am Himmel aufgehn seht; denn obwohl ihr beide zugleich erblickt, macht ihr doch einen Unterschied und stellt fest, daß jenes freiwillig, dieses notwendig geschehe. So verwirrt das das Weltall durchdringende Schauen Gottes die Eigenschaften der Dinge keineswegs, nur daß sie vor ihm gegenwärtig, in Beziehung zur Zeit aber zukünftig sind. Deshalb ist dies auch keine bloße Meinung, sondern vielmehr eine auf Wahrheit gestützte Erkenntnis, wenn Gott weiß, daß etwas sein werde, und zugleich, daß es die Notwendigkeit der Existenz entbehre.

Wenn du hier nun sagen wolltest, es könne nicht sein, daß das, was Gott als zukünftig geschehend erkenne, nicht eintreffen werde, was aber unmöglich nicht geschehen könne, das geschehe notwendig, und wenn du mich auf diesen Begriff der Notwendigkeit festlegen willst, so will ich gestehen, es sei dies als Tatsache eine festbegründete Wahrheit, doch könne an sie nur der heranreichen, der die Gottheit schaut. Ich werde weiterhin antworten, daß ein und dasselbe Zukünftige, wenn es auf die göttliche Erkenntnis bezogen wird, notwendig, wenn es aber nach seiner eigenen Natur gewürdigt wird, völlig frei und unabhängig erscheint. Denn es gibt zweierlei Notwendigkeit; die eine einfach, nach der es etwa notwendig ist, daß alle Menschen sterblich sind; die andere bedingt, wie etwa, wenn du von einem weißt, daß er geht, sein Gehen notwendig ist; denn was ein jeder weiß, das kann nicht anders sein, als wie es gewußt wird. Aber diese Bedingtheit zieht keineswegs jene einfache Notwendigkeit als Folge nach sich; denn zur Notwendigkeit führt nicht ihre eigene Natur, sondern das Hinzutreten der Bedingung; keine Notwendigkeit zwingt den, der nach eigenem Willen daherschreitet, zu gehn, obwohl es notwendig ist, daß, wenn er schreitet, er geht. Auf eben dieselbe Weise ist das, was die Vorsehung als gegenwärtig sieht, notwendig, obwohl es keine Notwendigkeit von Natur hat.

Freilich schaut Gott das Zukünftige, das aus der Freiheit des Willens hervorgeht, als ein Gegenwärtiges. Also geschieht dies, auf das göttliche Schauen bezogen, mit Notwendigkeit, bedingt durch das göttliche Erkennen, für sich betrachtet aber läßt es nicht ab von der absoluten Freiheit seiner eigenen Natur. Also wird ohne Zweifel alles geschehen, was Gott als zukünftig geschehend zuvor erkennt; aber einiges hiervon leitet sich aus dem freien Willen ab. Dies verliert, obwohl es geschieht, durch sein Eintreffen nicht seine eigene Natur, vermöge deren es, bevor es geschah, auch hätte nicht geschehen können.

Was kommt es also darauf an, daß es nicht notwendig ist, wenn es, bedingt durch das göttliche Wissen, durchaus so geschieht, als ob es notwendig sei? Eben dies, was das vor kurzem von mir angeführte Beispiel der aufgehenden Sonne und des schreitenden Menschen zeigt: während dies geschieht, kann es unmöglich nicht geschehen, und doch mußte das eine, bevor es geschah, mit Notwendigkeit eintreten, das andre aber keineswegs. So wird auch das, was Gott gegenwärtig vor sich hat, ohne Zweifel eintreten, aber hiervon leitet sich dieses aus der Notwendigkeit der Dinge ab, jenes aus der Machtvollkommenheit der Handelnden. Also haben wir nicht mit Unrecht gesagt, daß dieses zweite, wenn es auf die göttliche Erkenntnis bezogen wird, notwendig, wenn es aber an sich betrachtet wird, von den Fesseln der Notwendigkeit gelöst ist; wie alles, was die Sinne wahrnehmen, wenn man es auf die Vernunft bezieht, ein Allgemeines, wenn man es an sich selbst betrachtet, ein Besonderes ist.

Aber, wirst du sagen, wenn es in meiner Gewalt liegt, den Vorsatz zu ändern, so mache ich die Vorsehung zunichte, wenn ich vielleicht verändere, was jene vorauserkannt hat. Darauf antworte ich: gewiß kannst du deinen Vorsatz ablenken, aber doch schaut die untrügliche Vorsehung sowohl, daß du das kannst, als auch, ob du es tust und wozu du dich wendest, als ein Gegenwärtiges. Du kannst das göttliche Vorherwissen nicht vermeiden, so wie du nicht dem Blick des gegenwärtigen Auges entfliehen kannst, obwohl du dich nach freiem Willen zu verschiedenen Handlungen wenden kannst.

Was also willst du sagen? Wird sich das göttliche Wissen nach meiner Verfügung ändern, so daß, wie ich bald dies, bald jenes will, auch jenes die Art seines Erkennens zu wechseln scheint?

Keineswegs.

Denn allem Zukünftigen eilt das göttliche Schauen voraus, wendet es um und ruft es zurück zur Gegenwärtigkeit des eigenen Erkennens und wechselt nicht, wie du meinst, veränderlich bald dies, bald jenes Vorhererkennen, sondern beharrend und mit einem Schlage kommt es deinen Veränderungen zuvor und umfaßt sie. Diese Gegenwart, alles zu umfassen und zu erblicken, besitzt Gott nicht vom Ablauf der künftigen Dinge her, sondern aus der Einfachheit seiner eigenen Natur.

Hieraus löst sich auch jenes andere Problem auf, das du kurz zuvor aufgeworfen hast, es sei unwürdig, unsere zukünftigen Handlungen zur Ursache des göttlichen Wissens zu machen. Denn diese Macht des Wissens, die durch gegenwärtige Erkenntnis alles umfaßt, setzt selbst allen Dingen ihr Maß fest und ist dem noch Kommenden nichts schuldig.

Da dies so ist, bleibt den Sterblichen eine unverletzte Willensfreiheit, und nicht unbillig stellen Gesetze dem von aller Notwendigkeit gelösten Willen Belohnungen und Strafen vor Augen. Auch bleibt, alle Dinge von oben überblickend, ein vorauswissender Gott, und die immer gegenwärtige Ewigkeit seines Schauens trifft mit der zukünftigen Beschaffenheit unserer Handlungen zusammen, den Guten Belohnungen, den Bösen Strafen austeilend. Nicht vergeblich bauen also Hoffnung und Gebet auf Gott. Sie können, wenn sie richtig sind, nicht unwirksam bleiben. Widersteht also den Lastern, pfleget die Tugenden, erhebt den Geist zu rechter Hoffnung, richtet demütiges Gebet nach oben. Euch ist, wenn ihr euch nicht betrügen wollt, eine gewaltige Notwendigkeit, rechtschaffen zu sein, auferlegt, da ihr vor den Augen des alles sehenden Richters handelt.

ANHANG

ERLÄUTERUNGEN

Zum Ersten Buch

carm. 1 Versmaß: Elegische Distichen

V. 1f. Anspielung auf den angeblich ursprünglichen Anfang von Vergils Aeneis: *Ille ego qui quondam gracili modulatus avena / Carmen et egressus silvis vicina coegi* etc.

V. 18 Anspielung auf ein uns unbekanntes gefahrvolles Erlebnis früherer Zeit.

prosa 1

Z. 3ff. Die allegorische Beschreibung der Philosophie steht in einer alten Tradition, die über Hor. carm. 1, 35, 17ff., Kleanthes SVF I, S. 553 bis auf Xen. Mem. 2, 1, 22ff. zurückgeführt werden kann.

Z. 18ff. Die Zweiteilung der Philosophie in θεωρητική und πρακτική (theoretische und praktische), also Wissenschaft von der Natur und dem Seienden und Wissenschaft vom Sollen des Menschen, ist alte, vorzugsweise peripatetische Lehre; vgl. etwa Aet. Plac. Prooem. 3, p. 273f. Diels.

Z. 20–22 Daß die Theoria der Praxis gegenüber den Vorrang hat, ist alte Lehre; daß von der Praxis eine Stufenleiter zur Theoria hinanführt, dagegen erst neuplatonisch. Der Vergleich mit der Leiter (κλίμαξ) ist, soweit ich sehe, in diesem Zusammenhang erst im Neuplatonismus belegt (vgl. etwa Iambl. Protr. p. 8, 5 Pist.; Ammonios, CAG IV 3, p. 10, 22; 13, 5 Busse u. a.).

Z. 22–24 Die Bemerkung erläutert sich in pr. 3, Z. 23–32; die Gewalttätigen sind Stoiker und Epikureer. Ein verwandter Vergleich bei Clem. Alex. Strom. 1, 57, 1.

Z. 31–35 Der Vergleich der *cultura animi* mit der *cultura agri* ist alt und verbreitet; besonders beachtenswert Cic. Hortensius, Frg. 24 M.

Z. 38f. Daß Boethius als Jünger der Eleaten bezeichnet wird, bedeutet, daß er, wie bei einem Neuplatoniker nicht anders zu erwarten, die Eleatendialoge Platons (Parmenides, Sophistes, Politikos) für besonders autoritativ hielt.

carm. 2 Versmaß: Katalektische daktylische Trimeter

V. 2f. Charakteristisches Bild: die äußere Welt der Körperlichkeit ist die Finsternis, der gottnahe Geist im Inneren das Licht.

V. 6ff. Abrupter Wechsel zu dem Bild der Reise des Geistes durch die kosmischen Räume. Man wird an Plat. Theait. 173 E, an Lucr. 1, 72ff. («Sieger» V. 75 wie hier) und an Ciceros Somnium Scipionis denken.

V. 13 Die Frage nach den Ursachen ist die Grundfrage der aristotelischen Naturphilosophie (Metaphysik, 1. Buch).

prosa 2

Zum ärztlichen Vorgehen der Philosophie, szenisch das tragende Motiv des ganzen Werkes, vgl. W. Schmid, Philosophisches und Medizinisches in der Consolatio des Boethius, in: Festschrift Bruno Snell, 1965, 113ff.

carm. 3 Versmaß: Daktylische Hexameter und akatalektische daktylische Tetrameter

prosa 3

Z. 6ff. Zu dieser Anrede an die Philosophie vgl. Cic. Tusc. disp. 5,5, Cornelius Nepos, epist. ad Cic. bei Lact. div. inst. 3, 15, 10.

Z. 14ff. Zu dem Bilde, daß die Philosophie ihren Getreuen bis in den Kerker begleitet, vgl. Cic. Tusc. disp. 5, 12–14 und 5, 80, dazu Hortensius, Frg. 64 M.

Z. 23ff. Die Bemerkung greift auf pr. 1, Z. 22ff. zurück, in sich sehr eigentümlich, da weder im späteren Verlauf auf Epikureer und Stoiker Bezug genommen wird, noch klar wird, worauf Z. 29–32 eigentlich zielt.

Z. 33–37 Zweimal drei Beispiele von Philosophen, die ähnlicher Verfolgung ausgesetzt waren wie Boethius. Zu Anaxagoras s. Diog. Laert. 2, 12–14, zu Sokrates Platons Phaidon, zu Zenon von Elea Diog. Laert. 9, 26f. Canius ist nur aus unserer Stelle, dann aus pr. 4, Z. 105–109 und Seneca, tranqu. an. 14, 4–9 bekannt; über Seneca selbst s. Tac. ann. 15, 60–63, über Barea Soranus Tac. ann. 16, 33.

Z. 44–54 Der Vergleich der Philosophie mit einer wohlbefestigten Burg läßt sich bis auf Antisthenes bei Diog. Laert. 6, 13 zurückführen.

carm. 4 Versmaß: Phalaeceus
prosa 4

Z. 2 Ein altes, schon bei dem Komiker Kratinos (Frg. 229 Kock) zitiertes Sprichwort.

Z. 3f. Hom. Il. 1, 363 (Thetis, tröstend zu Achilleus).

Z. 12f. Eine der klassischen, in der Regel der Stoa zugeschriebenen Definitionen der Philosophie.

Z. 20f. Plat., Staat 473 CD.

Z. 22–26 Plat., Staat 347 BC.

Z. 36–40 Über diese hohen ostgotischen Beamten ist sonst nichts bekannt.

Z. 53 Flavius Paulinus: Konsul des Jahres 498.

Z. 55 Faustus Albinus Iun.: Konsul des Jahres 493; vgl. unten Z. 28 und Anonymus Vales. 85–87.

Z. 57 Cyprianus: Hofbeamter und Günstling Theoderichs; vgl. Anon. Vales. 85–86.

Z. 63 Flavius Decius Marius Basilius Venantius Iun.: Konsul des Jahres 508.

Z. 65 Flavius Rufius Opilio: Konsul des Jahres 524. Gaudentius: nicht näher identifizierbar.

Z. 93ff. Kann auf Plat. Apol. 17 B bezogen werden.

Z. 103ff. Bemerkenswert die Offenheit, mit der Boethius erklärt, von irgendeiner Freiheit der Römer könne überhaupt nicht mehr die Rede sein; die Tatsache, daß alle seine persönlichen Gegner Römer, nicht etwa Ostgoten gewesen zu sein scheinen, rückt damit in ein besonderes Licht.

Z. 105 S. oben zu pr. 3, Z. 33–37.

Z. 113–116 Das Zentralproblem, auf das bis ins fünfte Buch hinein immer wieder zurückgegangen wird.

Z. 117 Wer dieser Vertraute der Philosophie ist, läßt sich nicht sicher sagen; am ehesten wird man Seneca vermuten.

Z. 127–131 Zu diesen Ereignissen vgl. Anon. Vales. 14, 85ff.; Ennodius 58.59.230.277.

Z. 142–144 Beachtlich die Allgemeinheit der Formulierungen; ein spezifisch christliches Kolorit ist hier wohl mit Absicht gemieden.

Z. 157 Aus. Z. 161f. ergibt sich, daß Boethius vorgeworfen wurde, er habe sich der Hilfe böser Geister, also der Zauberei, bedient, um seine Zwecke zu erreichen. Dergleichen Vorwürfe dürften in der ganzen Spätantike (und nicht ohne Mitschuld der aus einzelnen Stellen Platons herausgesponnenen philosophischen Dämonologie) nicht selten gewesen sein. Vgl. schon die Apologie des Apuleius aus der Mitte des 2. Jh. n. Chr.

Z. 159 Das Mahnwort «Folge dem Gotte», in der Antike vielfach zitiert, gilt bei Stob. Ecl. 2, 7, 3, p. 49, 16 W. und bei Iambl. Pyth. 86 als pythagoreisch. Daß Boethius sich in diesem ganzen Zusammenhang an Darlegungen des Porphyrios erinnert, möchte man gerne annehmen.

Z. 161 Dazu vgl. Plat. Theait. 176 B.

Z. 164 Symmachus: Konsul des Jahres 485, sowohl beim Anon. Vales. wie auch bei Prokop, Bellum Gothicum als einer der bedeutendsten Römer seiner Zeit charakterisiert.

Z. 180–184 Vgl. dazu das Porträt des leidenden Gerechten in Platons Staat 361 B–D.

carm. 5 Versmaß: Anapästische Dimeter

V. 23ff. Die Gesetzmäßigkeit im supralunaren Raume steht der Regellosigkeit und Anarchie im sublunaren Raume gegenüber.

V. 43 und 48 Diese Verwendung des Begriffs *foedus* (Bündnis, «Gesetz») für die Gesetzlichkeit der Natur wird auf Lukrez zurückgehen; vgl. 1, 586; 2, 254 u.a.

prosa 5

Z. 4ff. Das Motiv der Heimat des Geistes, der (selbstverschuldeten) Verbannung aus dieser Heimat und der allmählichen mühseligen Rückkehr kehrt von da an im Werke immer wieder; letztes greifbares Vorbild ist Empedokles (Vorsokratiker 31 B, 116ff.), bei Platon nur angedeutet, näher ausgeführt anscheinend im Dialog Eudemos des Aristoteles (s. Cic. div. 1, 52), dann zweifellos im Neuplatonismus weit verbreitet.

Z. 8f. Daß dem Gerechten kein Unrecht angetan werden kann, sagt Platon Apol. 30 CD.

Z. 10–13 Eigenartig ist die Verbindung des Hinweises auf die korrupte athenische Demokratie, wie sie etwa bei Cic. rep. 1, 65–68 nach Platon, Staat 562 Cff., geschildert wird, mit einem berühmten Homervers (Il. 2, 204), der auch an markanter Stelle bei Aristoteles, Metaph. 1076a4, zitiert ist, und mit Gedanken über die Aufgabe des rechten Staatsmannes, im Sinne von Plat., Staat 345 Cff. u.a.

Z. 13–15 Das hier ausgesprochene Paradoxon ist demjenigen verwandt, das Seneca, ep. Luc. 8,7 aus Epikur zitiert.

Z. 21–26 Bemerkenswert scharfe Antwort auf pr. 4, Z. 8–13.

carm. 6 *Versmaß: Glykoneen*
prosa 6

Z. 9–13 Darauf greift III, pr. 12, Z. 14f. zurück.
Z. 14 Verweis auf c. 5.
Z. 22f. Dazu III, pr. 12, Z. 6ff.
Z. 29–32 Dazu III, pr. 11, Z. 116–143.
Z. 40–47 Eine ausdrückliche Korrektur dieser unzureichenden Antwort wird nicht gegeben.

carm. 7 *Versmaß: Adoneus*

V. 25–28 Die vier klassischen Affekte, schon von Platon (Laches 191 D) als feste Gruppe vorausgesetzt.

Zum Zweiten Buch

prosa 1

Z. 20–26 Damit werden die nachfolgenden Abschnitte pr. 1–4 charakterisiert. Das Entscheidende ist, daß nun noch nicht systematisch vorgegangen und bewiesen, sondern an die allgemeine menschliche Erfahrung appelliert werden soll; die vorgetragenen Gedanken sind traditionell, wenn auch nicht in dem Umfang, wie es F. Klingner, De Boethii consolatione philosophiae, 1921, S. 8ff. mit etwas gar zu summarischen Urteilen behauptet; die Tradition ist die einer bestimmten primär stoischen, sekundär peripatetischen und platonischen Trostliteratur.
Z. 27 Die Apostrophierung des Menschen überhaupt wiederholt sich in pr. 2, Z. 3, findet sich mehrfach besonders bei Epiktet; Vorbild war u.a. Platon, Kleitophon 407 B.
Z. 29 Die Auseinandersetzung mit der Fortuna-Tyche als einer brutal launischen unberechenbaren Macht ist Platon noch fremd, beginnt bei Aristoteles und dessen Schülern Theophrast (vgl. Cic. Tusc. disp. 5, 25) und Demetrios von Phaleron (Frg. 79–81 Wehrli) und wird dann vor allem von der Stoa geführt. Vgl. im allgemeinen Plut. mor. 97 Cff.; Dio Prus. or. 63–65; Libanios or. 6.

carm. 1 *Versmaß: Hinkiamben*

V. 2 Der Vergleich des Schicksals mit den Wechselströmungen des Euripos (zwischen Euböa und dem griechischen Festland) ist seit dem 4. Jh. v. Chr. weit verbreitet.

prosa 2

Z. 1ff. Prosopopoiie der Fortuna; Ähnliches öfters bei Seneca, letztes formales Vorbild Platon, Kriton 50 Aff.

Z. 35f. Auf Fortuna ist hier übertragen, was Hesiod, Erga 5ff. von Zeus gesagt hatte.

Z. 41 Die von Herodot 1, 81–91 maßgebend gestaltete Erzählung von Glück und Untergang des Königs Kroisos ist zweifellos schon längst vor Boethius als Paradeigma menschlichen Geschicks, vergleichbar demjenigen des Priamos, verwendet worden.

Z. 44–46 Die Gefangennahme des letzten makedonischen Königs Perseus durch den römischen Feldherrn Aemilius Paullus 168 v. Chr. ist schon von den Zeitgenossen, wohl auch von Aemilius Paullus selbst, als ein monumentales Beispiel des Waltens der Tyche verstanden worden; vgl. Polybios 29, 20; Plutarch, Aem. 26f., Livius 45, 8 u. a.

Z. 49f. Mit dem Zitat (Il. 24, 527) wird daran erinnert, daß zu den Studienautoren der Jugend des Boethius auch Homer gehört hat.

Z. 54f. Unverkennbar zeigt die Stelle, daß Boethius bei der Niederschrift dieses Textes auf eine Revision des Urteils und eine Rehabilitierung gehofft hat.

carm. 2 Versmaß: Asklepiadeen und Pherekrateen

V. 15–18 Vgl. Plut. mor. 524 A.

prosa 3

Z. 7–10 Vgl. Cic. Tusc. disp. 1, 24 und 5, 13.

Z. 31 Im Jahr 522, also knapp zwei Jahre vor Abfassung der Consolatio.

Z. 49 Der vielseitig verwendbare Vergleich des menschlichen Lebens mit einem auf der Bühne sich abspielenden Drama ist spätestens von der Sokratik an (Xen. Mem. 2, 2, 9; Diog. Laert. 2, 66f. u. a.) weit verbreitet.

carm. 3 Versmaß: Sapphische Elfsilbler und Glykoneen

prosa 4

Z. 1f. Vgl. Cic. Tusc. disp. 5, 5.

Z. 16–30 Die Stelle zeigt, daß von Sippenhaftung keine Rede war. Gattin und Söhne des Boethius sind, soweit wir wissen, auch später unbehelligt geblieben; dagegen ist gemäß dem Anon. Vales. 15, 92 gegen Symmachus nach der Hinrichtung des Boethius ein besonderes Verfahren in Ravenna eröffnet worden, das mit Todesurteil und Hinrichtung endete.

Z. 36 Vgl. zu pr. 2, Z. 54f.

Z. 47–62 Daß die menschliche Glückseligkeit nie vollständig ist, dürften vor allem die Peripatetiker hervorgehoben haben; vgl. Cic. fin. 5, 91.

Z. 70f. Daraus ergibt sich, daß Boethius sich nicht etwa im Gefängnis befindet, sondern lediglich einen Zwangsaufenthalt an einem allerdings sehr abgelegenen Orte (vgl. I, pr. 4, Z. 146f.) zugewiesen erhalten hat.

Z. 90f. Eine Kurzdefinition der Glückseligkeit, die den Akzent auf die Vernunftbegabung des Menschen legt.

Z. 104–106 Höchst bemerkenswert ist, daß hier wie auch später pr. 7 Z. 87f. die Unsterblichkeit der Seele zwar allgemein vorausgesetzt wird, doch für den Gedankengang im besonderen keine Rolle spielt. Mag sein, daß Boethius diesen Punkt bewußt umgeht, weil sich da die Wege der antiken Philosophie und der christlichen Theologie allzu rasch und allzu sichtbar hätten trennen müssen.

carm. 4 Versmaß: Katalektische iambische Dimeter und Pherekrateen

V. 13–22 Preis des Lebens in bescheidener Unauffälligkeit, wie es vor allem Epikur empfohlen hatte, im Ton sehr stark an Seneca, Thyest. 391–403, Herc. fur. 192–201 u.a. erinnernd.

prosa 5

Z. 1–7 Damit wird ein neuer, philosophisch anspruchsvollerer Teil angekündigt, der pr. 5–7 umfaßt; er ist nicht ganz einheitlich und bleibt immer noch im Bereich allgemeiner Lebensweisheit, formuliert aber (was Klingner a.O. 16ff. verkennt) die einzelnen Argumente scharf und sorgfältig und bei aller Pathetik ohne unnötiges Gerede.

Z. 8–16 Erstes Argument gegen den Reichtum: seine Nützlichkeit erweist er gerade nicht, wenn er bewahrt (σώζεται), sondern wenn er ausgegeben wird, also entschwindet (ἀπόλλυται).

Z. 17–25 Zweites Argument: Im Gegensatz zur Stimme, die überall als ein Ganzes gegenwärtig ist, ist die Materie des Reichtums nur durch Aufsplitterung verteilbar.

Z. 26–36 Drittes Argument: Das Unbeseelte und Vernunftlose steht an Rang unter dem Beseelten und Vernunftbegabten.

Z. 37–48 Viertes Argument: Auch wenn man dem unbeseelten und unbelebten Kosmos Schönheit zubilligt, so ist er doch nicht dem Menschen zu eigen, für ihn kein eigenes Gut.

Z. 48–55 Eine die Argumentreihe unterbrechende Einlage, deutlich epikureischer Herkunft (vgl. Frg. 467–477 Us.), am ehesten wohl aus einer verlorenen Schrift Senecas.

Z. 56–63 Das fünfte und das sechste Argument laufen parallel: Pracht der Kleidung und Tüchtigkeit der Diener sind keine Leistung des Besitzers, sondern des Handwerkers bzw. der Diener selbst.

Deutlich ist, daß die Argumente ein System bilden: Reichtum an Geld (1 und 2) und an herrschaftlichem Besitz an Land, Ausstattung und Dienerschaft (3 bis 6).

Z. 64–72 Siebentes Argument: Die Güter sind wertvoll entweder durch bloße Konvention (so darf man ergänzen) – dann haben sie keinen echten Wert; oder durch ihre Natur – dann haben sie ihren Wert aus sich und nicht durch den Besitzer.

Z. 73–80 Eine zweite Einlage epikureischen Charakters.

Z. 80–85 Achtes Argument: Mißachtung des Inneren zugunsten des Äußeren.

Z. 85–95 Neuntes Argument: Wenn nach einem allgemeinen, zweifellos der platonischen Schule entstammenden Lehrsatz das Gute ranghöher ist als dasjenige, das nach dem Guten strebt, so ergibt sich für den Liebhaber des Reichtums die Absurdität, daß er das für ranghöher hält, was in Wahrheit rangtiefer ist.

Z. 95–100 Daß sich der Mensch durch das Sich-selbst-Erkennen vom Tiere unterscheidet, ist letzten Endes wohl eher aristotelische als platonische Lehre; vgl. Plut. mor. 1118 C, Cic. fin. 5, 44; leg. 1, 58f. u.a.

Z. 107–117 Zehntes Argument: Was wahrhaft gut ist, kann nur gute Wirkungen haben, was vom Reichtum nicht gilt. Dies ist ein platonisches Prinzip; vgl. Gorgias 460 BC, Staat 335 Cff. – Der Vergleich mit dem getrost singenden Wanderer ist sicherlich alt; nahe steht natürlich Hor. carm. 1, 22.

carm. 5 *Versmaß: Anapästische Dimeter (Paroemiacus)*
prosa 6

Z. 3–9 Erstes Argument gegen Ehre und Macht: Sie sind der Tugend gegenüber indifferent.

Z. 6–9 Die Anspielung auf den Sturz des Tarquinius Superbus ist evident, unklar dagegen, welches Ereignis er als Versuch zur Beseitigung des Konsulates deutet.

Z. 10–13 Zweites Argument, zum ersten komplementär: Wenn Ehre und Macht einmal zum Tugendhaften gelangen, dann ist es die Tugend, die der Macht ihren Wert verleiht; vgl. Aristot. Nik. Eth. 1095b26ff.

Z. 14–22 Drittes Argument: Der Machtanspruch kontrastiert mit der Nichtigkeit (zum Mäusevergleich Cic. nat. deor. 2, 17) und der Hinfälligkeit des Menschen.

Z. 22–27 Viertes Argument, zum dritten komplementär: Auch der Mächtigste herrscht nicht über den Geist, sondern nur über den Körper und die äußeren Güter (peripatetische Dreigüterlehre).

Z. 27–32 Gemeint ist der schon in I, pr. 3, Z. 34 genannte Zenon von Elea; vgl. Diog. Laert. 9, 27.

Z. 33–41 Fünftes Argument, das vierte ergänzend: Der Mächtige muß riskieren, daß die Macht, die er ausübt, auch gegen ihn selbst ausgeübt werden kann. Bemerkenswerterweise wird der stets als grausamer Menschenschlächter charakterisierte mythische König Ägyptens, Busiris, parallelisiert mit dem römischen Regulus, der ebenfalls schließlich erlitt, was er anderen zuvor angetan hatte. Boethius folgt einer Version der Regulusgeschichte, die von den sonstigen idealisierenden Darstellungen etwa bei Cic. off. 3, 99–108 oder Hor. carm. 3, 5, 13ff. u.a. merklich abweicht.

Z. 41–50 Sechstes Argument parallel pr. 5, Z. 107–117: Was wahrhaft gut ist, kann nur gute Wirkungen haben, was von der Macht nicht gilt.

Z. 51–67 Variante des vorausgehenden Argumentes, im Sinne eines Abschlusses der Beweisführung auf alle drei bisher zur Diskussion stehenden Güter (Reichtum, Ehre, Macht) angewandt: Der Besitz jedes Gutes bringt den Besitzer in die dem Gute entsprechende Verfassung; der Reiche dagegen hält sich dauernd für arm, der Mächtige bleibt ohnmächtig, der Geehrte ist nicht wirklich ehrwürdig.

Z. 67–71 Noch allgemeinere Erwägung: Die äußeren Glücksgüter sind Tugenden und Lastern gegenüber indifferent.

carm. 6 Versmaß: Sapphische Elfsilbler

Das Zusammenkommen von Macht und Laster wird an Kaiser Nero exemplifiziert. Daß die römische Geschichtsschreibung schon gleich von Neros Tod (68 n.Chr.) an eine extrem feindselige Haltung gegen ihn einnahm, sei hier nur als eine (nicht in jeder Hinsicht selbstverständliche) Tatsache angemerkt.

prosa 7

Z. 1–10 Boethius gibt sich nicht geschlagen, sondern weist im Sinne etwa von Aristot. Nik. Eth. 11178a28ff. darauf hin, daß die Praxis der Tugend auf ein Betätigungsfeld angewiesen sei; etwas befremdlich dreht die Philosophie den Einwand so, daß sie ihm den Anspruch auf gerechten Ruhm zubilligt.

Z. 11–68 Damit ist der Weg gebahnt zu einer Belehrung über den Ruhm, der sich sowohl in der Dimension des Raumes wie auch in derjenigen der Zeit als nichtig erweist. Substrat des Ganzen ist unzweifelhaft Cicero sowohl mit rep. 6, 16–26, wie vermutlich auch mit dem Hortensius (vgl. Frg. 35.37.54.87 M.), doch wird auch der Astronom Ptolemaios (ca. 100–170 n.Chr.) zitiert. Hat Boethius einen Kommentar zum Somnium Scipionis, vergleichbar demjenigen des Macrobius, benutzt?

Z. 72–83 Apophthegma unbestimmbarer Herkunft.

Z. 90 Anspielung auf Verg. Aen. 1, 604.

Z. 90f. Vgl. Cic. rep. 6, 14 und Tusc. disp. 1, 42–44.

carm. 7 Versmaß: Iambische Trimeter und Dimeter
prosa 8

Wohl zur Abrundung des Buches kehrt die Darlegung etwas unerwartet zum Bild der Fortuna, also zum Thema von pr. 1–4 zurück. Insbesondere pr. 4, Z. 7ff. wird ergänzt durch den Hinweis auf die Freunde, die sich im Unglück als treu bewährt haben (Z. 21–28); auffallend ist freilich, daß wir nicht die geringste Andeutung darüber erhalten, wer diese Freunde des Boethius sind.

carm. 8 Versmaß: Glykoneen

Etwas gezwungen wird an die Erwähnung der Freunde in den vorausgehenden Zeilen ein Preis der Liebe, die das Leben des Kosmos wie des Menschen beherrscht, angeschlossen, letztlich angeregt durch die Philia-Aphrodite in der Kosmogonie des Empedokles.

Zum Dritten Buch

prosa 1

Z. 8–15 Die Bereitschaft zu schärferen Arzneien deutet an, daß nun abermals eine philosophisch anspruchsvollere Darlegung zu erwarten ist. In der Tat erhalten wir nun in 1–8 eine systematisch geschlossene Beweisführung, deren Ziel sich teilweise mit II, pr. 5–7 überschneidet (hier wie dort wird die Nichtigkeit von Reichtum, Ehre und Macht aufgezeigt), deren Methode aber strenger ist und deren philosophische Implikationen wesentlich weiter reichen. Welches die Quelle des Boethius ist, läßt sich nicht bestimmen; daß es aber eine andere ist als für II, pr. 5–7, ist unbestreitbar.

Z. 15–30 Um die wahre Glückseligkeit in den Blick zu bekommen, wird zunächst das Wesen der scheinbaren Glückseligkeit herausgearbeitet. Methodisch ist der Gedanke der, daß angesichts der Schwäche des menschlichen Geistes zuerst festgestellt werden muß, was die Glückseligkeit nicht ist, und erst dann eben daraus gefolgert werden kann, was sie ist. So liest etwa Aristoteles das Wesen der Gerechtigkeit an ihrem Gegensatz, dem Wesen der Ungerechtigkeit ab (Nik. Eth. 1129a17–18 und a31–b1). In der Formulierung erinnert der Abschnitt des Boethius mehrfach an das berühmte Höhlengleichnis in Platons Staat (514 A ff.).

carm. 1 Versmaß: Daktylischer Trimeter und ein trochäisches Glied (Paeon)

Passend wird das angekündigte Beweisverfahren durch zwei im Gleichnis angedeutete Gedanken illustriert: Ehe gesät werden kann, muß das Unkraut ausgerissen werden (vgl. Cic. Hortensius, Frg. 24 M.); das Angenehme erfreut doppelt, wenn man zuvor das Widrige erfahren und überstanden hat.

prosa 2

Z. 1 ff. Der szenische Einsatz betont, daß dem Hörer nun eine philosophische Verkündigung zuteil werden wird.

Z. 3–12 Erste These: Alle Menschen ohne Ausnahme erstreben die Glückseligkeit als die Vereinigung aller Güter, über die hinaus nichts weiter zu wünschen bleibt.

Z. 13–32 Zweite These: Diese Glückseligkeit hat fünf Aspekte: Selbstgenügsamkeit, Ehrwürdigkeit, Macht, Ruhm, Freude. Diese fünf Aspekte werden richtig erkannt, aber auf falsche Weise erstrebt. Man sucht sie (materiell) in Gütern, in denen sie nicht zu finden sind, und man isoliert sie (formell) oder kombiniert sie unrichtig als Mittel und Zwecke. – Dies ist eine festgefügte Theorie, die von den platonischen und aristotelischen Beschreibungen der Eudaimonia ausgeht, sie systematisiert und für jeden einzelnen Punkt den wahren und den scheinbaren Gehalt einander gegenüberstellt. Ältere Zeugnisse für diese nicht übermäßig anspruchsvolle, aber immerhin philosophisch zu nennende Theorie haben sich noch nicht finden lassen; als sicher darf angenommen werden, daß sie vorneuplatonisch ist.

Z. 33–53 Die verschiedenen, allgemein geschätzten Güter werden nun unter die genannten fünf subsumiert; es ist deutlich, daß diese Fünfzahl ausdrücklich und exhaustiv gemeint ist. – Man wird nur beachten, daß die Freundschaft, deren Einordnung in die Güterhierarchie schon bei Platon und Aristoteles einige Mühe bereitet, ausgeklammert ist (Z. 36–38). Banal ist in Z. 51–53 der Hinweis auf Epikur.

Z. 54–83 Ausdrücklicher Nachweis, daß der Fehler der Menschen nicht in der Ansetzung der fünf Güter als solcher besteht; diese sind in der Tat die fünf Aspekte der Eudaimonia. Lediglich der Weg, auf dem sie sie suchen, ist verkehrt.

carm. 2 Versmaß: Anapästische Dimeter

Inhalt: Die naturgesetzliche Ordnung kann durch keine Gewalt durchbrochen werden, wie sehr hübsch am scheinbar gezähmten Löwen, am scheinbar in seinem Käfig vergnügten Singvogel, am gewaltsam verbogenen Baume gezeigt wird; diese Beispiele für die Ohnmacht des Nomos gegenüber der Physis sind ohne Zweifel sehr alt.

prosa 3

Z. 1–15 Nochmalige Feststellung der Grundtatsache, daß die Menschen in ihrem naturgemäßen Streben (*naturalis intentio* etwa φυσικὴ ὁρμή) die richtigen Ziele ahnen, sich aber dann verwirren lassen.

Z. 16–70 Einzelnachweise, daß der Reichtum nicht jene Selbstgenügsamkeit verschafft, die der Mensch von ihm erhofft. – In der Sache überschneidet sich dieser Abschnitt natürlich mehrfach mit II, pr. 5, doch ist die Gesamtorientierung eine andere.

Z. 66f. Eine von Boethius selbst eingelegte Sentenz epikureischer Herkunft wie II, pr. 5, Z. 48–55 und 73–80.

carm. 3 Versmaß: Iambische Trimeter und daktylische Pentameter

prosa 4

Einzelnachweis, daß Ehrenstellen nicht jene Ehrwürdigkeit verschaffen, die der Mensch von ihnen erhofft. Vgl. II, pr. 6.

Z. 7f. Anspielung auf den ironisch-grimmigen Vierzeiler Catulls carm. 52.

Z. 11–15 Decoratus nach Cassiodor, ep. 5, 3f. Quaestor um 508 n. Chr.

Z. 34–45 Das Argument ist eine Konkretisierung von II, pr. 7, Z. 24ff. Vgl. auch Aristot. Pol. 1255a29–38 und Nik. Eth. 1134b24–27.

Z. 45–50 Historisch höchst bemerkenswerte Notiz über den Verfall der altrepublikanischen Magistraturen in Rom. Die Praetur ist zu einer bloßen kostspieligen Repräsentation geworden, die Praefectura annonae eine Beamtung ohne jedes Ansehen. Boethius denkt augenscheinlich an die konkreten Verhältnisse seiner eigenen Zeit.

carm. 4 Versmaß: Phalaeceen und alkäische Zehnsilbler

Zum Inhalt vgl. II, carm. 6.

prosa 5

Einzelnachweis, daß äußere Machtstellen nicht jene wahre Macht verschaffen, die der Mensch von ihnen erhofft. Vgl. II, pr. 6.

Z. 10–12 Vgl. wiederum II, pr. 7, Z. 25ff., dazu Cic. rep. 6, 20–22.

Z. 15–17 Anspielung auf Cic. Tusc. disp. 5, 61–62.

Z. 31–39 Zum Schicksal Senecas vgl. Tac. ann. 14, 52–56 und 15, 60–64, zur Hinrichtung des berühmten Juristen Papinianus durch Caracalla im Jahre 212 n. Chr. vgl. Hist. Aug. Carac. 8.

carm. 5 *Versmaß: Anapästische Dimeter*
prosa 6

Einzelnachweis, daß äußere Berühmtheit nicht jenen wahren Ruhm verschafft, den der Mensch von ihr erhofft. Vgl. II, pr. 7, worauf in Z. 14f. ausdrücklich zurückgewiesen wird.

Z. 3f. Zitat von Eurip. Andromache 319f.; in pr. 7, Z. 17ff. wird dasselbe Drama noch einmal zitiert.

Z. 24f. Diese Definition des Adels (nobilitas) wird von Aristoteles im Dialog Περὶ εὐγενείας («Über den Adel») Frg. 92 R. dem Sokrates gegeben.

carm. 6 *Versmaß: Daktylische Tetrameter und ionische Dimeter*
prosa 7

Einzelnachweis, daß körperliche Lust nicht jene Freude verschafft, die der Mensch von ihr erwartet.

Z. 11–19 Seltsam ist, daß wie schon in pr. 2, Z. 35f., Ehefrau und Kinder unter die verkehrten Formen der Freude eingeordnet werden. Das in Z. 12–14 zitierte Apophthegma ist, soweit ich sehe, sonst nicht bezeugt und wird seinem Stile nach am ehesten einer verlorenen Schrift Senecas entnommen sein. Das Euripideszitat bezieht sich auf Andromache 418–420 (vgl. zu pr. 6, Z. 3–4).

carm. 7 *Versmaß: Ionische Dimeter*
prosa 8

Zusammenfassung der in pr. 3–7 gegebenen Einzelnachweise: die scheinbaren fünf Güter vermögen weder einzeln noch in ihrer Gesamtheit (vgl. pr. 2, Z. 6–12), die wahre Eudaimonia zu verschaffen.

Z. 19–22 Zweimal erscheint die Dreiheit Masse, Kraft, Schnelligkeit, erst bei Tieren, dann beim Himmelsgebäude.

Z. 27–31 Das Zitat aus Aristoteles findet sich in einer freilich nicht völlig identischen Form bei Iamblich, Protreptikos p. 47, 11–15 Pist. und stammt zweifellos (durch Ciceros Hortensius vermittelt?) aus einem der verlorenen Dialoge des Aristoteles; die Frage, ob aus dem Protreptikos oder dem Eudemos, kann hier unbeantwortet bleiben.

carm. 8 Versmaß: Asclepiadeus minor und iambischer Dimeter
prosa 9

Nun die entscheidende Umwendung des Blickes (vgl. pr. 1, Z. 25–30) von den vermeinten zu den wahren fünf Gütern und der wahren Eudaimonia.

Z. 10–51 Ursache des Irrtums ist, daß nicht erkannt wird, daß die fünf Güter gar nicht isoliert bestehen, sondern in Wahrheit nur fünf Namen einer und derselben Sache sind.

Z. 59–75 Illustration der These: wer eines der fünf Güter für sich allein unter Verzicht auf die übrigen erstrebt, erlangt nicht einmal das eine, das er erstrebt.

Z. 76–80 Zusätzliche These: auch wenn man alle fünf Güter, aber nur in ihrer vermeinten Gestalt erstrebte, würde man die Eudaimonia nicht erlangen. Der Fehler ist also ein doppelter, ein formaler (Isolierung des einzelnen Gutes) und ein materialer (Verfehlung des Gehaltes jedes Gutes).

Z. 91–99 Umgekehrt also besteht die wahre Eudaimonia formal in der Einheit der fünf Güter und material in der richtigen Bestimmung ihres Gehaltes.

Z. 100–114 Es kommt dazu, daß diese Eudaimonia nicht in der irdischen Welt, sondern anderswo gesucht werden muß.

Z. 115–120 Feierliche, auf Plat. Tim. 27 CD sich berufende Ankündigung der Hauptfrage, wo die wahre Eudaimonia ihren Sitz habe.

carm. 9 Versmaß: Daktylische Hexameter

Inhaltlich das philosophisch gewichtigste aller Gedichte dieses Werkes. In der Form eines Hymnus, zu dem im griechischen Bereich die Hymnen des Neuplatonikers Proklos (ed. E. Vogt, 1957), im lateinischen Bereich der Prolog zur Aletheia des Marius Victorinus (ed. P.F. Hovingh, 1955) die nächsten, aber nicht einzigen Parallelen liefern, werden einige Hauptgedanken aus Plat. Tim. 29 Dff. dargestellt, natürlich in spätneuplatonischer Interpretation. Hier ist lediglich hinzuweisen auf die ausführliche Kommentierung durch F. Klingner, a.O., S. 38–67, und vor allem auf die wichtigen Darlegungen von W. Theiler, Mullus (Festschrift für Th. Klauser), 1964, S. 358–361. In der Komposition des Werkes soll das Gedicht darauf aufmerksam machen, daß die wahre Eudaimonia nur bei Gott als dem Demiurgen und seiner vollkommen guten Ordnung des Kosmos zu finden sein wird. Daß das Gedicht genau in der

Mitte des ganzen Werkes steht, ist evidente Absicht (s. Theiler, a.O., S. 358). Gliedern läßt es sich in V. 1–9: Herstellung der Weltordnung nach dem Urbilde, das Gott in sich selbst hat, 10–21: Organisation der Elemente, der Weltseele, der anderen Seelen, 22–28: Gebet um Rückkehr in die Region Gottes.

prosa 10

Z. 5–24 Nachweis der Existenz der vollkommenen Eudaimonia aus der festgestellten Existenz der unvollkommenen Eudaimonia.

Z. 26–42 Nachweis, daß die vollkommene Eudaimonia bei Gott als dem vollkommenen Guten zu Hause ist.

Z. 49–93 Nachweis, daß zwischen Gott, vollkommener Eudaimonia und dem vollkommenen Guten Identität besteht.

Z. 94–109 Zusätzliche Folgerung. Wenn Gott und Eudaimonia identisch sind, dann wird der Mensch durch Erlangung der Eudaimonia gleichzeitig Gott, natürlich nicht von Natur (*natura,* φύσει), sondern durch Teilnahme (*participatione,* μεθέξει). Argumentiert wird in der Weise von Plat. rep. 335 Cff. und Gorg. 460 B. Die Folgerung selbst geht an die äußerste Grenze dessen, was Boethius als Neuplatoniker und als orthodoxer Christ zu behaupten vermag.

Z. 110–145 Weiteres Moment: Sind die fünf Güter Teile der Glückseligkeit oder sind sie vielmehr auf einen Aspekt der Glückseligkeit bezogen? Es gilt das zweite: Alles ist auf das Gute bezogen, das seinerseits mit der Eudaimonia identisch ist.

Z. 145–169 Demgemäß erstrebt auch Alles das Gute (vgl. Aristot. Nik. Eth. 1094a1 f.) und die Eudaimonia und schließlich Gott, der mit dieser wie jener identisch ist.

carm. 10 Versmaß: Phalaeceen und sapphische Elfsilbler
prosa 11

Z. 3–34 Gestützt auf pr. 9, Z. 10–75 wird nachgewiesen, daß das Wesen des Guten überhaupt gerade im Einssein besteht, platonisch-neuplatonisch also Identität des Guten (ἀγαθόν) und des Einen (ἕν).

Z. 35–52 Kosmologisch-biologisch ist das Einssein Grund des Lebens für alle organischen Lebewesen, des Daseins für alle Wesen überhaupt; Tod und Untergang ist gleichbedeutend mit dem Zerfall der Einheit – eine zweifellos auch schon vorneuplatonische These.

Z. 53–118 Breiter Nachweis, daß alle Wesen: Tiere, Pflanzen, unbelebte Elemente, danach streben, sich selbst zu erhalten. Daß

Boethius durch Darlegungen Ciceros, vor allem in De finibus, 3 und 5, und De natura deorum 2 angeregt ist, liegt auf der Hand. Den Berührungen im Einzelnen nachzugehen ist hier nicht der Ort.

Z. 119–143 Es ergibt sich abschließend, daß alle Wesen nicht bloß nach Selbsterhaltung, sondern damit auch nach innerer Einheit, also schließlich nach dem Guten streben. So findet hier die in I, pr. 6, Z. 29–32 aufgeworfene Frage (auf die ausdrücklich zurückverwiesen wird) ihre Beantwortung.

carm. 11 Versmaß: Hinkiamben

Inhalt: Sofern Boethius aus eigener Einsicht die Frage nach dem Ziel aller Wesen zu beantworten vermochte, beweist er den Satz Platons (Menon 82 A–86 B; vgl. Cic. Tusc. disp. 1, 57), daß jedes Lernen ein Wiedererinnern sei.

prosa 12

Z. 6–13 Nun wird auch die Beantwortung der weiteren Frage in I, pr. 6, Z. 21–28, angekündigt.

Z. 14–31 Gestützt auf I, pr. 6, Z. 6–13 ist es nun Boethius selbst, der die Weltregierung Gottes nachweist; betont wird sowohl die räumliche Verknüpfung der Gegensätze wie auch die Ordnung des Ablaufs der Dinge in der Zeit.

Z. 32–35 Der Gedanke, daß die philosophische Erkenntnis zugleich die Rückkehr der Seele in ihre Heimat ist, fand sich schon I, pr. 5, Z. 3–21.

Z. 35–54 Vierfache Gleichung der Autarkie mit der Eudaimonie, mit der Gottheit und mit dem Guten.

Z. 50 Das Bild des Steuerruders erinnert an Heraklit, VS 22 B 64 (vgl. 41).

Z. 56–84 Mit der Gleichung wird nun der Satz verknüpft, daß alles nach dem Guten strebt, woraus sich ergibt, daß alles sich aus freien Stücken durch Gott regieren läßt und daß nichts Widerstand leisten kann, selbst wenn es dies versuchte.

Z. 85–101 Mit dem alten Vergleich mit den Giganten als den mythischen Repräsentanten der Gottesfeindschaft wird die Frage nach dem Wesen des Bösen aufgeworfen und zunächst in glatter Deduktion erledigt: *(a)* da Gott allmächtig ist, gibt es nichts, was er nicht kann, *(b)* das Böse-Schlechte kann er aber nicht machen, *(c)* also ist das Böse-Schlechte nichts.

Z. 102–120 In dem Lob der totalen methodischen Geschlossenheit des Gedankenganges wirkt ein Systembewußtsein nach, das der Neuplatonismus zunächst von der Stoa übernommen hat.

Z. 110 Vgl. pr. 10, Z. 94–109.

Z. 123–133 Das anspruchsvolle Zitat aus Parmenides (VS 28B8, 43) zeigt, daß wir in spätneuplatonischer Schultradition stehen, in der im Blick auf Platons gleichnamigen Dialog der alte Vorsokratiker eine Sonderstellung einnahm.

carm. 12 Versmaß: Glykoneen

Inhalt: V. 1–4 Preis der Schau des Guten, 5–51 Erzählung von Orpheus, 52–58 die Moral der Erzählung: Wer nach oben strebt, darf nicht nach unten zurückblicken, wenn er nicht die Einsichten verlieren will, die er schon gewonnen hat. Diese Ausdeutung des Orpheus-Eurydike-Mythos ist wohl alt.

Zum Vierten Buch

prosa 1

Z. 1–22 Eindrucksvoll, wie Boethius sich selbst als den hartnäkkigen und ungeduldigen Zweifler schildert. Er knüpft an III, pr. 12, Z. 14–31 und 85–101 an und stellt fest, daß das Gesagte nicht genügt. Es gilt zu begreifen, *(a)* wie das Böse zu existieren vermag, *(b)* wie es ungestraft verbleiben kann, *(c)* wie es triumphieren kann, womit das Gegenteil der zu erwartenden Relation zwischen Gut und Böse zustande kommt.

Z. 25–27 Der Vergleich klingt altsokratisch.

Z. 27–36 Die Philosophie beschränkt sich darauf, mit Hinweis auf die früheren Beweisgänge die Behauptungen des Boethius einfach zurückzuweisen.

Z. 36–44 Vgl. III, pr. 12, Z. 32–35 und Plat. Phaidr. 246 Bff.

carm. 1 Versmaß: Daktylische Tetrameter und iambische Dimeter

Inhalt: Weiterspinnen des Phaidros-Mythos (Plat. Phaidr. 246 Bff.); der Flug des Geistes in die Himmelshöhe als Bild für die Einsicht in den Bau des Kosmos. V. 19–30 Vordringen zum Lenker des Kosmos und damit zur Heimat des Geistes. Auch die mächtigsten Herrscher der Erde sind dem Weltregenten gegenüber Verbannte. Man wird an das stoische Paradoxon Cic. Par. Stoic. 27ff. erinnern, das nun aber gerade nicht theologisch, sondern lediglich ethisch gemeint ist.

prosa 2

Z. 4–13 Die Macht der Guten und die Ohnmacht der Bösen soll nun methodisch nachgewiesen werden. Im Nachfolgenden ist der Einfluß von Platons Gorgias, bes. 466 B–468 E, deutlich zuweilen bis in einzelne Wendungen hinein spürbar, doch sind Platons Darlegungen schulmäßig gestrafft und vielfach ergänzt.

Z. 14–29 Erstens: Jedes Handeln resultiert aus dem Zusammenwirken von Wollen und Können; wer erreicht hat, was er wollte, hatte auch die Fähigkeit, es zu erreichen.

Z. 36–44 Zweitens: Nachgewiesen war bereits von III, pr. 2, Z. 13ff. an, daß alles menschliche Streben auf die Eudaimonia zielt, sowie, daß die Eudaimonia mit dem Guten identisch ist.

Z. 45–57 Drittens: Das Erreichen des Guten ist daran zu erkennen, daß der Strebende selbst gut geworden ist. Die Bösen werden aber nicht gut, obschon sie nach dem Gesagten das Gute erstreben; also erreichen sie nicht, was sie wollen.

Z. 58–76 Illustriert wird dies mit einem Vergleich: Wenn von zweien, die denselben Weg gehen wollen, der eine ihn mit dem naturgemäßen Mittel der Füße zurücklegt, der andere auf den Händen gehend, so ist offenbar der zweite nicht im Besitz seiner naturgemäßen Fähigkeiten, da er auf dem naturwidrigen Wege sein Ziel auch gar nicht zu erreichen vermag.

Z. 85–87 Boethius zieht selbst die letzte Folgerung: die Guten besitzen die Macht, zu erreichen, was sie erstreben, die Bösen nicht. Es liegt auf der Hand, daß der Beweis nur schlüssig ist, wenn vorausgesetzt wird, daß das «eigentliche» Streben auch der Bösen auf das Gute geht, eine These des platonischen Gorgias, die jedenfalls Aristoteles (Nik. Ethik III, 6f.) nicht angenommen hat.

Z. 112–121 Aristotelisch hinwiederum ist die Reihe der drei Ursachen des verkehrten Verhaltens der Bösen: 1. Unwissenheit, 2. Unbeherrschtheit jener, die zwar das Richtige wissen, aber dies Wissen gegen die Leidenschaften nicht durchzusetzen vermögen. 3. Schlechtigkeit derer, die auch das Wissen vom Guten verloren haben (vgl. Aristot. Nik. Eth. 1146b19–24 und VII 9).

Z. 122–133 Das bereits in III, pr. 12, Z. 85–101 herausgearbeitete Paradoxon, daß das Böse nicht(s) ist, wird nun auf den bösen Menschen übertragen. Er ist nicht, sofern das Sein nur von dem ausgesagt werden kann, was in der Ordnung und in der Naturgemäßheit verharrt.

Z. 133–143 Sind die Bösen nichtseiend, so folgt, daß ihre Handlungsfähigkeit gerade nicht ihrem Sein, sondern ihrem Nichtsein, nicht ihrer Macht, sondern ihrer Ohnmacht entspringt.

Z. 144–163 Dies führt unweigerlich zum weiteren Paradoxon, daß Gott alles, aber nur das Gute vermag, das Vermögen des Bösen indessen nicht über das Vermögen Gottes hinausgeht, sondern als Unvermögen des Guten weit hinter ihm zurückbleibt.

Z. 164–172 Den angemessenen Höhepunkt dieser Darlegung bildet ein ausdrückliches Zitat Platons, Gorg. 466 D E.

carm. 2 Versmaß: Trochäische Dimeter verbunden mit Adoneen

Der Inhalt spinnt in gewisser Weise carm. 1, V. 29f. weiter. Hinter V. 6–8 steht eine schulmäßige Liste von vier Affekten.

prosa 3

Z. 1–24 Mit dem Hinweis, daß die Guten immer erreichen, was sie erstreben, ist auch die Frage von pr. 1, Z. 15–20 beantwortet. Das Gute, das sie erstreben, ist gerade ihr Lohn.

Z. 25–32 Anknüpfend an III, pr. 10, Z. 94–109 wird der Lohn dahin präzisiert, daß er darin besteht, Gott zu werden.

Z. 45–75 Umgekehrt präzisiert sich die Strafe der Bösen dahin, daß sie ihr Sein als Menschsein verlieren, also zum Tiere werden. Systematisch ist damit Aristot. Nik. Eth. 1145a18–33, aber auch Cic. rep. bei Lact. inst. div. 5, 11, 2 und 6, 8, 9 zu verbinden. Uralt ist die Parellelisierung von Menschentypen mit Tieren: Semonides von Amorgos Frg. 7 Diehl; philosophische Verwendung etwa bei Plat. Phaid. 81 Eff.

carm. 3 Versmaß: Glykoneen

Im engsten Anschluß an das Vorausgehende wird die Geschichte der Zauberin Kirke erzählt, die die Gefährten des Odysseus in Tiere verwandelt. Die philosophische Verwendung dieses Mythos wird ebenso alt sein wie die des Orpheus-Mythos in III, carm. 12.

prosa 4

Z. 1–6 Es bleibt die Frage der trotz allem bestehenden Handlungsfreiheit der Bösen. Dabei ist Z. 1–4 als Zitat gekennzeichnet, möglicherweise aus dem zu pr. 3, Z. 45–75 angeführten Text von Ciceros De republica.

Z. 7f. Verweis auf den Fortgang dieses Kapitels selbst.

Z. 8–39 Nun wird ganz im Sinne Platons (Gorg. 469 B C und 472 D–481 B) gefolgert, daß gerade die Fähigkeit, das Böse zu tun, also fortdauernd sein Menschsein preiszugeben, die ärgste Strafe für den Bösen ist, und um so ärger, je länger sie dauert.

Z. 37–46 Betont wird der zugleich paradoxe wie auch logisch unanfechtbare Charakter dieser These.

Z. 46–89 Wiederum platonisch folgt, daß für die Bösen die Straflosigkeit schlimmer ist als die Strafe. Man wird hier anmerken dürfen, daß diese These, so sehr sie von Platon a.O. und wiederum von Boethius als Paradoxon dargeboten wird, zweifellos auf den Strafvollzug des Mittelalters und bis ins 17. Jh. einen Einfluß ausgeübt hat. Die Todesstrafe tritt zwangsläufig in ein besonderes Licht, wenn sie dem Bösen die Möglichkeit eröffnet, seine Bosheit loszuwerden.

Z. 90–96 Überaus charakteristisch ist, daß das Problem der Jenseitsstrafen, das mit den Mythen in Platons Gorgias und Politeia gestellt ist, hier ausdrücklich ausgeklammert wird.

Z. 97–109 Rekapitulation des Vorausgehenden.

Z. 110–135 Den Einwand des Boethius, daß die meisten Menschen dieses Paradoxon gar nicht anerkennen werden, pariert die Philosophie mit dem Hinweis auf die Blindheit (vgl. Plat. Staat 514 A ff. und Aristot. Metaph. 993b9) und tierische Unwissenheit der meisten Menschen.

Z. 135–175 Ein letztes Paradoxon ist teilweise fast wörtlich aus Platons Gorgias (479 A–481 B) übernommen: Unrechttun ist weit ärger als Unrechtleiden.

Z. 175–185 Etwas unerwartet folgt als Anhang die Bemerkung, daß man diejenigen, die an seelischer Schlechtigkeit leiden, genau so wie die, die an körperlicher Krankheit leiden, nicht hassen dürfe, sondern bemitleiden solle (eine differenziertere Auffassung bei Aristot. Nik. Eth. 1114a21–31).

carm. 4 Versmaß: Phalaeceen und daktylische Penthemimeres

Der Inhalt befremdet an dieser Stelle und wird nur in den letzten zwei Zeilen künstlich genug an das Vorangehende angeschlossen.

prosa 5

Wiederum ist wie in pr. 1 eindrucksvoll, daß Boethius auch durch die platonische Lehre, die rücksichtslos Gut und Böse, Glück und Unglück in die Innerlichkeit der Seele zurücknimmt, das Gesamtproblem noch nicht für erledigt hält. Das äußere Glück und Unglück behält sein Gewicht, und daß darin keine gerechte Ordnung, sondern der Zufall zu herrschen scheint, ist unbestreitbar.

Z. 4–10 Den Gedanken, daß äußeres Glück und Macht dazu verhilft, daß die Tugend sich in der Gemeinschaft förderlicher auswirken kann, darf man aristotelisch nennen; vgl. Nik. Eth. 1178a25–b3.

Z. 25–27 Ankündigung der letzten Aufgabe des Werkes, der Einsicht in die Ordnung des Weltganzen.

carm. 5 Versmaß: Trochäische Penthemimeres und iambische Penthemimeres

Inhalt: Einsicht in die Ursachen der Phänomene überwindet Staunen, Verwirrung und Irrtum (vgl. Aristot. Metaph. 982b11–21 und 983a11–21.).

prosa 6

Z. 8–17 Ankündigung des neuen Programms, das nun in Angriff genommen werden soll. Die Frage nach der Ursache der scheinbaren Unordnung im Weltlauf differenziert sich in fünf Punkte: 1. Vorsehung, 2. Schicksal, 3. Zufall, 4. Vorauswissen und Vorausbestimmung Gottes, 5. Freiheit des menschlichen Willens.

Z. 17–24 Hinweis (erstens) darauf, daß im Folgenden keine erschöpfende Untersuchung, sondern nur einige wichtige Gesichtspunkte gegeben werden sollen, (zweitens) darauf, daß das gegenwärtige Kapitel ungewöhnlich umfangreich werden wird. Vgl. unten Z. 235–239.

Z. 25 Von da an bis zum Ende des Werkes haben wir es in der Tat mit einer weitgehend in sich geschlossenen Abhandlung zu tun. Ihr Zusammenhang mit der Ausgangsfrage ist locker, was allerdings auch darauf beruhen kann, daß in V, pr. 6, Z. 185–199 rasch und nicht recht adäquat abgebrochen wird; zu einer organischen Schlußfolgerung kommt es nicht.

Der nachfolgende Vortrag über Vorsehung und Schicksal ist zweigeteilt: Z. 25–116 eine spekulativ theologische Erörterung, Z. 117–234 ethische Erwägungen.

Z. 25–48 Wesensbestimmung von Vorsehung und Schicksal: Vorsehung ist die einfache und unbewegte Vernunft Gottes, Schicksal die vielfache Ordnung der in der Zeitlichkeit sich bewegenden Welt (vgl. Apuleius, De Platone 1, 12).

Z. 49–68 Das Schicksal hängt von der Vorsehung ab.

Z. 57–63 Eine höchst eigentümliche doxographisch angelegte Übersicht über die möglichen Erscheinungsweisen des Schicksals: 1. dienende Geister, 2. Weltseele, 3. Natur, 4. Gestirne (Astrologie!), 5. Engel, 6. Dämonen. Zu Z. 62f. vgl. etwa Aristot. Eudem. Eth. 1214a26f., b4f.

Z. 69–93 Kühner und eindrucksvoller Vergleich der Beziehung zwischen Vorsehung und Schicksal mit der Beziehung zwischen Kreismittelpunkt und Kreisperipherie.

Z. 94–102 Wirken des Schicksals im Bereich des Kosmos, der Lebewesen im allgemeinen und des Menschen im besonderen.

Z. 103–116 Diese Ordnung aus Vorsehung und Schicksal regiert unbedingt, auch wenn der Mensch sie nicht zu durchschauen vermag.

Z. 117–125 Der supponierte Einwand, daß eben die regellose Verteilung von Glück und Unglück an Gute und Böse eben doch sichtbar sei, wird zunächst überraschend banal mit der These widerlegt, daß der Mensch gar nicht sicher zu beurteilen vermag, wer gut und wer böse ist.

Z. 126–142 Jenseits von Gut und Böse gibt es weiterhin die innere Disposition des Menschen zum einen und zum anderen (Z. 128 «Abgestimmtheit», *temperies*, κρᾶσις, als medizinischer Fachausdruck), die erst recht nur Gott bekannt ist.

Z. 143–151 Mit Hinweis auf Lukan, Pharsalia 1, 126 wird, seltsam genug, der Unterschied zwischen göttlicher und menschlicher Beurteilung der Geschehnisse beleuchtet.

Z. 152–180 In einem kasuistisch anmutenden Schema werden verschiedene Dispositionen aufgeführt, zunächst die beiden Extremfälle äußerster Schwäche (Z. 153–159) und vollkommener Stärke (Z. 159–167), dann eine Reihe gemischter Fälle.

Z. 164 Die Herkunft des Zitates ist unbekannt; nach seiner Einführung wird man am ehesten auf die Oracula Sibyllina oder auf Orphisches raten; die Diktion läßt spätantike Fabrikation verraten.

Z. 181–202 Wiederum stark kasuistisch wird begründet, aus welchen Ursachen den Bösen bald Unglück, bald Glück zuteil werden kann.

Z. 202–213 Der Argumentation dient auch der alte platonische und aristotelische Gedanke, daß die Bösen weder untereinander noch in sich selbst einträchtig zu sein vermögen.

Z. 214–234 Es ergibt sich, daß von Gott her gesehen alles geordnet und gut ist. Nur steht es dem Menschen nicht zu, die Dinge so sehen zu wollen, wie Gott sie sieht.

Z. 222 Homer, Il. 12, 176 (wohl dort schon Formelvers).

Z. 237f. Beim Trunke darf man sowohl an die stärkende Arznei wie auch an die Kraft des Musenquells denken.

carm. 6 Versmaß: Anapästische Dimeter

Inhalt: Das unverrückbare Gesetz erweist sich an der Gestirnwelt, den Elementen, den Jahreszeiten, den Lebewesen. Der in V. 44–48 gepriesene Amor ist derselbe, der schon in II, c. 8, V. 28–30 vorkam, späte Nachwirkung der Philia-Aphrodite des Empedokles.

prosa 7

Mit voller Absicht stellt Boethius dem langen Lehrvortrag in pr. 6 ein verhältnismäßig kurzes, stark durchdialogisiertes und philosophisch weniger anspruchsvolles Stück gegenüber. Von Vorsehung und Schicksal wird nun zum Begriff von Zufall/Glück übergegangen. Das Gesagte ergibt das stoisierende Paradoxon (Z. 49–53), daß für den Guten jedes Geschick gut ist, für den Bösen ebenso jedes Geschick schlecht; für den einen wendet sich alles zum Glück, für den anderen alles zum Unglück. Stoisch wirkt auch der Vergleich des Weisen mit dem Krieger (Z. 56ff.).

carm. 7 Versmaß: Sapphischer Elfsilbler

Der Inhalt macht Schwierigkeiten. Im Anschluß an das Vorausgehende soll gezeigt werden, daß der höchste Lohn nur durch Mühsal erkämpft werden kann. Doch von den drei mythischen Beispielen paßt nur das dritte (Herakles, V. 13–31), dagegen weder Agamemnon (V. 1–7) noch Odysseus (V. 8–12). Von Herakles werden sehr geschickt zwölf Leistungen (nur z.T. die klassische Reihe) aufgezählt.

Zum Fünften Buch

prosa 1

Z. 1–20 Während in IV, pr. 6, Z. 12–16 auf dem Programm die Frage nach dem Zufall ausdrücklich figurierte, scheint es nun, als sei dieses Problem gar nicht vorgesehen und als bilde seine Behandlung einen Umweg; wir müßten die Vorlage des Boethius kennen, um zu wissen, wie diese Unstimmigkeit zu interpretieren ist.

Z. 10 Vgl. IV, pr. 1, Z. 36–44.

Z. 21–38 Widerlegung des gangbaren Begriffs des Zufalls mit Hilfe des Grundsatzes, daß nichts aus nichts entstehen kann; der Grundsatz selbst baut auf der Lehre des Parmenides auf und ist besonders charakteristisch entwickelt bei Lukrez 1, 149–214 (über Epikur auf Demokrit zurückgehend).

Z. 39–70 Der philosophisch annehmbare Begriff des Zufalls wird unter ausdrücklicher Berufung auf Aristoteles skizziert; gedacht ist an Phys. 2, 4f., doch findet sich das von Boethius angezogene Beispiel nicht dort, dagegen (in Andeutung) in der Nik. Ethik 1112a27.

carm. 1 Versmaß: Daktylische Distichen

Geistreich wird das Zusammentreten zweier Ketten von Ursachen bzw. Zwecken, als das Aristoteles den Zufall bestimmt hatte, verglichen mit dem Zusammenströmen von Euphrat und Tigris.

prosa 2

Z. 1–5 Das Problem des Zufalls hat zu demjenigen der schicksalsbestimmten Ordnung zurückgeführt, und aus diesem wiederum ergibt sich die Frage nach der Willensfreiheit, die in IV, pr. 6, Z. 12–16 als die letzte und gewichtigste erwähnt worden war.

Z. 6–32 Grundsätzlich werden zunächst zwei Dinge festgestellt: 1. Jedes vernunftbegabte Wesen besitzt als solches die Freiheit der Entscheidung; 2. Der Grad der Freiheit ist verschieden, höher bei größerer Nähe zur Gottheit, geringer bei größerer Verhaftung in die Körperlichkeit.

Z. 22f. Angespielt wird, wie es scheint, auf den grausigen Vergleich, der dem aristotelischen Protreptikos (Frg. B 107 Düring) zugeschrieben zu werden pflegt.

Z. 32–34 Damit wird das Stichwort für das entscheidende Problem geliefert: Wie verhält sich die Freiheit des menschlichen Willens zum Vorauswissen und Vorausbestimmen Gottes? Daß dies Problem in der christlichen Theologie der Spätantike viel diskutiert wurde, ist bekannt. Dennoch wird man annehmen, daß Boethius auch hier prinzipiell in neuplatonischer Tradition steht; vgl. vor allem Proklos, Opuscula, ed. H. Boese, 1960.

carm. 2 Versmaß: Daktylische Tetrameter

Einsatz mit einem homerischen Formelvers (Il. 3, 277). Dem bloß überschauenden Blick der Sonne wird der alles durchdringende Blick des Weltregenten gegenübergestellt.

V. 13f. Die Etymologie des lateinischen Originals (*Sol-solus* = Sonne – nur) geht letztlich auf Varro, ling. Lat. 5, 68 zurück.

prosa 3

Z. 5–18 Der Widerspruch zwischen Freiheit und Vorauswissen wird mit aller Schärfe herausgearbeitet. Zum Nachfolgenden s. E. Gegenschatz, Die Gefährdung des Möglichen durch das Vorauswissen Gottes in der Sicht des Boethius, Festschrift A. Lesky, 1967, 517ff.

Z. 19–45 Boethius selbst lehnt eine Lösung ab, die das Vorauswissen dem Geschehenwerden folgen läßt; in Wahrheit sind die beiden Momente nicht voneinander abtrennbar, nicht als ob das Wissen das Geschehen determinierte, sondern weil ein echtes Wissen ein determiniertes Geschehen zum Gegenstand haben muß. Wem dieser unzulängliche Lösungsversuch angehört, wissen wir nicht.

Z. 63–89 Da das Wissen Gottes ein vollkommen sicheres Wissen sein muß, wird sein Gegenstand auch ein Geschehen sein, das mit vollkommener Sicherheit eintreffen wird.

Z. 82f. Anspielung auf Hor. serm. 2, 5, 59f.

Z. 94–126 Die Konsequenzen aus der totalen Determiniertheit sind: 1. Lohn und Strafe werden sinnlos (dazu vgl. schon Aristot. Nik. Eth. 1113b21–26 und 1114b12–16); 2. Gott wird Ursache nicht nur des Guten, sondern auch des Bösen; 3. Sinnlos wird schließlich auch jedes Gebet des Menschen.

Z. 124f. Verweis auf IV, c. 6, V. 43.

carm. 3 Versmaß: Anapästische Dimeter

Der Inhalt hebt die Aporie heraus, in die die Untersuchung geraten ist, und hofft darauf, daß der Geist das Wissen wieder finden werde, das er vor seinem Eintritt in die Körperlichkeit besessen hat.

prosa 4

Z. 1–12 Höchst eigentümlich und bemerkenswert ist der Hinweis, daß sowohl Cicero in De divinatione (gemeint ist wohl 2, 15 ff.; vgl. Augustin, civ. Dei 5, 9) wie auch Boethius selbst (in einer eigenen früheren Schrift) dieses Problem behandelt haben, daß aber jetzt ein neuer Lösungsversuch vorgelegt werden soll. Das Nachfolgende wäre demnach eine eigene philosophische Theorie des Boethius.

Z. 13–80 Erste These: Wissen und Geschehen sind prinzipiell voneinander unabhängig; das Wissen von einem Geschehen beeinflußt das Geschehen selbst in keiner Weise, also kann das Wissen von einem künftigen Geschehen auch nicht das Geschehen als solches aus einem freien in ein notwendiges verwandeln.

Z. 81–134 Zweite These: Die Formen des Wissens und Begreifens sind verschieden, und zwar in einer geschichteten Ordnung, je nachdem die Sinnesorgane, die Vorstellungskraft, die Vernunft oder der Geist begreifend tätig sind. Die höhere Kraft erkennt Dinge, die die niedrigeren Kräfte nicht zu erkennen vermögen.

carm. 4 Versmaß: Glykoneen

Inhaltlich gewissermaßen eine Fortsetzung von c. 3, mit eigenartiger Polemik gegen die Stoa. Der stoischen Lehre, daß alles Wissen von außen durch die Sinnesorgane dem Geiste vermittelt werde, wird die platonische These gegenübergestellt, daß der Geist seine eigene, von den Sinnen völlig unabhängige Fähigkeit des Erkennens besitze.

prosa 5

Z. 1–24 Weiterführung der zweiten These. Den verschiedenen Lebewesen sind verschiedene Formen und Möglichkeiten des Begreifens zugeordnet: den niedrigsten Tieren die bloße Sinneswahrnehmung, den höheren Tieren zusätzlich die Vorstellungskraft, dem Menschen zusätzlich die Vernunft, der Gottheit der reine

Geist. Diese Stufenfolge als solche läßt sich ohne allzu große Schwierigkeiten (was hier nicht nachzuweisen ist) aus Aristoteles deduzieren.

Z. 25–45 Aus der zweiten These folgt, daß die untergeordneten Erkenntniskräfte über die Einsichten der übergeordneten Kräfte zu urteilen nicht fähig sind.

Z. 46–66 Die entscheidende Folgerung: Die besondere Erkenntnisweise Gottes steht über derjenigen des Menschen und kann von dieser nicht adäquat begriffen und beurteilt werden.

carm. 5 Versmaß: Daktylische Tetrameter und Ithyphalliker
prosa 6

Z. 1–6 Aus der Folgerung ergibt sich die Aufgabe, zu versuchen, soweit als möglich das besondere Wesen und die besondere Erkenntnisweise Gottes zu erfassen.

Z. 7–42 Mit möglichster Schärfe wird in der Linie Platons, Timaios 37 C–38 C, der Gegensatz zwischen der in Vergangenheit, Gegenwart und Zukunft sich erstreckenden Zeit und der als reine Gegenwart bestehenden Ewigkeit herausgearbeitet.

Z. 19–24 Als Beispiel einer unbegrenzten Dauerhaftigkeit, die aber nicht die Ewigkeit ist, erscheint der Kosmos im Sinne des Aristoteles; vgl. De caelo 1, 10–12.

Z. 34–42 Abweisung einer falschen Exegese des Timaios, bes. 32 Cff.

Z. 43–66 Gemäß der strengen Fassung der Begriffe ist nun der Kosmos als dauerhaft in der Zeit, Gott aber als ewig in steter Gegenwart zu bezeichnen.

Z. 67–80 Dem Wesen Gottes entspricht sein Wissen, das also auch seine Gegenstände in steter Gegenwärtigkeit erkennt.

Z. 81–106 Nun wird auf pr. 4, Z. 13–80 zurückgegriffen. Wissen und Geschehen sind unabhängig voneinander. So kann also das Wissen Gottes, das alles in vollkommener Gegenwärtigkeit betrachtet, sehr wohl mit dem freien Ablauf der Geschehnisse in Gegenwart und Zukunft zusammen bestehen.

Z. 107–129 Die unbedingte Notwendigkeit, mit der ein Naturgeschehen gesetzmäßig abläuft, ist durchaus zu trennen von der bedingten Notwendigkeit, derzufolge ein gewußtes Geschehen so abläuft, wie es gewußt ist. Das menschliche Handeln ist von der zweiten Art.

Z. 130–156 Das göttliche Wissen sieht alles Zukünftige als gegenwärtig ablaufend. Darum kann das Handeln sowohl in der Zeitlichkeit frei wie auch von Gott mit Sicherheit gewußt genannt werden.

Z. 157–178 Auch das freie Abweichen des Menschen von einem zuvor gefaßten Entschluß ist in die Gegenwärtigkeit des göttlichen Wissens aufgenommen.

Z. 179–184 Rückverweis auf pr. 3, Z. 53–58.

Z. 185–199 Rascher Abschluß. Obschon die letzten Schlußfolgerungen auf pr. 3, Z. 94–126 antworten, bleibt es befremdlich, daß mit keinem Worte mehr auf die besondere Situation des Boethius eingegangen und (wie man erwarten würde) seine endgültige Heilung und Tröstung durch die Philosophie sichtbar gemacht wird. In Z. 194–199 begnügt sich die Philosophie mit einem äußerst allgemeinen Appell an den Leser überhaupt. Auch die Pointe, daß nun nach der Behauptung der Freiheit des Handelns gegen die äußere Notwendigkeit die innere, sittliche Notwendigkeit, gottgefällig zu handeln, um so drängender wird, kommt kaum zur Geltung.

Die Vermutung liegt nahe, daß entweder Boethius selber durch die äußeren Umstände zu einem unerwartet hastigen Abschluß des Werkes gezwungen war oder daß infolge derselben Umstände das Manuskript überhaupt unvollendet liegenblieb, so daß der Herausgeber (mit dem wir in jedem Falle rechnen müssen) sich veranlaßt sah, selbst in einigen Sätzen den fehlenden Epilog, so gut es ging, beizusteuern.

LITERATURHINWEISE

Zu Leben und Werk des Boethius insgesamt

Boethius, hrsg. von M. Fuhrmann – J. Gruber (Wege der Forschung 483), Darmstadt 1984.
H. von Campenhausen, Lateinische Kirchenväter, Stuttgart 1960, S. 223–251.
W. Ensslin, Theoderich der Große, München 1959².
F. Klingner, Boethius, in: Römische Geisteswelt, München 1961⁴, S. 565–599.
E. K. Rand, The Founders of the Middle Ages, Cambridge (Mass.) 1928.
H. F. Stewart, Boethius, Edinburgh 1891.

Zum Trost der Philosophie

Ausgaben

Anicii Manlii Severini Boethii Philosophiae Consolationis libri V etc., hrsg. von R. Peiper, Leipzig 1871.
Boethius, The Theological Tractates, The Consolation of Philosophy, hrsg. von H. F. Stewart – E. K. Rand, London – Cambridge (Mass.) 1918 (mit englischer Übersetzung).
Anicii Manlii Severini Boethii Philosophiae Consolatio, hrsg. von L. Bieler (Corpus Christianorum, S. L. 94), Turnhout 1957.

Kommentar

J. Gruber, Kommentar zu Boethius, De Consolatione Philosophiae, Berlin – New York 1978.

Übersetzung

Boethius, Trost der Philosophie, übersetzt von K. Büchner, Leipzig o.J. und Nachdrucke.

Monographien

M. Baltes, Gott, Welt, Mensch in der Consolatio Philosophiae des Boethius, Vigiliae Christianae 34 (1980), S. 313–340.
P. Courcelle, La consolation de Philosophie dans la tradition littéraire – Antécédents et postérité de Boèce, Paris 1967.
J. C. Frakes, The Fate of Fortune in the Early Middle Ages – The Boethian Tradition, Leiden 1988.
J. Gruber, Die Erscheinung der Philosophie in der Consolatio Philosophiae des Boethius, Rheinisches Museum 112 (1969), S. 166–186.
P. Huber, Die Vereinbarkeit von göttlicher Vorsehung und menschlicher Freiheit in der Consolatio Philosophiae des Boethius, Diss. Zürich 1976.
S. Lerer, Boethius and Dialogue – Literary Method in the Consolation of Philosophy, Princeton (N. J.) 1985.
G. Maurach, Boethiusinterpretationen, Antike und Abendland 14 (1968), S. 126–141.
P. von Moos, Consolatio – Studien zur mittellateinischen Trostliteratur über den Tod und zum Problem der christlichen Trauer, München 1971.
V. Schmidt-Kohl, Die neuplatonische Seelenlehre in der Consolatio Philosophiae des Boethius (Beiträge zur Klassischen Philologie 16), Meisenheim am Glan 1965.
F. Troncarelli, Tradizioni perdute – La «Consolatio Philosophiae» nell'alto Medioevo, Padua 1981.

INHALT

ANHANG